西双版纳边境地区民族语言生活调查研究

周 芸等 著

云南师范大学学术精品文库
教育部人文社会科学研究项目“云南省西双版纳边境地区民族语言生活调查”（12YJA740120）研究成果

科 学 出 版 社
北 京

内 容 简 介

西双版纳傣族自治州位于我国云南省最南端，具有区域内国境线长、民族成分复杂、跨境民族多等特点。本书从西双版纳边境地区的跨境少数民族语言生活、领域语言生活等方面，描写了西双版纳边境地区跨境少数民族语言文字的能力情况、使用情况、习得情况和语言文字态度，以及西双版纳边境地区的官方工作、文化教育、大众传媒、公共服务、公众交际、日常交际等领域的语言生活状况，并通过剖析当地语言生态环境的特点及成因，提出了立足于西双版纳边境地区民族语言资源状况的开发建议，以促进当地民族语言资源充分发挥其社会资源、经济资源和文化资源等方面的功能和作用。

本书可供社会语言学、应用语言学等相关领域的研究者和高校社会语言学、语言学及应用语言学等专业的师生阅读，也可供关注语言国情、语言生活、语言资源、语言生态等领域热点问题的读者参考和使用。

图书在版编目（CIP）数据

西双版纳边境地区民族语言生活调查研究/周芸等著. —北京：科学出版社，2022.3

ISBN 978-7-03-071635-4

Ⅰ. ①西…　Ⅱ. ①周…　Ⅲ. ①少数民族-民族语-语言调查-西双版纳傣族自治州　Ⅳ. ①H2

中国版本图书馆 CIP 数据核字（2022）第 031044 号

责任编辑：张　宁　张翠霞 / 责任校对：贾伟娟

责任印制：徐晓晨 / 封面设计：蓝正设计

科学出版社 出版

北京东黄城根北街 16 号

邮政编码：100717

http://www.sciencep.com

固安县铭成印刷有限公司 印刷

科学出版社发行　各地新华书店经销

*

2022 年 3 月第　一　版　开本：720 × 1000　1/16

2022 年 3 月第一次印刷　印张：16 1/4

字数：327 000

定价：128.00 元

（如有印装质量问题，我社负责调换）

本书作者

周　芸　杨怡玲　陈永波

李增芳　李云杰　吕　丹

目　　录

第一章　绪　　论

第一节　研究的背景及价值和意义

一、研究的背景

西双版纳傣族自治州位于我国云南省的最南端，地处北纬 21°10′～22°40′，东经 99°55′～101°50′，面积 1.97 万平方公里，东北、西北与普洱市接壤，东南与老挝相连，西南与缅甸接壤，毗邻泰国。当地民族成分复杂，跨境民族众多，世居着傣族、汉族、哈尼族、彝族、拉祜族、布朗族、基诺族、瑶族、苗族、回族、佤族、壮族、景颇族等 13 个民族，自元朝起就是云南通往东南亚各国的重要内陆口岸，现有国家级口岸打洛（陆路）口岸（简称打洛口岸）、磨憨（陆路）口岸（简称磨憨口岸）、景洪港（水运）口岸（简称景洪港）、西双版纳国际机场（航空）口岸（简称西双版纳机场）等。当前，西双版纳利用区位优势，建立了连接国内和周边国家的陆、水、空立体交通网络：一江连六国（中、缅、老、泰、柬、越）的澜沧江—湄公河（出境后称“湄公河”），可常年通航 300 吨的客货轮；昆（明）曼（谷）国际大通道也由西双版纳出境；西双版纳机场现已开通 62 条国内航线和 5 条国际航线。全州经济运行总体平稳，发展水平迈上新台阶。[①]

语言是信息的载体，具有传递思想、交流情感、记载历史、传承文化等功能，是人类最重要的交际工具。从某种意义上说，人类全部的社会生活就是由运用和应用语言文字所形成的各种社会活动和个人活动构成的[②]。人们的语言

---

① 中共西双版纳州委党史研究室. 2020. 西双版纳年鉴（2020）. 昆明：云南科技出版社：36，354-355；西双版纳傣族自治州人民政府. 西双版纳州概况. http://www.xsbn.gov.cn/88.news.list.dhtml. 2021-08-02.

② 李宇明. 2010. 中国语言规划论. 北京：商务印书馆：91.

文字能力达到什么水平、人们在日常生活中如何运用语言文字传情达意、语言文字在社会生活中有什么作用、同一民族或不同民族之间如何通过语言文字进行沟通和协调等，对这些问题的研究便形成了社会语言学、应用语言学中的"语言生活"这一概念。自语言产生之日起，人们便有了语言生活。文字的产生使得语言生活超越了时空的限制。随着时代的发展和科技的进步，语言生活不仅影响着人们物质生活、精神生活的水平和质量，而且还关系到国家安全、民族团结、社会发展、文明传承等重大问题。鉴于西双版纳独特的地理条件和语言环境，调查其边境地区民族语言生活的状况，探讨当地民族语言的功能、各民族语言的活力、不同民族语言之间的竞争和互补、民族语言资源的开发和保护，以及构建和谐语言生活、发展语言服务产业等相关问题，不仅有助于更好地了解和认识我国的语言国情，而且还能在维护边境地区社会稳定和民族团结、促进当地经济发展、保障多民族边疆地区国家语言安全等方面发挥积极的作用。

目前，语言生活调查已成为学术界研究的热点和重点，但宏观层面理论阐释的成果多于微观角度的田野调查研究，静态描写语言结构要素及现状的成果多于动态总结语言生活实态及发展规律的研究，单一民族语言本体研究的成果多于从各民族语言关系及接触、语言与社会的联系、语言资源的保护和开发等角度展开的研究，剖析现代都市大众传媒语料的成果多于考察边境民族地区媒体语言的研究。据此，本书作者在西双版纳边境地区打洛口岸、磨憨口岸、景洪港（景洪港中心码头和关累码头）、西双版纳机场进行了布点调查，以当地跨境少数民族语言生活、领域语言生活为研究对象，剖析其民族语言生态环境、民族语言资源状况，探讨当地开发民族语言资源的相关建议，思考当地与多民族边境地区社会压力和矛盾冲突相关的语言生活问题，尝试将学术研究成果转化为现实的社会经济效益。

二、研究的价值和意义

语言生活是人们在特定社会中运用和应用语言文字所形成的各种行为及活动，包括语言文字能力（含听说读写能力），语言文字的学习（习得）、使用和态度，官方工作、文化教育、大众传媒、公共服务、公众交际、日常交际等领域的语言文字使用[1]，以及由此形成的语言生态环境、语言资源的保护和开发等内容。西双版纳傣族自治州具有民族成分复杂、跨境民族多和边境线长的特点，也是云南省各地州市中能通过水陆空立体交通直达老挝、缅甸、泰国的唯一地区。当地边境地区民族语言生活与我国边境地区的社会稳定、经济发展、民族团结、安全防御等关系密切，对其进行调查研究具有重要的理论价值和实践意义。

（一）研究的理论价值

第一，以田野调查布点的独特性和代表性，完善语言生活调查研究的系统性。本书作者在西双版纳边境地区的打洛口岸、磨憨口岸、景洪港（景洪港中心码头和关累码头）、西双版纳机场进行布点调查，当地的语言文字及其关系类型繁多，具备成为语言生活调查代表点的条件：国家通用语言文字和少数民族语言文字、不同民族语言文字、有文字的少数民族语言和无文字的少数民族语言、普通话和本地汉语方言、跨境少数民族语言和非跨境民族语言等类型均有所分布，且占有一定的比例。因此，本书能够从调查点的角度为学术界提供语言生活的典型案例，为语言国情监测提供典型样本。

第二，为制定国家语言文字政策及规划提供理论依据。本书将语言文字传播视为现代国家对外开放战略的重要组成和国际化进程的必然趋势，运用田野调查和跨学科研究方法，采取行政区划内毗邻边境、独立的自然村寨、民族成分分布均衡的调查原则，从年龄、性别、母语、学历、职业等方面筛选调查对象，描述并分析西双版纳边境口岸地区的跨境少数民族语言生活和领域语言生活的状况，以及民族语言生态环境特点及成因，能够为学术界和政府有关部门全面认识语言国情、制定国家语言文字政策、确定语言文字地位问题，以及开展语言文字的规范化和标准化工作等提供决策的依据和参考。

---

① 根据李宇明《语言功能规划刍议》（《语言文字应用》，2008 年 1 期，第 2～8 页）的观点及语言的功能类型，即国语、官方工作语言、教育、大众传媒、公共服务、公众交际、文化和日常交际等，本书结合西双版纳边境地区语言生活状况和语言功能规划实际，将当地的交际领域划分为官方工作、文化教育、大众传媒、公共服务、公众交际、日常交际等六大领域进行调查和研究。官方工作领域是指中央和地方机关工作时使用语言文字所形成的交际领域。文化教育领域是指学校或培训机构工作时使用语言文字所形成的交际领域。大众传媒领域是指报纸、电视、广播、互联网等传递信息时使用语言文字所形成的交际领域。公共服务领域是指银行、医院、商场（商店）、宾馆、饭店等工作时使用语言文字所形成的交际领域。公众交际领域是指当地大多数居民在公共场合使用语言文字所形成的交际领域。日常交际领域是指当地居民在日常生活中使用语言文字所形成的交际领域。

第三，以实证性语言生活研究成果拓展国家边境问题的研究空间。目前，学术界所取得的语言生活研究成果，与保护和促进人类语言文化多样性、构建国家和谐语言生活的现实需求尚有一定的差距。国家边境问题研究则多限于政治学、社会学、民族学和国际问题等领域，与语言文字相关的研究比较少。本书运用相关学科的理论及方法，根据研究逻辑确定田野调查方案，揭示西双版纳边境口岸地区民族语言生活与我国边境地区的社会稳定、经济发展、民族团结、安全防御等的关系，从新的研究视角为国家边境问题研究提供相关研究成果。

（二）研究的实践意义

第一，与国家对外开放战略相结合，剖析和谐语言生态环境在多民族边境口岸地区建设中的作用。西双版纳边境口岸地区，在把云南建设成中国面向东南亚、南亚辐射中心，以及实施“一带一路”倡议和长江经济带建设中的地位和作用极为重要。其语言生活正以语言生态环境的方式，通过政府行为、公共行为和社会交际行为，参与到边境安全、社会压力、突发事件等现实问题的解决中。故本书能为多民族边境口岸地区的政治、经济、文化、社会建设提供实践方面的指导。

第二，深化学术界和政府有关部门对开发民族语言文字资源、维护民族语言文字生态平衡、推广国家通用语言文字等的认识，并据此制定新的工作举措。本书从西双版纳边境地区民族语言生态环境、民族语言资源状况出发，提出构建和谐语言生活的相关建议，引导当地各族人民形成相互认同、彼此协调、均衡有序的语言行为，推动西双版纳边境地区各族人民形成有利于构建和谐社会、融洽民族关系、促进国际交往的社会行为，并使当地的语言生态朝着健康、和谐的方向持续发展。

第三，从语言文字作为一种社会资源（即能为社会成员提供交流、沟通和认同的功能）、经济资源（即具有服务产业性质）和文化资源（即能代表国家软实力和国际化进程）出发，探讨将西双版纳边境口岸地区作为培育国际化语言服务合作项目基地的可能性，通过语言服务市场要素，提出发展边境口岸地区语言文字服务产业项目的建议和对策，将本书研究成果转化为现实的社会效益和经济效益，为地方政府及相关部门贯彻和落实国家对外开放战略提供工作思路。

第二节　研究的理论、方法和语料

一、研究的基础

“语言生活”这一术语，与“语言国情”“语言使用情况”等含义基本相同。例如：李宇明认为，“运用和应用语言文字的各种社会活动和个人活动，可概称为‘语言生活’。说话、作文、命名、看书、听广播、做广告、语言教学等等，都属于语言生活范畴”[①]，并根据中国语言生活状况和语言规划的经验，将语言的功能划分为国语、官方工作语言、教育、大众传媒、公共服务、公众交际、文化和日常交际等八个层次[②]；陈章太认为，“语言国情调查研究”的具体内容包括“法定官方语言文字，各民族语言文字，各种方言文字，特种语言文字（如盲文、聋哑语等），外国语言文字等的种类、使用人数、使用群体、使用领域、使用地区、使用场合，还有语言关系、语言文字及其使用的问题、语言政策和语言法规及其执行、语言文字规范化标准化等情况”[③]；《中国语言文字使用情况调查资料》所显示的研究内容，则包括了语言文字的能力、使用和态度，以及语言文字的学习等[④]。国外学术界常用的与“语言生活”相关的术语有“语言状况”（language situation）、“语言景观”（language landscape）等，如《加拿大2004-2005官方语言年度报告》《欧洲联盟语言状况及语言政策》[⑤]等。

近年来，国内外学术界高度重视和强调语言生活的调查和研究，普遍认为：语言生活是社会生活的重要构成，语言生活不仅是个人的，也是国家和民族的；关注语言生活的当下状态及其发展态势是现代国家的一项重要任务。学术界也由此形成了一系列重要的研究成果，与本书相关的主要有中国语言生活状况研究、汉民族语言生活研究、少数民族语言生活研究、新闻语言及传播研究等方面的研究，为本书的写作提供了宝贵的理论基础和方法基础。

中国语言生活状况研究，以《中国语言生活状况报告》为代表，始于1997

---

① 李宇明. 2010. 中国语言规划论. 北京：商务印书馆：91.

② 李宇明. 2008. 语言功能规划刍议. 语言文字应用，（1）：2-8.

③ 陈章太. 2007. 语言国情调查研究的重大成果. 语言文字应用，（1）：20-23.

④ 中国语言文字使用情况调查领导小组办公室. 2006. 中国语言文字使用情况调查资料. 北京：语文出版社.

⑤ “中国语言生活状况报告”课题组. 2006. 中国语言生活状况报告（2005）. 上编. 北京：商务印书馆.

年开展的中国语言文字使用情况调查，以及随后公布的《中国语言文字使用情况调查资料》[①]。2003 年，国家语言文字工作委员会开始酝酿编辑《中国语言生活绿皮书》，并陆续与相关部委、高校共建国家语言资源监测与研究中心，借助计算机和动态流通语料库，对平面媒体、有声媒体、网络媒体、教材和海外华语等的语言状况进行动态的采样分析研究。2004 年 9 月，“中国语言生活状况报告”课题组成立，并按年度报告中国社会各领域语言生活、国家语言文字政策法规和相关热点问题及公开出版《中国语言生活状况报告》，至今已由商务印书馆出版至 2021 年度。《中国语言生活状况报告》关注现实语言生活及其热点问题，加强领域语言研究和特殊人群的语言状况研究，突出社会语言生活的动态发展和变化，在引起人们重视语言国情、引导语言生活健康和谐发展、为政策制定和学术研究提供参考等方面发挥了重要的作用。在《中国语言生活状况报告》的影响下，学术界展开了国家政策法规、语言规划、语言资源等方面的研究。例如：与语言生活其他皮书所反映语言生活的政情、社情、世情形成互补的《中国语言政策研究报告》（蓝皮书），对接国家语言文字事业需求，通过对公开发表的论文等进行梳理、遴选、分类和摘编，介绍、呈现上一年度语言规划学情。内容涉及国家通用语言文字普及和规范使用、语言资源科学保护、中华语言及文化的历史传承和国际传播、语言教育、语言服务以及语言规划的理论与国别研究等。[②]此外，李宇明的《中国语言规划论》[③]、《中国语言规划续论》[④]等，在国家语言生活的政策法规、语言规划等方面有独到见解。

关于汉民族语言生活的研究，主要包括大众传媒语言生活状况、城市语言生活调查、海外华人语言生活状况等。大众传媒语言生活研究，主要是围绕媒体语言的规范性、使用情况、多语多言状况等方面展开的。城市语言生活调查，多针对某一类人群进行，如教师和学生、公务员、普通市民、新闻工作者、外来务工人员等，调查范围集中于某一领域，如教育教学、大众传媒、服务行业等，研究理论多为社会语言学、应用语言学等。海外华人语言生活调查研究有李如龙的《略

---

① 中国语言文字使用情况调查领导小组办公室. 2006. 中国语言文字使用情况调查资料. 北京：语文出版社.

② 中华人民共和国教育部. 《中国语言政策研究报告》（蓝皮书）有关情况. http://www.moe.gov.cn/jyb_xwfb/xw_fbh/moe_2069/xwfbh_2018n/xwfb_20180529/sfcl/201805/t20180529_337491.html. 2018-05-29.

③ 李宇明. 2010. 中国语言规划论. 北京：商务印书馆.

④ 李宇明. 2010. 中国语言规划续论. 北京：商务印书馆.

论东南亚华人语言的研究》[①]、陈松岑的《新加坡华人的语言态度及其对语言能力和语言使用的影响》[②]、郭熙和祝晓宏的《海外华语传播与〈中国语言生活状况报告〉》[③]、郭熙和李春风的《东南亚华人的语言使用特征及其发展趋势》[④]等。这些研究对丰富语言生活调查内容、宏观把握语言生活状况及其发展趋势，以及推广国家通用语言文字，科学制定语言政策，合理进行语言规划等，都具有十分重要的意义。

关于少数民族语言生活的研究，中国社会科学院民族研究所于1986年决定对我国少数民族语言使用情况和文字问题进行调查研究。随后，全国哲学社会科学“七五”规划会议民族研究规划小组将“中国少数民族语言使用情况和文字问题调查研究”这一课题纳入“七五”规划，并最终形成了《中国少数民族语言文字使用和发展问题》[⑤]等系列著作。随着学者对少数民族语言生活研究的不断深入以及研究范围的不断扩大，涌现了一批具有代表性的学者，如戴庆厦、王远新、何俊芳等，形成了新时期中国少数民族语言使用情况研究、中国少数民族语言参考语法系列研究、基于少数民族学习汉语的少数民族语言与汉语对比研究、中国的语言接触与语言关系研究等学术成果。此外，云南省民族宗教事务委员会也针对当地民族语言文字的发展实际，由云南省少数民族语文指导工作委员会长期组织有关的民族语文专业工作者深入云南边境一线进行调查研究，出版了《云南民族语言文字现状调查研究》[⑥]一书。

关于新闻语言及传播的研究，学术界主要是从语言学、新闻学两个领域展开的：语言学方面的研究多集中于新闻语言本体方面，包括新闻语言的语音、词汇、语义、语法等的结构特点和语用规律，涉及报纸、广播、电视、网络等媒体的新闻语言应用问题；新闻学方面的研究主要侧重于不同新闻媒体语言的比较研究。此外，还有一些研究以某一类型的新闻语言为研究对象，对其构成要素进行具体剖析，如新闻语言的特性、规范性、修辞等方面的研究。

---

① 李如龙. 1997. 略论东南亚华人语言的研究. 学术研究，（9）：93-96.

② 陈松岑. 1999. 新加坡华人的语言态度及其对语言能力和语言使用的影响. 语言教学与研究，（1）：81-95.

③ 郭熙，祝晓宏. 2007. 海外华语传播与《中国语言生活状况报告》. 语言文字应用，（1）：44-48.

④ 郭熙，李春风. 2016. 东南亚华人的语言使用特征及其发展趋势. 双语教育研究，（2）：1-10.

⑤ 中国社会科学院民族研究所，国家民族事务委员会文化宣传司. 1993. 中国少数民族语言文字使用和发展问题. 北京：中国藏学出版社.

⑥ 云南省少数民族语文指导工作委员会. 2001. 云南民族语言文字现状调查研究. 昆明：云南民族出版社.

二、研究的理论

本书的研究主要是以社会语言学、应用语言学、生态语言学、心理语言学等相关学科的理论为依据。

社会语言学是介于社会学和语言学之间的一门新兴的边缘学科，主要运用语言学以及社会学、民族学、文化人类学、社会心理学等学科的理论和方法，从不同学科的角度，研究语言的社会本质和差异，探究语言和社会相互依存的关系[①]。社会语言学最基本的出发点就在于把语言看成一种社会现象，主张把语言放到其得以产生和运用的人类社会的广大背景中去研究和考察[②]。

应用语言学有广义和狭义之分：广义的应用语言学指语言应用的各个方面，包括语言教学、语言规划、语言和社会的关系与语言在社会中的应用，以及语言本体和本体语言学与现代科技的关系等；狭义的应用语言学仅指语言教学。

生态语言学，又称语言生态学，是生态科学和语言学相结合所形成的一门新兴学科。它将语言视为生态系统不可分割的组成部分，主张从语言与外部环境的相互依存和作用关系出发来分析、研究语言，涉及语言多样性、濒危语言、语言进化、语言习得、语言批评、语言与生态危机、语言政策、语言人权等方面的内容[③]。

心理语言学主要研究人们掌握、理解和使用语言的心理过程，研究语言理解、语言产生、语言获得、语言和思维的关系等，一般分为应用心理语言学、实验心理语言学和发展心理语言学等[④]。

本书运用社会语言学的语言变异、语言接触等理论，应用语言学的语言教学、语言规划、语言和社会的关系等理论，生态语言学的语言多样性、语言习得、语言与生态危机、语言政策等理论，心理语言学的语言理解、语言获得等理论，对西双版纳边境地区民族语言生活的田野调查及统计数据进行理论阐释。

三、研究的方法

本书主要采用文献研究法、调查研究法、现场研究法、计量统计法等研究方法。

---

① 周庆生. 2010. 中国社会语言学研究述略. 语言文字应用，（4）：10-21.

② 赵蓉晖. 2003. 社会语言学的历史与现状. 外语研究，（1）：13-19，26.

③ 范俊军. 2005. 生态语言学研究述评. 外语教学与研究，（2）：110-115.

④ 贾冠杰. 2000. 应用语言学研究的几个问题. 河南师范大学学报（哲学社会科学版），（3）：103-108.

（一）文献研究法

文献研究法是根据一定的研究目的或需要，通过查阅文献来获得相关资料，并全面、正确地了解所要研究的问题，找出事物的本质属性，从中发现问题的一种研究方法。

本书通过收集社会语言学、应用语言学、生态语言学、心理语言学等的相关文献材料，在学术界相关研究的基础上，确定了本书研究的理论依据和技术路线。

（二）调查研究法

本书所使用的调查研究法主要有问卷法和访谈法。

调查问卷的设计立足当地语言生活实态，在对语言要素进行概貌式描写的基础上，重点突出语用要素和语言生活、语言生活和语言资源的整合性研究。问卷以封闭式提问为主，内容主要涉及调查对象的语言文字的背景和能力、使用情况、习得情况、语言态度等方面。问卷的填写主要采取自填式和代填式：自填式问卷，采取调查对象填写和本书作者观察相结合的方式进行评定；代填式问卷，通过调查对象的语言交流和本书作者观察相结合的方式进行评定。至于语言能力的判定，母语能力主要由调查对象与同族人群使用母语的流利程度和沟通度，以及问卷的相关检测题来确定；汉语能力和英语能力，主要是通过调查对象自评和本书作者观察相结合的方式来确定。

访谈法分为结构性访谈和非结构性访谈。结构性访谈是根据提前拟定的问题，按照分层抽样的方法，对合适的调查对象直接进行访谈，调查对象伴随访谈过程所出现的语码选择、语言能力水平等本身也是调查研究的对象。非结构性访谈是本书作者根据调查的时间、地点、内容和调查对象的职业、职务、年龄、学历等情况，对调查对象（多为领导干部、具有一定文化教育背景或在村寨中有影响力的村民等代表性人员）随机进行的深度访谈。

（三）现场研究法

现场研究法主要是考察调查对象或访谈对象进行语言文字交流或回答访谈性问题的流利程度，以及调查对象或访谈对象在与不同人群交际时的语言文字使用情况。例如：在填写调查问卷的过程中，有的调查对象会与其家人、亲戚、朋友、同事等用母语交流，有的调查对象会临时接听电话等，这就需要研究者有意识地观察调查对象在具体语境中使用母语及其他语言文字的流利程度，观察其能否流畅地延续话题。这些都对本书的田野调查及数据分析具有一定的参考价值。

（四）计量统计法

关于计量统计法，本书主要采用 SPSS 软件对田野调查所获得的数据进行统计分析。鉴于本书的调查研究法主要是基于调查对象的主述，而问卷内容、访谈内容、问卷与访谈的内容之间均具有一定的关联性，调查对象在调查过程中也难免会受到各种主客观因素（如现场情绪、调查环境等）的影响，有可能出现调查内容内部的逻辑冲突，因此本书在完成首次调查数据统计后，又多次对调查数据进行了逻辑校验，排除了一些无效数据，以期能够客观地呈现西双版纳边境地区民族语言生活状况。

四、研究的语料

本书研究的语料及相关数据主要来自田野调查的问卷和访谈，以及现场采集的图文资料、音频和视频。研究语料的收集，本着求真务实、规范严谨的工作原则，立足调查点的语言生活实态，以期客观地呈现西双版纳边境地区民族语言生活状况。

（一）在充分准备的基础上进行科学规划

经开题论证[①]，以及 2012 年 8 月的试点调查，本书围绕研究的目标、内容和重点难点，科学制订了田野调查工作方案：确定具有可操作性的调查问卷和访谈提纲、具有典型性和代表性的田野调查点及调查对象；确定分层抽样和穷尽式入户调查相结合、文字记录与音视频实录相结合的调查方法等。该方案于 2013 年在西双版纳边境地区打洛口岸和磨憨口岸、景洪港（景洪港中心码头和关累码头）、西双版纳机场正式全面实施。

（二）通过精心选点确保研究方案的严谨实施

本书需要以规范的田野调查为基础，但调查期间因受到西双版纳边境地区国

① 在 2012 年 9 月召开的开题报告会议上，本书拟定的研究内容、重点难点、研究方法及实施方案、人员分工、研究进度、预期成果等，得到了中央民族大学戴庆厦教授、云南师范大学涂良军教授和罗骥教授等专家的重要指导，特此致谢。

家口岸开放政策及有关管理规定的限制，故经咨询相关专家和实地考察，最终确定以西双版纳边境地区打洛口岸和磨憨口岸、景洪港（景洪港中心码头和关累码头）、西双版纳机场为例，将研究内容、田野调查的重点放在当地少数民族语言生活的调查和研究上，并将研究思路设计为在对语言要素进行概貌式描写的基础上，重点突出语用要素和语言生活、语言生活和语言资源的整合性研究。

（三）精确统计和如实描述田野调查数据

在田野调查过程中，本书在严格按照工作方案有序开展各项研究工作的同时，使用文字、音视频及时记录调查中临时出现的问题，并通过召开“田野调查每日一总结”会议、撰写田野调查日志等活动，不断总结经验，规范后续研究工作。

田野调查结束后，本书运用 SPSS 软件对调查数据进行了分析和统计，并根据研究的目标、内容和重点难点，运用多种计算方法和呈现方式，确保本书的研究既有定量描述分析，也有定性统计分析。

此后，本书作者又于 2017～2019 年，就西双版纳跨境少数民族语言生活状况、领域语言生活状况的问题，分批次对当地 150 名幼儿园、中小学教师进行了集中访谈：2017 年访谈的 50 名（女 43 人，男 7 人）幼儿园、中小学教师中，景洪市 20 人，勐海县 20 人，勐腊县 10 人；2018 年访谈的 50 名（女 41 人，男 9 人）幼儿园、中小学教师中，景洪市 16 人，勐海县 18 人，勐腊县 16 人；2019 年访谈的 50 名（女 27 人，男 23 人）幼儿园、中小学教师中，景洪市 15 人，勐海县 15 人，勐腊县 20 人。2021 年 1 月，本书作者再次赴西双版纳广播电视台、景洪市融媒体中心[①]进行调研，与西双版纳广播电视台总编室、新闻部、新媒体部、哈尼语部、傣语部等部门负责人及工作人员，以及景洪市融媒体中心新闻主播及工作人员，就当地大众传媒语言生活状况及少数民族村寨语言生活状况进行了座谈。至此，本书作者最终完成了书稿田野调查及统计数据的查漏补缺工作，进一步提高了调查数据的准确度。

① “景洪市融媒体中心”为本书作者 2021 年 1 月进行调研时的名称，该中心于 2019 年 3 月挂牌成立。本书作者 2012 年 8 月、2013 年 1 月和 7 月进行田野调查时的名称为“景洪市广播电视台”。

第二章　西双版纳跨境少数民族语言生活调查

跨境民族是指分别在两个或两个以上的国家长期居住，但又保留了原来共同的某些民族特色，彼此有着同一民族认同感的民族。跨境民族虽然长期分居于不同的国家，受当地的主体民族或其他民族的影响，在语言、服饰、文化等方面有了不同程度的变化，但是在他们传统文化的底层，以及日常生活的深处，与原来的民族传统又有着千丝万缕的关系①。

西双版纳边境地区生活有傣族、哈尼族、彝族、拉祜族、布朗族、瑶族、苗族、壮族等跨境少数民族，受到独特地理位置的影响，形成了悠久的边贸历史、类型繁多的语言文字及其关系。打洛口岸与缅甸相邻，居住着傣族、哈尼族、布朗族等跨境少数民族；磨憨口岸与老挝毗邻，居住着傣族、哈尼族、苗族、瑶族等跨境少数民族。这些跨境少数民族与缅甸、老挝的同一民族人员，无论是语言还是文化，几乎没有太大的区别，在商贸经济、文化教育、公共事务、媒介传播、日常生活等方面往来频繁，且相互通婚。调查其语言生活状况，不仅有助于深化对语言国情的认识，而且还能发挥语言生态环境在边境口岸地区社会稳定、经济发展、民族团结、安全防御等方面的作用。

第一节　调查方案的设计

一、调查原则

本章立足西双版纳边境地区打洛口岸、磨憨口岸跨境少数民族语言生活实态，坚持求真务实、规范严谨的田野调查工作原则：科学布点，规范调查，严谨开展

---

① 胡起望. 1994. 跨境民族探讨. 中南民族学院学报（哲学社会科学版），（4）：49-53.

各项研究工作，以确保田野调查数据的真实性和有效性；坚持用历史的眼光观察和分析问题，在对田野调查数据进行准确分析和客观描写的过程中，既重视当地跨境少数民族语言生活的良好状况，也关注其语言生态环境、语言资源保护和开发中存在的问题。

以上述调查原则为指导，本书作者于2012年8月、2013年的1月和7月赴打洛口岸、磨憨口岸开展田野调查工作。2012年8月的田野调查，在熟悉调查点的人文地理情况的基础上，以分层抽样法为主、辅之以访谈法和测试法对调查对象进行调查。2013年1月、7月的田野调查，在第一次调查工作经验的基础上，对调查问卷、访谈问题和现场观察中存在的问题进行了调整和修改，以穷尽式入户调查法为主、以调查对象分层抽样法为辅，进一步完善和细化了田野调查数据。2017～2019年，本书作者就西双版纳跨境少数民族语言生活的问题，分批次对勐海县53名幼儿园和中小学教师、勐腊县46名幼儿园和中小学教师进行了集中访谈，为后续的调查数据软件处理奠定了研究基础，同时完成了书稿内容的增补和完善工作。

二、调查布点

（一）口岸的地理及人口概况

1. 打洛镇及打洛口岸

打洛镇位于西双版纳傣族自治州勐海县境西南部，地处北纬21°38′～21°51′，东经99°57′～100°18′，东南接布朗山乡，西南和西部与缅甸接壤，区域内国境线长36.5公里，西北与西定乡毗邻，北连勐遮镇，东北接勐混镇，位于昆洛公路的末端。打洛镇距勐海县城65公里，距景洪市110公里，距昆明市648公里，面积400.16平方公里。全镇辖5个村委会、1个社区。56个村民小组、3个居民小组、24个村寨分布在边境一线。驻有勐海县黎明农场有限责任公司第五分公司、打洛出入境边防检查站、打洛海关、打洛边境派出所、打洛公安派出所等单位[①]。

打洛口岸是中国与缅甸双边协议口岸，位于西双版纳傣族自治州勐海县西南部打洛镇，与缅甸掸邦东部第四特区勐拉县接壤，距勐海县城60公里，距缅甸景栋80公里，距泰国咪赛239公里，距泰国清迈市550公里。1991年8月，云南省政府批准打洛为二类口岸。1992年，打洛口岸被列为国家首批沿边开放的地区。

① 中共西双版纳州委党史研究室. 2020. 西双版纳年鉴（2020）. 昆明：云南科技出版社：50.

1997 年 3 月，中缅两国政府签订《关于中缅边境管理与合作的协定》，中国打洛—缅甸勐拉口岸被列为对第三国人员开放的口岸。2007 年 11 月，经国务院批准为国家一类开放口岸。辖区内有布朗山边境通道、巴达边境通道[①]。

2. 磨憨镇及磨憨口岸

磨憨镇位于西双版纳傣族自治州勐腊县东南部，地处东经 101°27′～101°41′、北纬 21°10′～21°26′之间，东南与老挝相连，西邻勐满镇，北接勐腊镇，区域内国境线长达 174 公里。镇政府距勐腊县城 43 公里，镇域土地面积 803 平方公里。辖区内有 3 条公路直通老挝（分别为曼庄至老挝丰沙里、新民至老挝勐赛、磨憨口岸至南塔）。磨憨镇是一个以傣族为主，汉族、哈尼族、苗族、瑶族、拉祜族（苦聪人）、布朗族（克木人）等多民族聚居的边境山区镇，辖 6 个行政村、2 个社区，有 66 个村民小组（其中 56 个自然村、5 个村办茶场、5 个茶农队）[②]。

磨憨口岸是中国与老挝双边协议口岸，位于西双版纳傣族自治州勐腊县南端，中国老挝磨憨—磨丁经济合作区内，是中老两国最大的公路口岸，是中国连接中南半岛的关键节点，是中国—东盟自由贸易区的最佳结合部，也是中国通往东南亚各国重要的昆曼国际大通道出境的起点，泛亚铁路中线从磨憨口岸出境，贯穿老挝、泰国，直达新加坡。1992 年 3 月，经国务院批准为国家一类开放口岸，是首批列为国家沿边开放的地区之一。1993 年 12 月，中老两国共同宣布正式开通磨憨—磨丁国际口岸。2000 年 6 月，云南省人民政府批准磨憨口岸为边境贸易区。2004 年 9 月，国务院批准磨憨口岸开展口岸签证工作，并对第三国人员实行开放。2016 年 3 月，国务院批准设立中国老挝磨憨—磨丁经济合作区。2019 年 4 月，中国老挝磨憨—磨丁经济合作区单设为中共云南省委、云南省人民政府派出机构。辖区内有曼庄边境通道、新民（尚勇）边境通道、勐满边境通道、勐润边境通道、朱石河边境通道[③]。

（二）口岸的跨境少数民族

跨境少数民族是因民族迁徙或国界划定等问题而造成的民族分布现象，既有历史形成的民族共同特征，也有分属不同地域形成的独特性。打洛口岸、磨憨口

---

① 中共西双版纳州委党史研究室. 2020. 西双版纳年鉴（2020）. 昆明：云南科技出版社：354.

② 中共西双版纳州委党史研究室. 2020. 西双版纳年鉴（2020）. 昆明：云南科技出版社：59.

③ 中共西双版纳州委党史研究室. 2020. 西双版纳年鉴（2020）. 昆明：云南科技出版社：354.

岸主要居住着傣族、哈尼族、布朗族、苗族、瑶族等跨境少数民族，他们与邻国的傣族、哈尼族、布朗族、苗族、瑶族等有着密切的联系，每年因宗教、节庆、祭祀等活动而经常往来，在语言沟通、文化交流、社会交往等方面基本无障碍。

1. 傣族及其语言文字

傣族历史悠久，喜聚居在群山环抱的河谷流域、坝区、热带地区。打洛口岸、磨憨口岸的傣族，与缅甸掸邦南部的“傣痕”、泰国北部的“傣允”和老挝境内自称“傣”的部分居民[①]等都具有一定的渊源关系，并在生活习俗、民族服装、语言文化等方面具有较高的一致性。

傣语属于汉藏语系壮侗语族壮傣语支。语音方面，西双版纳傣语有 21 个声母、91 个韵母、9 个声调。词汇方面，单音节和双音节的合成词较多，口语中的四音节结构很丰富。语法方面，不同词类均有其特殊的功能和特点，有主语、谓语、宾语、定语、状语等句子成分，具有相应的句型和句类。傣语有自己独立的文字体系。现在，西双版纳傣族自治州的政府工作、大众传媒、文化教育等领域主要使用的是傣仂文，即 1955 年经批准开始推广、使用的新傣文，与老傣文在字母数量、声调符号等方面具有一定的区别。[②]

2. 哈尼族及其语言文字

哈尼族主要分布在我国的滇南地区，喜聚居在半山腰，主要从事山区和半山区的农业生产，种植稻谷、玉米、棉花、茶叶等。打洛口岸的哈尼族自称“爱尼”，磨憨口岸的哈尼族自称“爱尼”“阿卡”，与缅甸和老挝的高族、泰国的阿卡族等具有一定的渊源关系，相互之间经常往来，风俗习惯相近，语言基本相同。

哈尼语属汉藏语系藏缅语族彝语支。语音方面，哈尼语有 31 个声母、26 个韵母、4 个声调。词汇方面，有单音节词和多音节词、单纯词和合成词的区分，在同汉民族的接触和交往中借用了不少汉语词汇。语法方面，有不同的词类及短语结构类型，有主语、谓语、宾语、定语、状语、补语等句法成分，区分句型和句类。哈尼族原来没有与自己语言相适应的文字，相关专家于 1957 年采用拉丁字母形式，制定了《哈尼文字方案》（草案），包括哈雅方言文字（1958 年在云南省红河哈尼族彝族自治州试行）和碧卡方言文字（未经试行）两种方言

---

① 刀世勋. 1980. 西双版纳傣文. 民族语文，（1）：70-75.

② 喻翠容，罗美珍. 1980. 傣语简志. 北京：民族出版社.

文字[①]。本书作者在西双版纳边境地区调查及访谈时得知，很多哈尼族群众表示不清楚该方案。

3. 布朗族及其语言文字

布朗族是中国西南历史悠久的世居民族，自称较多，中华人民共和国成立后统称为“布朗族”。打洛口岸的布朗族与缅甸的布朗族长期往来，交流频繁。

布朗语属南亚语系孟高棉语族布朗语支，也有学者认为属佤德昂语支。语音方面，布朗语有43个辅音声母、150个韵母、4个声调。词汇方面，区分单纯词和合成词，形态变化较多。语法方面，有不同词类和各类结构的短语，词序和虚词是重要的语法手段，有句型和句类的区分。文字方面，分布在西双版纳的布朗族使用“多塔”经文，与当地傣族原用的文字相同。[②]

4. 苗族及其语言文字

苗族历史悠久，分布地域较广，且因地域不同而有不同的自称。磨憨口岸的苗族与老挝的苗族在服饰、风俗、文化、语言等方面基本相同，双方往来密切，相互通婚。

苗语属于汉藏语系苗瑶语族苗语支。语音方面，苗语川黔滇次方言有55个声母、21个韵母、8种调值。词汇方面，单音节单纯词较多，借词是苗语词汇丰富和发展的重要手段。语法方面，有不同的词类和各结构类型的短语，有主语、谓语、宾语、补语、定语、状语、复指成分和独立成分，区分单复句和不同的句类。[③]苗族原本没有本民族文字。1956年，相关专家在田野调查的基础上，采用拉丁字母，为苗语的湘西方言、黔东方言、川黔滇方言各创造了一种文字，另外改革了川黔滇方言的滇东北次方言的旧文字。[④]在磨憨口岸，苗文的使用范围不广，绝大多数群众不知道苗文。

5. 瑶族及其语言文字

瑶族的自称比较多，服饰因生活地域不同而有所差异。勐腊县的瑶族有蓝靛瑶和顶板瑶两个支系，生活在磨憨口岸的主要是顶板瑶。[⑤]他们与老挝的瑶族互通

---

① 李永燧，王尔松. 1986. 哈尼语简志. 北京：民族出版社.

② 李道勇，聂锡珍，邱鄂锋. 1986. 布朗语简志. 北京：民族出版社.

③ 云南省地方志编纂委员会. 1998. 云南省志 卷五十九 少数民族语言文字志. 昆明：云南人民出版社：193-213.

④ 王辅世. 1985. 苗语简志. 北京：民族出版社.

⑤ 云南省勐腊县志编纂委员会. 1994. 勐腊县志. 昆明：云南人民出版社：105.

婚姻，双方语言互通。

各地瑶族人民日常使用的不是一种语言，大致包括勉语、布努语、拉珈语三种情况。勐腊县的瑶族使用的是勉语，属于汉藏语系苗瑶语族瑶语支。语音方面，瑶语勉话共有声母 79 个、韵母 61 个、声调 8 个。词汇方面，单音节单纯词数量多，修饰式的合成词较多。语法方面，有不同词类和短语结构类型，区分句子成分和句型、句类。[①]瑶族没有反映自己语言的文字，历史上曾使用汉字瑶读的方式，记录民族历史、传说、歌谣、故事、家谱、道教文牍、祭辞。1958 年，相关专家在对瑶语进行普查的基础上，拟订了《瑶文方案》（草案），但尚未讨论就搁置了下来。1982 年，中央民族学院部分从事瑶语教学和研究的师生，以广西金秀瑶族自治县勉语方言为基础，采用拉丁字母，设计了《瑶文方案》（草案），并先后在广西、广东、云南等地试行。1983 年，侨居美国的瑶族以拉丁字母创制了《瑶文方案》。泰国瑶族则以泰文为基础创制了一套拼音瑶文。[②]本书作者在调查时了解到，勐腊县的瑶族群众大多表示不清楚瑶文的具体情况。

（三）口岸调查点的选择

本章调查点的选择主要遵循以下基本原则：第一，以口岸为中心，向四周辐射。调查点应毗邻边境，且在口岸 4 公里以内的行政区划范围内。第二，必须是跨境少数民族聚居的村寨。调查点应为独立的自然村寨，且民族成分分布大体均衡。

1. 打洛口岸的调查点

本章在打洛口岸确定了曼蚌、曼厂、曼掌、曼打火、帕左新寨、曼等、种植场、曼夕下寨等八个调查点。其中，曼蚌、曼等、曼夕下寨距离边境最近，分别居住着傣族、哈尼族和布朗族，故本书作者对这三个村寨进行了穷尽式入户调查；曼打火、曼厂、曼掌主要居住的是傣族，帕左新寨主要居住的是哈尼族，种植场主要居住的是布朗族，故本书作者对这五个村寨采取了分层抽样式调查。

2. 磨憨口岸的调查点

本章在磨憨口岸确定了回金立、新民、纳龙、磨整、南嘎、纳红等六个调查点。其中，回金立、新民这两个村寨主要居住着瑶族，纳龙主要居住着苗族，磨

---

① 毛宗武，蒙朝吉，郑宗泽. 1982. 瑶族语言简志. 北京：民族出版社.

② 范俊军. 2009. 关于《瑶文方案》（草案）的思考. 广东技术师范学院学报，（6）：11.

整、南嘎这两个村寨主要居住着傣族，纳红主要居住着哈尼族。上述六个调查点均采取了穷尽式入户调查。

三、调查对象

本章在确定打洛、磨憨口岸的调查对象时，遵循了以下基本原则：第一，调查对象必须是跨境少数民族。第二，调查对象必须长期居住在口岸附近的村寨。第三，调查对象经常在中国和邻国之间往来。需要说明的是，由于受到出入境条件等因素的限制，本书作者未能全面开展打洛口岸、磨憨口岸的境外少数民族语言生活状况的调查工作。

同时，鉴于各年龄段调查对象的语言文字能力水平各有其特点，本书作者在打洛口岸调查时，将调查对象的年龄段划分为三个阶段：少年段（6～15 岁）、青壮年段（16～40 岁）、中老年段（41 岁及以上）。少年段调查对象的语言文字能力倾向稳定，基本掌握早期学习（习得）的语言。青壮年段调查对象处于语言文字能力最强、最稳定的时期，语言学习（习得）的种类和能力基本定型。中老年段调查对象大多跟外界接触较少且文化程度偏低，非母语的语言文字能力普遍较弱。在磨憨口岸进行调查时，本章则结合调查点实际，将调查对象的年龄段调整为四个阶段：少年段（6～19 岁），该年龄段调查对象的语言文字能力水平趋向稳定，基本掌握已经学习（习得）的语言文字；青壮年段（20～39 岁），该年龄段调查对象的语言文字能力处于最稳定、最强的时期；中年段（40～59 岁），该年龄段调查对象的语言文字学习（习得）方式、语言文字能力已经定型；老年段（60 岁及以上），该年龄段调查对象的语言文字学习（习得）方式及种类单一化，交际范围较小，处于语言文字学习（习得）的低谷时期。

（一）打洛口岸的调查对象

打洛口岸的调查对象为傣族、哈尼族和布朗族等跨境少数民族。他们分布在打洛口岸的境内外，语言相通，常有商贸往来、走亲访友等活动，并且相互通婚。[①]调查村寨的人口统计及民族分布、各年龄段的学历分布情况如表 2-1、表 2-2 所示。

---

① 在西双版纳傣族自治州勐海县打洛镇中学教师甲四的协调和帮助下，缅甸小勐拉有 8 位哈尼族同学协助本书作者进行了调查。经访谈得知，缅甸小勐拉的傣族、哈尼族、布朗族的语言文字使用情况同中国境内的傣族、哈尼族、布朗族基本一致。

表 2-1　打洛口岸调查点跨境少数民族人口统计及民族分布（单位：人）

村委会	村寨	总人口	男	女	傣族	哈尼族	布朗族	其他民族	调查人数
打洛	曼蚌	780	384	396	777	—	—	3	777
	曼掌	259	131	128	259	—	—	—	11
	曼厂	136	65	71	136	—	—	—	8
	曼打火	467	235	232	467	—	—	—	20
	曼等	306	155	151	—	303	—	3	303
曼夕	帕左新寨	253	138	115	—	253	—	—	22
	种植场	200	103	97	—	—	200	—	16
	曼夕下寨	785	385	400	—	—	767	18	767
合计									1924

注：①曼蚌总户数 157 户，曼掌总户数 84 户，曼厂总户数 43 户，曼打火总户数 140 户，帕左新寨总户数 60 户，曼等总户数 67 户，种植场总户数 60 户，曼夕下寨总户数 181 户。

②“其他民族”中：曼蚌有拉祜族 3 人，1 人为嫁入，2 人为入赘；曼等有汉族 3 人，均为外地嫁入；曼夕下寨有 11 人为汉族入赘，3 人为哈尼族嫁入，1 人为彝族嫁入，1 人为苗族嫁入，1 人为侗族嫁入，1 人为壮族入赘。

③“—”表示没有调查数据，全书此类余同。

表 2-2　打洛口岸调查点跨境少数民族各年龄段学历分布（单位：%）

民族	年龄段	所占比例	文盲	脱盲	小学	初中	高中	中专	大专	本科
傣族	6～15 岁	19.6	—	—	32.1	67.9	—	—	—	—
	16～40 岁	46.8	4.5	—	32.8	55.2	1.5	3.0	3.0	—
	41 岁及以上	33.6	41.7	—	58.3	—	—	—	—	—
哈尼族	6～15 岁	27.6	—	—	29.1	66.7	4.2	—	—	—
	16～40 岁	58.6	5.9	—	25.5	49.0	7.8	7.8	2.0	2.0
	41 岁及以上	13.8	58.3	8.3	25.1	8.3	—	—	—	—
布朗族	6～15 岁	15.5	—	—	68.4	31.6	—	—	—	—
	16～40 岁	59.3	4.1	—	19.2	63.0	4.1	4.1	5.5	—
	41 岁及以上	25.2	38.7	6.5	29.0	16.1	3.2	6.5	—	—

（二）磨憨口岸的调查对象

磨憨口岸的调查对象为傣族、哈尼族、苗族和瑶族等跨境少数民族。他们与居住在老挝的傣族、哈尼族、苗族和瑶族往来密切，基本上都是跨境而居，相互往来，彼此之间的语言交流无障碍。本书作者还调查了从老挝嫁到磨憨口岸村寨的妇女 23 人。其中，嫁入新民的有 13 人，具体为瑶族 9 人，哈尼族 2 人，苗族 2 人；嫁入纳龙的有 2 人，均为苗族；嫁入磨整的有 4 人，均为傣族；嫁入纳红的有 4 人，均为哈尼族。他们与调查点同一民族人员之间的语言交流无障碍，日常交际均使用本地汉语方言。调查村寨的人口统计及民族分布、各年龄段的学历情况具体如表 2-3、表 2-4 所示。

表 2-3 磨憨口岸调查点跨境少数民族人口统计及民族分布（单位：人）

村委会	村寨	总人口	男	女	傣族	哈尼族	苗族	瑶族	其他民族	调查人数
磨憨村委会	回金立	64	30	34	—	—	1	63	—	7
	新民	243	165	78	—	—	—	239	4	38
	纳龙	394	184	210	—	—	394	—	—	87
	磨整	156	76	80	154	—	—	—	2	113
	南嘎	139	70	69	116	—	—	—	23	63
尚冈村委会	纳红	335	168	167	—	324	—	—	11	234
合计										542

注：回金立总户数 19 户，新民总户数 65 户，纳龙总户数 73 户，磨整总户数 31 户，南嘎总户数 24 户，纳红总户数 74 户。

表 2-4 磨憨口岸调查点跨境少数民族不同年龄段的学历情况（单位：%）

民族	年龄段	所占比例	文盲	脱盲	小学	初中	高中	中专	大专	本科
傣族	6～19 岁	17.4	—	—	29.1	54.8	12.9	—	—	3.2
	20～39 岁	40.0	2.8	—	45.1	26.8	9.9	9.9	1.4	4.1
	40～59 岁	29.8	37.7	1.9	50.9	5.7	3.8	—	—	—
	60 岁及以上	12.8	73.9	—	26.1	—	—	—	—	—
哈尼族	6～19 岁	15.9	—	—	35.1	51.4	13.5	—	—	—
	20～39 岁	42.5	10.1	—	14.1	49.5	6.1	7.1	3.0	10.1
	40～59 岁	27.5	26.6	—	53.1	20.3	—	—	—	—
	60 岁及以上	14.1	87.9	—	3.0	9.1	—	—	—	—
苗族	6～19 岁	24.7	4.5	—	50.0	40.9	4.6	—	—	—
	20～39 岁	45.0	25.0	—	35.0	32.5	2.5	5.0	—	—

续表

民族	年龄段	所占比例	文盲	脱盲	小学	初中	高中	中专	大专	本科
苗族	40～59 岁	27.0	62.5	4.2	25.0	8.3	—	—	—	—
	60 岁及以上	3.3	66.7	—	—	33.3	—	—	—	—
瑶族	6～19 岁	20.0	—	—	33.4	44.4	22.2	—	—	—
	20～39 岁	37.8	23.5	—	23.6	23.5	17.6	—	5.9	5.9
	40～59 岁	35.5	50.0	6.3	43.7	—	—	—	—	—
	60 岁及以上	6.7	66.7	—	33.3	—	—	—	—	—

四、调查方法

（一）问卷法

本章的调查问卷设计从当地语言生活实态出发，对调查对象的语言文字能力水平及其语言文字背景进行概貌式描写，重点突出其语言文字的使用情况、学习（习得）情况、语言态度等方面的状况。具体而言：在打洛口岸、磨憨口岸的调查点中，由于调查对象的出生地、常住地均为本地，且打洛口岸的跨境少数民族以傣族、哈尼族、布朗族为主，磨憨口岸的跨境少数民族以傣族、哈尼族、苗族、瑶族为主，同时，鉴于打洛口岸、磨憨口岸在云南省国际大通道中的功能和作用，以及本地汉语方言，即打洛口岸所使用的勐海话、磨憨口岸所使用的勐腊话，在当地居民语言心理、言语行为方面的“声望”，还有哈尼文、布朗文、苗文、瑶文在当地相应跨境少数民族调查对象中认知度低、使用频率也低的实际情况，故西双版纳跨境少数民族语言生活的调查，主要是以本地汉语方言、普通话和规范汉字、繁体字，傣族的语言文字，哈尼族、布朗族、苗族、瑶族的语言，以及英语和英文为重点，进行调查和描述。具体情况为，关于各口岸跨境少数民族语言之间的接触及影响：打洛口岸涉及的跨境少数民族类型不多，且彼此之间往来接触较多，故呈现的是傣族、哈尼族、布朗族三个民族的母语及其相互之间的语言接触及影响；磨憨口岸涉及的跨境少数民族类型较多，其中人口总数最多的是傣族，其次是哈尼族，结合当地各少数民族之间往来接触的实际，故重点呈现的是傣族、哈尼族、苗族、瑶族的母语，以及傣族与哈尼族、苗族、瑶族之间的语言接触及影响。

语言文字能力通常指人们在使用某种语言文字时所表现出来的听、说、读、写的能力。不同的语用主体受到家庭环境、教育背景、生活环境等因素的影响，所具备的语言文字能力会各不相同。如表 2-5 所示，本章根据调查点及调查对象的实际，在调查问卷中将语用主体的听、说、读、写的能力分别细化为五个等级。

表 2-5　西双版纳跨境少数民族语言文字能力等级标准

语言文字能力	一级	二级	三级	四级	五级
听	完全能听懂	基本听得懂	能听懂一些日常用语	基本听不懂	完全听不懂
说	能熟练交谈，没有任何障碍	能熟练交谈，个别时候有障碍	基本能交谈	会说一些日常用语	完全不会说
读	能读书看报	能看懂家信或简单文章	认识一些常用字（词）	基本看不懂	完全看不懂
写	能写文章或其他作品	能写家信或简单文章	会写一些常用字（词）	基本会写	完全不会写

（二）测试法

本章主要是运用《西双版纳跨境少数民族常用词语测试表》《西双版纳跨境少数民族语言语法能力测试表》，对调查对象的母语能力水平进行了专项测试，并将调查对象的母语能力区分为四个等级：一是能够脱口而出，二是需要思考后才能说出，三是经提示后才能说出，四是经提示后也说不出。

如表 2-6 所示，《西双版纳跨境少数民族常用词语测试表》主要是根据当地群众语言生活实际，从中筛选出使用频率较高的 200 个常用词语，作为调查对象母语词汇能力的测试及评判依据，请调查对象用母语说出 200 个常用词语，由此检测其掌握母语常用词语的程度。

表 2-6　西双版纳跨境少数民族常用词语测试表

序号	词语	序号	词语	序号	词语	序号	词语	序号	词语
1	天	5	河	9	银子	13	坟墓	17	脚
2	风	6	井	10	铁	14	头	18	手
3	雨	7	水田	11	锈	15	眼泪	19	血
4	山	8	沙子	12	桥	16	鼻涕	20	肉

续表

序号	词语	序号	词语	序号	词语	序号	词语	序号	词语
21	骨头	50	萝卜	79	瓢	108	年	137	那里
22	牙齿	51	葱	80	火钳	109	今年	138	谁
23	心脏	52	盐	81	扇子	110	去年	139	多少
24	汗	53	蒜	82	针	111	明年	140	大
25	身体	54	姜	83	剪子	112	现在	141	小
26	朋友	55	黄豆	84	伞	113	一	142	长
27	孙子	56	芝麻	85	锄头	114	二	143	短
28	嫂子	57	米	86	簸箕	115	三	144	远
29	丈夫	58	饭	87	书	116	四	145	近
30	皮肤	59	菜	88	歌	117	五	146	深
31	尾巴	60	干巴	89	力气	118	六	147	满
32	马	61	酸菜	90	名字	119	七	148	多
33	鸡	62	酒	91	影子	120	八	149	黑
34	鸟	63	茶	92	梦	121	九	150	白
35	蛇	64	药	93	旁边	122	十	151	红
36	鱼	65	线	94	左边	123	百	152	绿
37	苍蝇	66	衣服	95	右边	124	千	153	重
38	蚊子	67	裤子	96	前边	125	个（一个人）	154	轻
39	蚂蚁	68	裙子	97	后边	126	我	155	快
40	蝴蝶	69	帽子	98	外边	127	我们	156	慢
41	树	70	鞋	99	里边	128	你	157	干
42	花	71	枕头	100	今天	129	你们	158	湿
43	芽儿	72	牛圈	101	昨天	130	他	159	硬
44	竹笋	73	窗子	102	前天	131	他们	160	软
45	桃子	74	铁锅	103	明天	132	大家	161	新
46	芭蕉	75	盖子	104	后天	133	别人	162	旧
47	种子	76	刀	105	早晨	134	这	163	好
48	穗	77	碗	106	白天	135	这里	164	坏
49	青菜	78	筷子	107	晚上	136	那	165	热

续表

序号	词语	序号	词语	序号	词语	序号	词语	序号	词语
166	冷	173	（盐）淡	180	打（人）	187	喝	194	买
167	臭	174	熟	181	饿	188	恨	195	卖
168	酸	175	涩	182	放（盐）	189	嚼	196	是
169	甜	176	干净	183	分	190	教	197	像
170	苦	177	病	184	缝	191	砍（柴）	198	笑
171	（辣椒）辣	178	炒	185	够	192	看	199	养（鸡）
172	咸	179	吹	186	害羞	193	哭	200	咬

关于西双版纳跨境少数民族语法能力测试，本章选取了调查对象日常生活中常用的 15 个话题，并通过现场观察调查对象与本民族人员进行母语交流或回答访谈性问题时的流利程度，观察其能否顺畅地延续话题及母语语法的正确性，进而评判其母语的能力水平。这 15 个话题具体如下：

（1）您叫什么名字？是什么民族？在哪里出生？居住在什么地方？

（2）您吃过饭了吗？请谈谈本民族的饮食习俗。

（3）您去过哪些地方？这些地方给您留下了什么印象？

（4）每天劳动（如割胶等）结束以后，您和家里人一般会做些什么？

（5）逢年过节，您家里经常来哪些客人？您一般是怎样招待客人的？

（6）您的家庭经济收入情况如何？主要的经济来源是什么？

（7）您有几个孩子？在哪里上学？孩子长大后想做什么？【成人回答】

（8）您喜欢上学吗？希望学校老师教你学什么？【学生回答】您愿意送孩子上学吗？希望学校老师教孩子学什么？【家长回答】

（9）您喜欢在哪里购物？请说说本地商店（集贸市场、超市等）的情况。

（10）您喜欢看什么电视（电影）？请谈谈对少数民族语言电视（电影）的看法。

（11）您喜欢穿本民族服装还是汉族服装？为什么？

（12）您所在村寨外出打工的人多吗？您想不想出去打工？为什么？

（13）您有跨境从事商业、旅游、学习、生活等方面的经历吗？

（14）请谈谈您所在村寨不同年龄阶段的人们的语言使用情况。

（15）请谈谈本民族的传统节日、婚嫁丧葬等风俗习惯。

（三）访谈法

本章主要采用的是结构性访谈和非结构性访谈。

关于结构性访谈，本章设计了针对不同调查对象的两类访谈问题：一是日常生活话题15个，具体内容详见上文，在进行语法能力测试的同时，也可对本地语言文字的使用情况有所了解。二是根据村干部、教师、公务员等实际设计的访谈问题，共有7个话题，目的是了解和掌握当地跨境少数民族语言生活实态、背景及成因，具体内容如下：

（1）请您做一个自我介绍。

（2）请谈谈您所在村寨的民风民俗、群众的日常生活方式和休闲娱乐活动，并说明上述活动中的语言文字使用情况。

（3）请谈谈您所在村寨各年龄阶段群众的语言文字使用情况，以及各年龄阶段群众对其未来语言文字使用情况的期望。

（4）请谈谈本地学校、师生的语言文字使用情况及对其未来语言文字使用情况的期望。

（5）请谈谈您所在村寨的经济收入情况如何，本村寨主要的经济来源是什么。

（6）请谈谈您所在村寨外出打工者的语言使用情况及特点。

（7）您有跨境从事经济、社会、文化、生活活动的经历吗？请谈谈本地汉语方言、普通话、少数民族语言、英语在上述活动中的功能和作用。

关于非结构性访谈，本章主要是根据调查对象的语言文字使用情况，随机进行深度访谈。非结构性访谈的问题主要是根据调查问卷的内容和结构性访谈问题，由本书作者在调查现场临时确定的。

本书作者在调查期间，打洛口岸共访谈11名调查对象[①]，具体如下：

玉××，女，傣族，西双版纳傣族自治州勐海县打洛镇曼蚌村干部。

德×，男，哈尼族，西双版纳傣族自治州勐海县打洛镇曼等村干部。

岩×，男，布朗族，西双版纳傣族自治州勐海县打洛镇曼夕下寨干部。

罗×，男，哈尼族，西双版纳傣族自治州勐海县打洛镇打洛中学学生（生源地：缅甸小勐拉）。

① 因受访人在接受本书作者访谈时不愿意公开真实姓名，故本着尊重受访人意愿的原则，用×略去受访人的姓名或名。下文同。

王××，女，父为汉族，母为哈尼族，西双版纳傣族自治州勐海县打洛镇打洛中学学生（生源地：缅甸小勐拉）。

×，女，哈尼族，西双版纳傣族自治州勐海县打洛镇打洛中学学生（生源地：缅甸小勐拉）。

阿×，男，哈尼族，西双版纳傣族自治州勐海县打洛镇打洛中学学生（生源地：缅甸小勐拉）。

桑×，男，哈尼族，西双版纳傣族自治州勐海县打洛镇打洛中学学生（生源地：缅甸小勐拉）。

阿×，男，哈尼族，西双版纳傣族自治州勐海县打洛镇打洛中学学生（生源地：缅甸小勐拉）。

明×，女，哈尼族，西双版纳傣族自治州勐海县打洛镇打洛中学学生（生源地：缅甸小勐拉）。

李××，女，哈尼族，西双版纳傣族自治州勐海县打洛镇打洛中学学生（生源地：缅甸小勐拉）。

磨憨口岸共访谈6名调查对象，具体如下：

赵××，男，瑶族，西双版纳傣族自治州勐腊县尚勇镇磨憨村委会回金立村干部。

×，男，瑶族，西双版纳傣族自治州勐腊县尚勇镇磨憨村委会新民村干部。

陶××，女，苗族，西双版纳傣族自治州勐腊县尚勇镇磨憨村委会纳龙村干部。

岩××，男，傣族，西双版纳傣族自治州勐腊县尚勇镇磨憨村委会磨整村干部。

岩××，男，傣族，西双版纳傣族自治州勐腊县尚勇镇磨憨村委会南嘎村干部。

啊×，男，哈尼族，西双版纳傣族自治州勐腊县尚勇镇磨憨村委会纳红村干部。

第二节　打洛口岸跨境少数民族语言生活状况

一、打洛口岸跨境少数民族的语言文字能力情况

（一）打洛口岸跨境少数民族的语言听说能力

调查显示，打洛口岸跨境少数民族的母语（即本民族语言）听说能力水平很

高，绝大多数调查对象均能使用母语熟练交谈，且无任何障碍。调查对象的母语能力测试情况具体如下：打洛跨境傣族测试对象 2 人，其中 12 岁 1 人，13 岁 1 人，其母语听说能力均为一级水平；跨境哈尼族测试对象 6 人，其中 14 岁 2 人，23 岁 1 人，28 岁 1 人，30 岁 1 人，46 岁 1 人，其母语听说能力均为一级水平；跨境布朗族测试对象 5 人，其中 6 岁 1 人，13 岁 1 人，19 岁 1 人，49 岁 1 人，54 岁 1 人，其母语听说能力水平也均为一级。

1. 打洛口岸跨境傣族的听说能力

如表 2-7、表 2-8 所示，打洛口岸 6～15 岁年龄段的跨境傣族调查对象都是学生，在学校主要使用普通话且能力水平较高，母语和本地汉语方言的听说能力都很好。16～40 岁年龄段的跨境傣族调查对象，母语、普通话和本地汉语方言的听说能力水平都很高，有少数调查对象兼具其他少数民族语言的听说能力。41 岁及以上年龄段的跨境傣族调查对象，普通话、本地汉语方言的听说能力水平相对要比 16～40 岁年龄段调查对象的能力水平低一些，但母语听说能力水平很高，部分调查对象还兼用其他少数民族语言。

表 2-7　打洛口岸各年龄段跨境傣族的语言听力水平（单位：%）

年龄	等级	傣语	哈尼语	布朗语	普通话	本地汉语方言	英语
6～15 岁	完全能听懂	88.0	0	0	70.8	64.0	23.5
	基本能听懂	12.0	0	0	16.7	24.0	35.3
	能听懂一些日常用语	0	14.3	0	12.5	12.0	29.4
	基本听不懂	0	14.3	0	0	0	0
	完全听不懂	0	71.4	100.0	0	0	11.8
16～40 岁	完全能听懂	97.0	0	0	64.2	73.6	3.3
	基本能听懂	3.0	4.2	0	25.3	22.0	43.3
	能听懂一些日常用语	0	20.8	10.5	9.0	4.4	23.4
	基本听不懂	0	8.3	0	1.5	0	0
	完全听不懂	0	66.7	89.5	0	0	30.0
41 岁及以上	完全能听懂	97.9	0	9.1	2.5	14.0	0
	基本能听懂	2.1	0	0	32.5	48.8	0
	能听懂一些日常用语	0	9.1	0	40.0	37.2	10.0

续表

年龄	等级	傣语	哈尼语	布朗语	普通话	本地汉语方言	英语
41 岁及以上	基本听不懂	0	18.2	0	20.0	0	0
	完全听不懂	0	72.7	90.9	5.0	0	90.0

表 2-8　打洛口岸各年龄段跨境傣族的语言表达能力（单位：%）

年龄	等级	傣语	哈尼语	布朗语	普通话	本地汉语方言	英语
6～15 岁	能熟练交谈，没有任何障碍	80.0	0	0	33.3	28.0	0
	能熟练交谈，有时候有障碍	20.0	0	0	38.1	36.0	0
	基本能交谈	0	0	0	19.1	24.0	23.5
	会说一些日常用语	0	25.0	0	9.5	12.0	47.1
	完全不会说	0	75.0	100.0	0	0	29.4
16～40 岁	能熟练交谈，没有任何障碍	95.0	4.2	4.8	35.7	39.7	0
	能熟练交谈，有时候有障碍	5.0	0	0	50.0	43.1	0
	基本能交谈	0	0	0	7.1	13.8	3.7
	会说一些日常用语	0	16.6	4.8	2.4	3.4	37.0
	完全不会说	0	79.2	90.4	4.8	0	59.3
41 岁及以上	能熟练交谈，没有任何障碍	95.6	0	8.3	0	6.7	0
	能熟练交谈，有时候有障碍	4.4	0	0	14.3	20.0	0
	基本能交谈	0	0	0	34.7	40.0	0
	会说一些日常用语	0	8.3	0	14.3	24.4	0
	完全不会说	0	91.7	91.7	36.7	8.9	100.0

2. 打洛口岸跨境哈尼族的听说能力

如表 2-9、表 2-10 所示，打洛口岸跨境哈尼族 6～15 岁年龄段调查对象的母语、普通话的听力水平很强，母语、本地汉语方言的表达能力强，英语的听说能力主要分布在中等及以下水平。16～40 岁年龄段的跨境哈尼族调查对象，从总体来看，具备较强的母语、本地汉语方言、普通话的听说能力，其他少数民族语言、英语的听说能力相对偏弱。41 岁及以上年龄段的跨境哈尼族调查对象，母语听说能力都很强，具备一定水平的其他少数民族语言听力，但所有调查对象均表示完全听不懂、完全不会说英语。

表 2-9 打洛口岸各年龄段跨境哈尼族的语言听力水平（单位：%）

年龄	等级	傣语	哈尼语	布朗语	普通话	本地汉语方言	英语
6～15 岁	完全能听懂	0	79.3	0	75.3	58.8	5.1
	基本能听懂	6.9	16.7	0	20.7	35.6	10.6
	能听懂一些日常用语	28.8	4.0	0	4.0	5.6	53.0
	基本听不懂	28.8	0	0	0	0	26.2
	完全听不懂	35.5	0	100.0	0	0	5.1
16～40 岁	完全能听懂	3.4	98.1	0	61.3	63.3	0
	基本能听懂	10.6	1.9	50.0	16.3	34.7	0
	能听懂一些日常用语	32.3	0	50.0	18.3	2.0	21.1
	基本听不懂	50.3	0	0	4.1	0	68.3
	完全听不懂	3.4	0	0	0	0	10.6
41 岁及以上	完全能听懂	18.3	100.0	100.0	22.3	33.0	0
	基本能听懂	54.8	0	0	44.7	44.7	0
	能听懂一些日常用语	8.6	0	0	33.0	22.3	0
	基本听不懂	18.3	0	0	0	0	0
	完全听不懂	0	0	0	0	0	100.0

表 2-10 打洛口岸各年龄段跨境哈尼族的语言表达能力（单位：%）

年龄	等级	傣语	哈尼语	布朗语	普通话	本地汉语方言	英语
6～15 岁	能熟练交谈，没有任何障碍	0	83.6	12.1	37.5	50.5	0
	能熟练交谈，有时候有障碍	0	12.4	0	50.1	37.4	0
	基本能交谈	0	4.0	0	8.4	0	10.5
	会说一些日常用语	42.9	0	0	0	12.1	73.9
	完全不会说	57.1	0	87.9	4.0	0	15.6
16～40 岁	能熟练交谈，没有任何障碍	0	92.2	0	29.2	53.0	0
	能熟练交谈，有时候有障碍	7.2	7.8	0	33.3	26.3	0
	基本能交谈	3.4	0	0	20.8	15.6	0

续表

年龄	等级	傣语	哈尼语	布朗语	普通话	本地汉语方言	英语
16～40 岁	会说一些日常用语	57.3	0	0	12.5	5.1	60.0
	完全不会说	32.1	0	100.0	4.2	0	40.0
41 岁及以上	能熟练交谈，没有任何障碍	8.8	92.0	0	0	0	0
	能熟练交谈，有时候有障碍	18.4	8.0	0	22.6	33.3	0
	基本能交谈	45.6	0	50.0	33.3	33.3	0
	会说一些日常用语	18.4	0	50.0	33.3	33.4	0
	完全不会说	8.8	0	0	10.8	0	100.0

3. 打洛口岸跨境布朗族的听说能力

如表 2-11、表 2-12 所示，打洛口岸跨境布朗族 6～15 岁年龄段调查对象中，超过半数的语用主体完全能听懂布朗语、普通话和本地汉语方言，母语表达能力明显高于本地汉语方言和普通话，本地汉语方言的表达能力高于普通话，英语听说水平主要分布在中等及以上水平，且明显高于其他少数民族语言的听说能力。16～40 岁年龄段跨境布朗族调查对象的母语、普通话、本地汉语方言的听说能力，与 6～15 岁年龄段调查对象的情况较为接近，但由于该年龄段人群与傣族、哈尼族接触较多，部分调查对象的傣语、哈尼语的听力水平分布在中等及以上水平，语言表达能力稍低于听力水平。41 岁及以上年龄段跨境布朗族调查对象的母语听说能力较强，普通话、本地汉语方言的听力水平高于表达能力，部分调查对象兼用傣语和哈尼语，总体情况是语言的听力水平高于表达能力，且该年龄段调查对象的傣语听说能力要高于 16～40 岁年龄段的调查对象。

表 2-11　打洛口岸各年龄段跨境布朗族的语言听力水平（单位：%）

年龄	等级	傣语	哈尼语	布朗语	普通话	本地汉语方言	英语
6～15 岁	完全能听懂	0	0	84.4	52.6	52.6	0
	基本能听懂	0	100.0	15.6	47.4	47.4	50.0
	能听懂一些日常用语	0	0	0	0	0	50.0
	基本听不懂	50.0	0	0	0	0	0
	完全听不懂	50.0	0	0	0	0	0

续表

年龄	等级	傣语	哈尼语	布朗语	普通话	本地汉语方言	英语
16～40 岁	完全能听懂	15.4	9.2	98.7	64.8	78.3	3.6
	基本能听懂	25.1	12.8	1.3	23.9	16.3	3.6
	能听懂一些日常用语	46.1	46.9	0	8.5	2.7	29.6
	基本听不懂	11.6	21.9	0	0	0	44.6
	完全听不懂	1.8	9.2	0	2.8	2.7	18.6
41 岁及以上	完全能听懂	43.0	0	100.0	32.0	31.1	0
	基本能听懂	39.0	18.0	0	28.5	51.9	0
	能听懂一些日常用语	14.5	46.0	0	21.5	13.6	0
	基本听不懂	3.5	27.0	0	0	0	33.0
	完全听不懂	0	9.0	0	18.0	3.4	67.0

表 2-12　打洛口岸各年龄段跨境布朗族的语言表达能力（单位：%）

年龄	等级	傣语	哈尼语	布朗语	普通话	本地汉语方言	英语
6～15 岁	能熟练交谈，没有任何障碍	0	0	63.2	21.2	31.6	25.0
	能熟练交谈，有时候有障碍	0	0	36.8	68.4	68.4	25.0
	基本能交谈	0	0	0	5.2	0	50.0
	会说一些日常用语	0	0	0	5.2	0	0
	完全不会说	100.0	100.0	0	0	0	0
16～40 岁	能熟练交谈，没有任何障碍	9.5	6.2	97.4	23.9	54.2	0
	能熟练交谈，有时候有障碍	17.0	3.1	1.3	42.3	32.0	0
	基本能交谈	20.7	6.2	1.3	21.1	9.7	5.5
	会说一些日常用语	35.8	43.7	0	9.9	4.1	78.1
	完全不会说	17.0	40.8	0	2.8	0	16.4
41 岁及以上	能熟练交谈，没有任何障碍	39.0	0	100.0	10.5	17.4	0
	能熟练交谈，有时候有障碍	21.5	8.8	0	3.5	24.2	0
	基本能交谈	25.0	17.8	0	18.0	44.8	0
	会说一些日常用语	14.5	36.7	0	13.0	10.2	0
	完全不会说	0	36.7	0	50.0	3.4	100.0

（二）打洛口岸跨境少数民族的文字读写能力

调查及访谈结果显示，打洛口岸跨境少数民族的文字读写能力总体水平不高：小学及以上学历的调查对象可以读写规范汉字和汉语拼音，初中及以上学历的部分调查对象可以读写英文；按照当地民俗有寺庙生活经历的部分男性调查对象，会写新傣文、老傣文，但掌握新傣文、老傣文的青少年调查对象很少。

1. 打洛口岸跨境傣族的读写能力

如表 2-13、表 2-14 所示，打洛口岸跨境傣族 6～15 岁年龄段调查对象的规范汉字、英文的读写能力较强，尤其是初中生，他们在学校里能够接触到规范汉字、英文的读写训练，规范汉字、英文的读写能力主要分布在中等及以上水平，但傣文水平低于中老年人。16～40 岁的跨境傣族调查对象，规范汉字的读写能力强，傣文的读写能力在各等级均有分布，繁体字、英文的读写能力较低且写作能力低于阅读能力。41 岁及以上的跨境傣族调查对象，由于部分语用主体仅有小学低年级的文化水平，故而规范汉字、英文的读写能力有所欠缺，繁体字的读写能力也不高，但傣文的读写能力不错，尤其是男性的跨境傣族调查对象，这与其按照民俗有寺庙生活经历具有一定的关系。

表 2-13　打洛口岸各年龄段跨境傣族的文字阅读能力（单位：%）

年龄	等级	新傣文	老傣文	规范汉字	繁体字	英文
6～15 岁	能读书看报	0	0	50.0	0	0
	能看懂家信或简单文章	25.0	0	23.1	0	15.0
	认识一些常用字（词）	33.3	27.3	15.4	25.0	55.0
	基本看不懂	0	27.3	11.5	37.5	20.0
	完全看不懂	41.7	45.4	0	37.5	10.0
16～40 岁	能读书看报	15.4	14.3	59.7	3.5	0
	能看懂家信或简单文章	7.6	14.3	17.7	0	9.1
	认识一些常用字（词）	23.1	10.7	19.4	53.6	27.3
	基本看不懂	15.4	14.3	3.2	25.0	30.3
	完全看不懂	38.5	46.4	0	17.9	33.3
41 岁及以上	能读书看报	52.6	26.1	9.1	0	0
	能看懂家信或简单文章	10.5	13.0	0	0	0

续表

年龄	等级	新傣文	老傣文	规范汉字	繁体字	英文
41 岁及以上	认识一些常用字（词）	15.8	17.4	27.3	10.0	0
	基本看不懂	5.3	30.5	40.9	20.0	10.0
	完全看不懂	15.8	13.0	22.7	70.0	90.0

表 2-14　打洛口岸各年龄段跨境傣族的文字写作能力（单位：%）

年龄	等级	新傣文	老傣文	规范汉字	繁体字	英文
6～15 岁	能写文章或其他作品	0	0	23.1	0	0
	能写家信或简单文章	9.1	0	30.8	0	5.0
	会写一些常用字（词）	27.2	0	30.8	0	50.0
	基本不会写	18.2	50.0	11.5	62.5	30.0
	完全不会写	45.5	50.0	3.8	37.5	15.0
16～40 岁	能写文章或其他作品	7.7	3.5	36.8	0	0
	能写家信或简单文章	7.7	10.3	21.1	0	0
	会写一些常用字（词）	11.5	10.3	22.8	11.1	11.2
	基本不会写	23.1	13.8	7.0	51.9	40.7
	完全不会写	50.0	62.1	12.3	37.0	48.1
41 岁及以上	能写文章或其他作品	15.8	18.2	0	0	0
	能写家信或简单文章	26.3	18.2	0	0	0
	会写一些常用字（词）	26.3	18.2	22.7	0	0
	基本不会写	15.8	27.2	45.5	10.0	10.0
	完全不会写	15.8	18.2	31.8	90.0	90.0

2. 打洛口岸跨境哈尼族的读写能力

如表 2-15、表 2-16 所示，打洛口岸跨境哈尼族 6～15 岁年龄段的调查对象中，除 1 人务农外，其余均为学生，能使用规范汉字读书看报的占 88.0%，能使用规范汉字写文章或其他作品的占 79.6%，超过半数的调查对象的英文读写能力分布在中等及以上水平。16～40 岁年龄段的跨境哈尼族调查对象，规范汉字的读写能力强，部分调查对象能读写英文，傣文的读写能力低。41 岁及以上年龄段的跨境哈尼族调查对象，规范汉字的读写能力相对其他调查对象而言要低一些，傣文和英文的读写能力也低。当地哈尼族群众不知晓哈尼文，无人能够读写哈尼文。

表 2-15　打洛口岸各年龄段跨境哈尼族的文字阅读能力（单位：%）

年龄	等级	新傣文	老傣文	规范汉字	繁体字	英文
6～15 岁	能读书看报	0	0	88.0	7.4	5.1
	能看懂家信或简单文章	0	0	4.0	7.4	26.2
	认识一些常用字（词）	20.0	20.0	4.0	62.2	68.7
	基本看不懂	0	0	4.0	15.6	0
	完全看不懂	80.0	80.0	0	7.4	0
16～40 岁	能读书看报	0	0	77.2	13.5	0
	能看懂家信或简单文章	0	0	10.4	6.4	20.1
	认识一些常用字（词）	0	0	10.4	60.2	30.1
	基本看不懂	0	0	0	0	34.9
	完全看不懂	100.0	100.0	2.0	19.9	14.9
41 岁及以上	能读书看报	0	0	25.0	0	0
	能看懂家信或简单文章	0	0	25.0	0	0
	认识一些常用字（词）	0	0	25.0	60.0	0
	基本看不懂	0	2.3	25.0	20.0	0
	完全看不懂	100.0	97.7	0	20.0	100.0

表 2-16　打洛口岸各年龄段跨境哈尼族的文字写作能力（单位：%）

年龄	等级	新傣文	老傣文	规范汉字	繁体字	英文
6～15 岁	能写文章或其他作品	0	0	79.6	7.4	13.9
	能写家信或简单文章	0	0	12.4	0	43.0
	会写一些常用字（词）	0	0	4.0	38.5	13.9
	基本不会写	0	0	4.0	54.1	29.2
	完全不会写	100.0	100.0	0	0	0
16～40 岁	能写文章或其他作品	0	0	45.9	0	0
	能写家信或简单文章	0	0	22.9	9.1	10.6
	会写一些常用字（词）	0	0	25.0	27.2	36.6
	基本不会写	0	0	4.2	27.3	21.1
	完全不会写	100.0	100.0	2.0	36.4	31.7

续表

年龄	等级	新傣文	老傣文	规范汉字	繁体字	英文
41 岁及以上	能写文章或其他作品	0	0	0	0	0
	能写家信或简单文章	0	0	33.3	0	0
	会写一些常用字（词）	0	0	33.3	89.3	0
	基本不会写	0	0	33.4	10.7	0
	完全不会写	100.0	100.0	0	0	100.0

3. 打洛口岸跨境布朗族的读写能力

如表 2-17、表 2-18 所示，打洛口岸跨境布朗族 6～15 岁年龄段的调查对象都是学生，规范汉字的读写能力好，且使用频率较高，部分调查对象能够读写英文，且阅读能力高于写作能力。16～40 岁年龄段的跨境布朗族调查对象，规范汉字的阅读能力高于写作能力，就总体情况而言，规范汉字读写能力分布在中等及以上水平的占比还是比较高的。41 岁及以上年龄段的跨境布朗族调查对象，大多具备一定的规范汉字读写能力，但高等级能力人数分布所占比例低于 6～15 岁、16～40 岁这两个年龄段的调查对象，其英文读写能力也是所有年龄段调查对象中能力等级最低的。16～40 岁、41 岁及以上年龄段的一些跨境布朗族调查对象具备等级水平不高的傣文阅读能力，但都不具备傣文写作能力。

表 2-17 打洛口岸各年龄段跨境布朗族的文字阅读能力（单位：%）

年龄	等级	新傣文	老傣文	规范汉字	繁体字	英文
6～15 岁	能读书看报	0	0	38.8	0	0
	能看懂家信或简单文章	0	0	38.8	50.0	50.0
	认识一些常用字（词）	0	0	22.4	50.0	25.0
	基本看不懂	100.0	100.0	0	0	25.0
	完全看不懂	0	0	0	0	0
16～40 岁	能读书看报	0	0	71.1	5.5	0
	能看懂家信或简单文章	0	0	20.3	11.0	4.5
	认识一些常用字（词）	50.0	50.0	4.3	44.5	41.0
	基本看不懂	50.0	50.0	4.3	22.6	41.0
	完全看不懂	0	0	0	16.4	13.5

续表

年龄	等级	新傣文	老傣文	规范汉字	繁体字	英文
41岁及以上	能读书看报	0	0	50.0	0	0
	能看懂家信或简单文章	0	0	18.5	0	0
	认识一些常用字（词）	16.3	0	31.5	60.0	0
	基本看不懂	0	14.0	0	20.0	0
	完全看不懂	83.7	86.0	0	20.0	100.0

表 2-18　打洛口岸各年龄段跨境布朗族的文字写作能力（单位：%）

年龄	等级	新傣文	老傣文	规范汉字	繁体字	英文
6～15岁	能写文章或其他作品	0	0	22.3	0	0
	能写家信或简单文章	0	0	22.3	0	25.0
	会写一些常用字（词）	0	0	22.3	100.0	50.0
	基本不会写	0	0	33.1	0	0
	完全不会写	100.0	100.0	0	0	25.0
16～40岁	能写文章或其他作品	0	0	40.6	0	0
	能写家信或简单文章	0	0	15.8	0	4.5
	会写一些常用字（词）	0	0	29.1	38.8	27.4
	基本不会写	0	0	11.6	33.3	40.7
	完全不会写	100.0	100.0	2.9	27.9	27.4
41岁及以上	能写文章或其他作品	0	0	18.5	0	0
	能写家信或简单文章	0	0	25.4	0	0
	会写一些常用字（词）	0	0	18.5	20.0	0
	基本不会写	0	0	31.5	20.0	0
	完全不会写	100.0	100.0	6.1	60.0	100.0

二、打洛口岸跨境少数民族的语言文字使用情况

（一）打洛口岸跨境少数民族的语言使用情况

语言的使用情况是语言生命力的具体体现。打洛口岸的跨境少数民族傣族、哈尼族和布朗族，在其居住地的日常交际中，多使用母语（即本民族语言）作为

交际工具，但在与非本民族交际对象进行交流和沟通时，能够根据交际对象所使用的语言，灵活调整语码。本部分主要是从打洛口岸跨境少数民族的母语及其他语言的使用情况、使用场合、使用对象等方面，对其日常生活、公共场合的语言使用情况进行调查的。

1. 打洛口岸跨境少数民族日常生活语言使用情况

（1）打洛口岸各年龄段跨境傣族日常生活语言使用情况

如表 2-19 所示，打洛口岸跨境傣族各年龄段调查对象在日常生活中，长辈对晚辈、晚辈对长辈、同辈之间的话语交际，母语使用频率极高，偶尔会出现不同语言混用的情况；在主人与客人的话语交际场景中，除本民族客人外，其余交际对象则呈现出本地汉语方言使用频率大幅上升的现象。

此外，由于打洛口岸不同跨境少数民族之间在经济、生活、文化等方面具有一定的往来接触，一些跨境少数民族调查对象，尤其是年长一些的调查对象，往往具有一定水平的其他少数民族语言的听说能力，这就使当地呈现出了多语多言的日常生活语言景观。

（2）打洛口岸各年龄段跨境哈尼族日常生活语言使用情况

如表 2-20 所示，打洛口岸各年龄段跨境哈尼族调查对象在日常生活中，长辈对晚辈、晚辈对长辈、同辈之间选择和使用本民族语言作为交际工具的占比非常高，存在不同语言混用的交际现象；在主人与客人进行交际的交际场景中，选用本地汉语方言与非本民族人员进行交际的频率很高，同样也是存在跨境哈尼族调查对象掌握其他少数民族语言听说能力的情况。

（3）打洛口岸各年龄段跨境布朗族日常生活语言使用情况

如表 2-21 所示，打洛口岸各年龄段跨境布朗族调查对象在日常生活中，长辈对晚辈、晚辈对长辈、同辈之间等家庭成员之间的交际工具，主要是本民族语言；16～40 岁、41 岁及以上的跨境布朗族调查对象在日常生活中有不同语言混用的情况；在主人与客人的交际场景中，同样存在多语现象，年长调查对象使用其他少数民族语言进行交际的占比还比较高，本地汉语方言在此交际场景中的使用频率也是比较高的。

2. 打洛口岸跨境少数民族公共场合语言使用情况

公共场合的语言交际往往需要面对不同的对象、话题、场景，交际双方的语

表 2-19　打洛口岸各年龄段跨境傣族日常生活语言使用情况（单位：%）

年龄	语言	长辈对晚辈			晚辈对长辈			同辈之间				主人对客人			
		父母对你	爷爷奶奶对你	父母对自己的配偶	你对父母	你对爷爷奶奶	自己的配偶对父母	爷爷与奶奶	父亲与母亲	夫妻之间	兄弟姐妹	对傣族客人	对哈尼族客人	对布朗族客人	对陌生人
6～15岁	傣语	100.0	100.0	100.0	85.0	100.0	100.0	100.0	89.4	100.0	94.7	100.0	9.9	9.9	5.0
	普通话	0	0	0	5.0	0	0	0	0	0	0	0	5.1	5.1	5.0
	本地汉语方言	0	0	0	5.0	0	0	0	5.3	0	5.3	0	85.0	85.0	90.0
	几种话混用	0	0	0	5.0	0	0	0	5.3	0	0	0	0	0	0
16～40岁	傣语	94.2	96.1	97.9	92.3	94.2	97.9	96.1	96.1	95.6	90.3	98.1	17.6	19.6	2.0
	普通话	0	0	0	0	0	0	0	0	0	0	0	0	0	2.0
	本地汉语方言	0	0	2.1	0	0	2.1	0	0	4.4	3.9	0	78.5	76.5	94.0
	英语	0	0	0	0	0	0	0	0	0	0	0	0	0	2.0
	几种话混用	5.8	3.9	0.0	7.7	5.8	0	3.9	3.9	0	5.8	1.9	3.9	3.9	0
41岁及以上	傣语	97.6	95.2	97.6	92.5	97.5	95.0	97.5	92.5	97.5	95.0	100	52.5	62.5	9.5
	布朗语	2.4	2.4	2.4	2.5	2.5	2.5	2.5	2.5	2.5	2.5	0	2.5	2.5	0
	本地汉语方言	0	2.4	0.0	2.5	0	2.5	0	2.5	0	2.5	0	42.5	35.0	90.5
	几种话混用	0	0	0	2.5	0	0	0	2.5	0	0	0	2.5	0	0

注：①打洛口岸各年龄段跨境少数民族的日常生活语言，存在因主客观语境因素而导致的选择和使用不同类型语言的现象，有的语言在特定民族的语用群体中完全不被使用。为突出重点、简洁呈现打洛口岸各年龄段跨境少数民族日常生活常用语言使用情况，故在数据表中删除了该语用群体不使用的语言类型。下文同。

②“几种话混用”是指语用主体在同一交际场景中同时使用本民族语言、汉语、其他少数民族语言的现象。下文同。

表 2-20　打洛口岸各年龄段跨境哈尼族日常生活语言使用情况（单位：%）

年龄	语言	长辈对晚辈			晚辈对长辈			同辈之间				主人对客人			
		父母对你	爷爷奶奶对你	父母对自己的配偶	你对父母	你对爷爷奶奶	自己的配偶对父母	爷爷与奶奶	父亲与母亲	夫妻之间	兄弟姐妹	对傣族客人	对哈尼族客人	对布朗族客人	对陌生人
6～15岁	傣语	4.2	4.2	4.8	4.2	4.2	5.0	4.2	4.4	5.0	0	17.4	0	4.4	0
	哈尼语	95.8	95.8	95.2	91.6	95.8	90.0	95.8	95.6	90.0	70.8	4.4	100.0	8.7	8.7
	普通话	0	0	0	0	0	0.0	0	0	0	4.2	21.7	0	13.0	21.7
	本地汉语方言	0	0	0	0	0	5.0	0	0	0	8.3	56.5	0	73.9	69.6
	几种话混用	0	0	0	4.2	0	0	0	0	5.0	16.7	0	0	0	0
16～40岁	傣语	4.1	4.4	5.0	0	2.4	2.5	2.2	0	0	2.1	15.7	2.0	2.0	0
	哈尼语	91.7	95.6	95.0	89.5	97.6	95.0	97.8	95.8	80.9	79.1	2.0	98.0	0	2.0
	普通话	0	0	0	0	0	0	0	0	0	2.1	0	0	0	2.0
	本地汉语方言	2.1	0	0	4.2	0	2.5	0	2.1	4.8	2.1	80.3	0	98.0	96.0
	几种话混用	2.1	0	0	6.3	0	0	0	2.1	14.3	14.6	2.0	0	0	0
41岁及以上	傣语	0	0	0	0	0	0	0	0	0	0	83.3	0	33.3	0
	哈尼语	100.0	91.7	100.0	91.7	100.0	100.0	100.0	100.0	100.0	100.0	0	100.0	0	16.7
	布朗语	0	0	0	0	0	0	0	0	0	0	0	0	8.3	0
	普通话	0	00	0	0	0	0	0	0	0	0	0	0	0	8.3
	本地汉语方言	0	8.3	0	8.3	0	0	0	0	0	0	16.7	0	58.4	75.0

表 2-21 打洛口岸各年龄段跨境布朗族日常生活语言使用情况（单位：%）

年龄	语言	长辈对晚辈			晚辈对长辈			同辈之间				主人对客人			
		父母对你	爷爷奶奶对你	父母对自己的配偶	你对父母	你对爷爷奶奶	自己的配偶对父母	爷爷与奶奶	父亲与母亲	夫妻之间	兄弟姐妹	对傣族客人	对哈尼族客人	对布朗族客人	对陌生人
6～15岁	布朗语	100.0	100.0	100.0	100.0	100.0	100.0	100.0	100.0	100.0	100.0	0	0	0	0
	本地汉语方言	0	0	0	0	0	0	0	0	0	0	100.0	100.0	100.0	100.0
16～40岁	傣语	0	0	0	0	0	0	0	0	0	0	49.8	23.9	0	0
	哈尼语	0	0	0	0	0	0	0	0	0	0	0	4.1	0	0
	布朗语	92.1	100.0	90.1	87.5	94.9	100.0	95.4	91.4	100.0	79.9	4.3	0	95.9	12.0
	普通话	0	0	0	0	0	0	0	0	0	0	0	0	0	4.0
	本地汉语方言	0	0	0	0	0	0	0	4.3	0	4.1	45.9	72.0	4.1	84.0
	几种话混用	7.9	0	9.9	12.5	5.1	0	4.6	4.3	0	16.0	0	0	0	0
41岁及以上	傣语	0	0	0	0	0	0	0	0	0	0	100.0	74.9	0	14.2
	布朗语	87.6	85.8	100.0	74.9	85.8	100.0	100.0	85.8	85.8	100.0	0	0	100.0	0
	本地汉语方言	0	0	0	0	0	0	0	0	0	0	0	25.1	0	85.8
	几种话混用	12.4	14.2	0.0	25.1	14.2	0	0	14.2	14.2	0	0	0	0	0

码选择主要取决于语用主体所掌握的语言及其水平、不同语言的接受度、语言的使用倾向等。打洛口岸具备民汉双语、普通话和本地汉语方言能力的群众比较多。因此，发话人如果确认对方身份为本民族人员时，会首选本民族的语言；如果交际对象为非本民族人员，则会首选对方的语言或者本地汉语方言进行交流。

（1）打洛口岸各年龄段跨境傣族公共场合语言使用情况

如表 2-22～表 2-24 所示，打洛口岸各年龄段跨境傣族调查对象在官方工作、文化教育、公众交际等交际领域中，往往会根据交际对象所使用的语言或方言，确定本人所使用的语言或方言：如果受话人是本民族人员，那么母语就是他们首选的交际语言；如果受话人不是本民族人员，那么本地汉语方言便成为他们交际的主要语言。

具体而言：在官方工作、文化教育、公众交际等交际领域中，各年龄段跨境傣族调查对象均不同程度地存在几种话混用的现象，而且这种现象在公众交际领域中显得更为突出；普通话除了在文化教育、官方工作的交际领域中，重点是在与学校教育教学有关的交际场景、年少的跨境傣族调查对象中，具有相对较高的使用频率外，在其余交际领域、其他年龄段的调查对象中，使用频率都不高，而且普通话的使用也多用于跨境傣族调查对象同非本民族人员交际；有少数年长的跨境傣族调查对象会在民族节庆、婚丧嫁娶等活动中使用其他少数民族语言。

表 2-22　打洛口岸各年龄段跨境傣族官方工作领域语言使用情况（单位：%）

年龄	语言	行政事务		会议主持		传达上级指示		讨论、发言	
		A	B	A	B	A	B	A	B
6～15 岁	傣语	72.8	0	75.0	0	70.0	0	80.0	0
	普通话	9.1	18.1	20.0	20.0	15.0	21.1	0	20.0
	本地汉语方言	18.1	81.9	5.0	80.0	15.0	78.9	20.0	80.0
16～40 岁	傣语	81.7	0	90.6	1.6	89.0	1.6	87.4	1.6
	普通话	0	3.1	4.7	4.8	4.7	4.8	6.3	6.4
	本地汉语方言	18.3	96.9	4.7	92.0	6.3	92.0	4.7	90.4
	几种话混用	0	0	0	1.6	0	1.6	1.6	1.6
41 岁及以上	傣语	94.7	15.9	95.6	10.8	93.1	11.1	95.6	6.9
	本地汉语方言	5.3	84.1	2.2	84.8	4.6	84.4	2.2	88.5
	几种话混用	0	0	2.2	4.4	2.3	4.5	2.2	4.6

注：表中的 A 是指交际对象为本民族人员，B 是指交际对象为非本民族人员。下文同。

表 2-23 打洛口岸各年龄段跨境傣族文化教育领域语言使用情况（单位：%）

年龄	语言	课堂用语		课外用语		民族节庆		婚丧嫁娶	
		A	B	A	B	A	B	A	B
6～15 岁	傣语	3.6	0	32.1	0	92.9	0	92.9	0
	普通话	85.7	85.7	46.4	50.0	0	3.6	0	3.6
	本地汉语方言	10.7	14.3	21.5	50.0	0	92.8	0	92.8
	几种话混用	0	0	0	0	7.1	3.6	7.1	3.6
16～40 岁	傣语	19.3	1.6	35.5	1.6	98.5	1.5	98.5	1.5
	普通话	64.5	66.1	40.3	40.3	0	1.5	0	1.5
	本地汉语方言	16.2	32.3	22.6	56.5	0	95.5	0	95.5
	几种话混用	0	0	1.6	1.6	1.5	1.5	1.5	1.5
41 岁及以上	傣语	19.9	5.3	38.0	5.3	97.9	13.0	97.9	13.0
	布朗语	0	0	0	0	2.1	0	2.1	0
	普通话	24.9	26.3	9.6	10.6	0	0	0	0
	本地汉语方言	55.2	68.4	47.6	78.8	0	87.0	0	87.0
	几种话混用	0	0	4.8	5.3	0	0	0	0

表 2-24 打洛口岸各年龄段跨境傣族公众交际领域语言使用情况（单位：%）

年龄	语言	见面打招呼		聊天		生产劳动		买卖		看病	
		A	B	A	B	A	B	A	B	A	B
6～15 岁	傣语	85.6	0	89.2	0	80.7	0	67.9	0	61.5	0
	普通话	3.6	7.4	0	7.4	0	8.0	3.6	10.7	11.6	15.4
	本地汉语方言	7.2	92.6	7.2	92.6	15.4	92.0	21.4	85.7	26.9	84.6
	几种话混用	3.6	0	3.6	0	3.9	0	7.1	3.6	0	0
16～40 岁	傣语	95.5	0	94.0	0	92.4	0	80.5	0	76.1	0
	普通话	0	0	0	1.5	0	0	3.0	3.0	3.0	3.0
	本地汉语方言	0	95.4	1.5	93.9	4.6	96.9	13.5	92.5	17.9	92.5
	几种话混用	4.5	4.6	4.5	4.6	3.0	3.1	3.0	4.5	3.0	4.5
41 岁及以上	傣语	97.9	12.8	97.9	12.8	97.9	12.8	91.4	12.8	85.0	6.4
	本地汉语方言	0	85.1	0	85.1	0	85.1	4.3	83.0	10.7	89.3
	几种话混用	2.1	2.1	2.1	2.1	2.1	2.1	4.3	4.2	4.3	4.3

（2）打洛口岸各年龄段跨境哈尼族公共场合语言使用情况

如表2-25～表2-27所示，打洛口岸各年龄段跨境哈尼族调查对象在官方工作、文化教育（除学校用语外）、公众交际等交际领域，如果受话人是本民族人员，通常使用本民族语言，即母语；如果受话人不是本民族人员，则一般使用本地汉语方言。

具体而言：在公众交际领域中，各年龄段跨境哈尼族调查对象均不同程度地存在几种话混用的现象，其他交际领域的几种话混用现象多出现在16～40岁年龄段的语用主体中；普通话在6～15岁年龄段的跨境哈尼族调查对象、与学校教育教学有关的交际场景等中，具有相对较高的使用频率，而且普通话的使用也多用于跨境哈尼族调查对象同非本民族人员交际；各年龄段跨境哈尼族调查对象中，均有少数调查对象会在公众交际领域中使用到其他少数民族语言（主要是傣语）。

表2-25 打洛口岸各年龄段跨境哈尼族官方工作领域语言使用情况（单位：%）

年龄	语言	行政事务		会议主持		传达上级指示		讨论、发言	
		A	B	A	B	A	B	A	B
6～15岁	哈尼语	100.0	0	43.5	4.4	43.5	4.4	47.8	0
	普通话	0	61.1	52.1	47.8	52.1	47.8	47.8	52.2
	本地汉语方言	0	38.9	4.4	47.8	4.4	47.8	4.4	47.8
16～40岁	哈尼语	100.0	0	84.3	2.0	84.3	2.0	86.3	2.0
	普通话	0	0	0	0	0	0	0	6.1
	本地汉语方言	0	100.0	13.7	96.0	13.7	96.0	13.7	91.9
	几种话混用	0	0	2.0	2.0	2.0	2.0	0	0
41岁及以上	哈尼语	100.0	0.0	100.0	0	91.7	0	100.0	0
	本地汉语方言	0	100.0	0	100.0	8.3	100.0	0	100.0

表2-26 打洛口岸各年龄段跨境哈尼族文化教育领域语言使用情况（单位：%）

年龄	语言	学校用语				民族节庆		婚丧嫁娶	
		课堂用语		课外用语					
		A	B	A	B	A	B	A	B
6～15岁	哈尼语	4.4	0	21.7	0	100.0	0	100.0	0
	普通话	95.6	100.0	78.3	87.0	0	45.8	0	41.7
	本地汉语方言	0	0	0	13.0	0	54.2	0	58.3

续表

年龄	语言	学校用语				民族节庆		婚丧嫁娶	
		课堂用语		课外用语					
		A	B	A	B	A	B	A	B
16～40岁	哈尼语	2.2	0	36.2	0	100.0	0	100.0	0
	普通话	78.7	80.9	42.5	42.6	0	0	0	0
	本地汉语方言	19.1	19.1	19.1	55.3	0	100.0	0	100.0
	几种话混用	0	0	2.2	2.1	0	0	0	0
41岁及以上	哈尼语	24.9	0	24.9	0	100.0	0	100.0	0
	普通话	75.1	75.1	75.1	75.1	0	0	0	0
	本地汉语方言	0	24.9	0	24.9	0	100.0	0	100.0

表 2-27 打洛口岸各年龄段哈尼族公众交际领域语言使用情况（单位：%）

年龄	语言	见面打招呼		聊天		生产劳动		买卖		看病	
		A	B	A	B	A	B	A	B	A	B
6～15岁	傣语	4.2	0	4.2	0	4.2	0	0	0	0	0
	哈尼语	83.3	8.3	83.3	4.2	87.5	4.2	45.5	4.2	41.7	4.2
	普通话	4.2	41.7	8.3	41.7	8.3	41.7	40.8	45.8	37.5	50.0
	本地汉语方言	8.3	50.0	4.2	54.1	0	54.1	9.1	45.8	20.8	45.8
	几种话混用	0	0	0	0	0	0	4.6	4.2	0	0
16～40岁	傣语	0	0	0	0	2.0	0	0	0	0	0
	哈尼语	86.3	4.0	90.2	2.0	82.3	4.0	55.0	2.0	49.0	2.0
	普通话	0	0	0	0	0	0	0	0	2.0	2.0
	本地汉语方言	9.8	90.0	7.8	93.9	9.8	88.0	37.2	91.9	47.0	94.0
	几种话混用	3.9	6.0	2.0	4.1	5.9	8.0	7.8	6.1	2.0	2.0
41岁及以上	傣语	0	0	0	0	0	0	0	8.3	0	8.3
	哈尼语	100.0	0	91.7	0	91.7	0	75.0	0	75.0	0
	本地汉语方言	0	100.0	0	91.7	0	91.7	8.3	75.0	25.0	91.7
	几种话混用	0	0	8.3	8.3	8.3	8.3	16.7	16.7	0	0

（3）打洛口岸各年龄段跨境布朗族公共场合语言使用情况

如表2-28～表2-30所示，打洛口岸各年龄段跨境布朗族调查对象在官方工作、文化教育、公众交际等交际领域，能够根据受话人是否为本民族人员，灵活选择和使用受话人易于理解和接受的语言进行交流和沟通。就整体情况来看，调查对象使用母语（布朗语）和本地汉语方言的频率比较高。

具体而言：在打洛口岸的官方工作、公众交际领域中，主要是41岁及以上年龄段的跨境布朗族调查对象存在不同程度的几种话混用现象，其他年龄段的调查对象在各交际领域中基本未出现几种话混用的现象；普通话在6～15岁年龄段的跨境布朗族调查对象、与学校教育教学有关的交际场景等中，具有相对较高的使用频率，普通话的使用同样也是多出现在跨境布朗族调查对象与非本民族人员的交际活动中；16～40岁年龄段的跨境布朗族调查对象，会在公众交际领域中使用到其他少数民族语言（主要是傣语）。

表 2-28　打洛口岸各年龄段跨境布朗族官方工作领域语言使用情况（单位：%）

年龄	语言	行政事务		会议主持		传达上级指示		讨论、发言	
		A	B	A	B	A	B	A	B
6～15岁	布朗语	79.9	0	50.0	0	46.1	0	46.1	0
	普通话	20.1	39.9	33.4	46.2	30.8	46.2	30.8	46.2
	本地汉语方言	0	60.1	16.6	53.8	23.1	53.8	23.1	53.8
16～40岁	布朗语	92.4	0	95.5	4.5	95.5	2.9	95.5	2.9
	本地汉语方言	7.6	100.0	4.5	95.5	4.5	97.1	4.5	97.1
41岁及以上	布朗语	100.0	0	100.0	0	100.0	0	100.0	0
	本地汉语方言	0	100.0	0	96.3	0	96.3	0	100.0
	几种话混用	0	0	0	3.7	0	3.7	0	0

表 2-29　打洛口岸各年龄段跨境布朗族文化教育领域语言使用情况（单位：%）

年龄	语言	学校用语				民族节庆		婚丧嫁娶	
		课堂用语		课外用语					
		A	B	A	B	A	B	A	B
6～15岁	布朗语	5.3	0	57.9	0	94.7	0	94.7	0
	普通话	0	84.2	36.8	47.4	0	10.5	0	10.5
	本地汉语方言	94.7	15.8	5.3	52.6	5.3	89.5	5.3	89.5

续表

年龄	语言	学校用语				民族节庆		婚丧嫁娶	
		课堂用语		课外用语					
		A	B	A	B	A	B	A	B
16～40岁	布朗语	4.4	0	51.4	0	100.0	2.7	100.0	2.7
	普通话	67.6	67.6	20.6	20.6	0	0	0	0
	本地汉语方言	28.0	32.4	28.0	79.4	0	97.3	0	97.3
41岁及以上	布朗语	5.5	0	61.0	0	100.0	6.7	100.0	6.7
	普通话	55.6	55.6	11.2	11.2	0	0	0	0
	本地汉语方言	38.9	44.4	27.8	88.8	0	93.3	0	93.3

表 2-30 打洛口岸各年龄段跨境布朗族公众交际领域语言使用情况（单位：%）

年龄	语言	见面打招呼		聊天		生产劳动		买卖		看病	
		A	B	A	B	A	B	A	B	A	B
6～15岁	布朗语	89.5	0	94.7	0	94.7	0	89.5	0	73.7	0
	普通话	0	10.5	0	10.5	0	10.5	0	10.5	0	15.8
	本地汉语方言	10.5	89.5	5.3	89.5	5.3	89.5	10.5	89.5	26.3	84.2
16～40岁	布朗语	98.6	2.7	95.8	4.1	95.8	2.7	93.0	2.7	88.9	2.7
	本地汉语方言	1.4	90.8	4.2	89.4	4.2	90.8	7.0	90.8	11.1	94.1
	傣语	0	6.5	0	6.5	0	6.5	0	6.5	0	3.2
41岁及以上	布朗语	100.0	3.4	96.8	3.4	100.0	3.4	96.8	3.4	96.8	6.7
	本地汉语方言	0	93.2	0	93.2	0	93.2	3.2	96.6	3.2	93.3
	几种话混用	0	3.4	3.2	3.4	0	3.4	0	0	0	0

（二）打洛口岸跨境少数民族的文字和汉语拼音使用情况

就总体情况而言，打洛口岸跨境少数民族的文化水平不是很高，文字在日常语言生活中的使用频率不高，只有在校学生例外。这与打洛口岸少数民族村寨居民主要从事农业生产，口语的使用需求、使用频率相对要高于文字等因素，具有一定的关系。

调查及访谈显示，在打洛口岸跨境少数民族调查对象中，从事农业生产人员的占比是最高的，其中，跨境傣族调查对象占 66.4%，跨境哈尼族调查对象占 61.0%，跨境布朗族调查对象占 75.6%。打洛口岸有少数跨境少数民族调查对象会从事商业、服务业，其中，跨境傣族调查对象占 7.0%，跨境哈尼族调查对象占 1.1%，跨境布朗族调查对象占 1.6%。此外，打洛口岸的跨境傣族、哈尼族调查对象中都有一定的无业人员，所占比例分别为 2.8%和 2.3%。

本部分主要围绕打洛口岸跨境少数民族的日常书写、学校学习、写手机短信、写本人姓名等方面使用文字、汉语拼音的情况进行了调查和分析。

1. 打洛口岸跨境傣族的文字和汉语拼音使用情况

如表 2-31 所示，打洛口岸的跨境傣族调查对象，大多数是在日常书写、学校学习、写本人姓名中使用规范汉字，英文的使用频率是最低的。有部分跨境傣族调查对象，会在日常书写、学校学习中使用到傣文。汉语拼音对于跨境傣族调查对象而言，主要是在学校学习、写手机短信中使用。

从年龄段来看，打洛口岸跨境傣族调查对象中，6～15 岁年龄段的调查对象都是在校学生，规范汉字、汉语拼音的使用频率都比较高；16～40 岁年龄段的调查对象中，除有 6 人是学生外，其余调查对象使用规范汉字的频率普遍不高；41 岁及以上年龄段的跨境傣族调查对象对各类文字、汉语拼音的使用需求都不是很高。

表 2-31　打洛口岸跨境傣族的文字和汉语拼音使用情况（单位：%）

使用情况	频率	新傣文	老傣文	规范汉字	繁体字	汉语拼音	英文
日常书写	很高	5.2	2.8	15.9	0	0	0
	一般	5.2	8.3	57.9	0	0	0
	很低	21.0	13.9	13.1	0	41.9	0
	不用	68.6	75.0	13.1	100.0	58.1	100.0
学校学习	很高	0	0	41.7	0	0	0
	一般	10.9	5.5	47.2	6.2	50.0	0
	很低	21.6	25.0	0	50.0	36.6	100.0
	不用	67.5	69.5	11.1	43.8	13.4	0
写手机短信	很高	0	0	2.7	0	41.9	0
	一般	0	0	7.9	0	25.7	0
	很低	2.6	0	18.4	5.8	3.3	0
	不用	97.4	100.0	71.0	94.2	29.1	100.0

续表

使用情况	频率	新傣文	老傣文	规范汉字	繁体字	汉语拼音	英文
写本人姓名	很高	0	0	47.4	0	0	0
	一般	5.2	2.7	34.2	0	0	0
	很低	7.9	8.1	2.7	0	3.3	0
	不用	86.9	89.2	15.7	100.0	96.7	100.0

2. 打洛口岸跨境哈尼族的文字和汉语拼音使用情况

如表 2-32 所示，打洛口岸跨境哈尼族调查对象中，规范汉字主要用于日常书写、学校学习、写本人姓名；汉语拼音多在学校学习、写手机短信中使用；繁体字的使用频率不高，主要是出现在写手机短信、写本人姓名中；英文除在学校学习中使用外，在其余情况中的使用频率也不高。

结合打洛口岸各年龄段跨境少数民族调查对象的情况来看，6～15 岁年龄段的跨境哈尼族除 1 人务农外，其他均为学生，故该年龄段调查对象的规范汉字使用频率比较高。

表 2-32　打洛口岸跨境哈尼族文字和汉语拼音的使用情况（单位：%）

使用情况	频率	规范汉字	繁体字	汉语拼音	英文
日常书写	很高	35.2	11.2	0	0
	一般	58.8	0	0	0
	很低	3.0	0	0	0
	不用	3.0	88.8	100.0	100.0
学校学习	很高	67.6	0	4.0	0
	一般	29.4	0	76.0	100.0
	很低	0	55.6	20.0	0
	不用	3.0	44.4	0	0
写手机短信	很高	3.7	7.8	34.9	0
	一般	7.5	30.7	55.1	0
	很低	55.5	0	5.0	0
	不用	33.3	61.5	5.0	100.0

续表

使用情况	频率	规范汉字	繁体字	汉语拼音	英文
写本人姓名	很高	81.5	15.5	0	0
	一般	14.8	0	20.0	0
	很低	0	0	25.0	0
	不用	3.7	84.5	55.0	100.0

3. 打洛口岸跨境布朗族的文字和汉语拼音使用情况

如表 2-33 所示，打洛口岸跨境布朗族调查对象中，规范汉字主要出现在日常书写、学校学习和写本人姓名中；繁体字多用于学校学习中；汉语拼音主要用于学校学习、写手机短信中；英文除在学校学习中会使用到外，在其余情况中的使用频率都比较低。

结合打洛口岸各年龄段跨境少数民族调查对象的情况来看，跨境布朗族调查对象中 6～15 岁年龄段的调查对象也都是学生，对规范汉字和汉语拼音的使用需求都比较高。16 岁及以上年龄段的跨境布朗族调查对象大多为胶农，对文字和汉语拼音的使用需求相对就要低一些。

表 2-33　打洛口岸跨境布朗族的文字和汉语拼音的使用情况（单位：%）

使用情况	频率	规范汉字	繁体字	汉语拼音	英文
日常书写	很高	37.9	0	9.5	0
	一般	37.9	0	23.8	0
	很低	24.2	19.7	52.5	50.0
	不用	0	80.3	14.2	50.0
学校学习	很高	50.0	0	23.9	0
	一般	32.4	50.0	47.6	24.8
	很低	2.9	50.0	28.5	0
	不用	14.7	0	0	75.2
写手机短信	很高	0	0	52.5	0
	一般	3.4	0	33.3	0
	很低	69.0	0	14.2	0
	不用	27.6	100.0	0	100.0

续表

使用情况	频率	规范汉字	繁体字	汉语拼音	英文
写本人姓名	很高	75.9	0	0	0
	一般	20.7	0	0	0
	很低	3.4	0	23.8	0
	不用	0	100.0	76.2	100.0

三、打洛口岸跨境少数民族的语言文字学习（习得）情况

语言文字学习（习得）是语言文字能力提升的重要途径。打洛口岸跨境少数民族生活在多语多言的语言环境中，在语言文字学习（习得）方面的情况具有很强的一致性，语言作为交际工具的属性特点也体现得很充分。本部分主要是从打洛口岸跨境少数民族的语言文字学习（习得）的具体途径、难易程度及原因、主要目的等方面展开调查的。

（一）打洛口岸跨境少数民族学习（习得）语言文字的途径

1. 打洛口岸跨境少数民族学习（习得）语言的途径

如表 2-34 所示，打洛口岸跨境少数民族调查对象的语言学习（习得）具有较强的规律性。本民族语言的学习（习得）途径主要是家人；普通话的学习（习得）途径主要是学校、同学朋友，大众传媒对跨境傣族调查对象学习（习得）普通话具有一定影响；本地汉语方言的学习（习得）途径主要是同学朋友、学校，自学作为本地汉语方言的学习（习得）途径，也占有一定的比例；英语主要是在学校学习（习得）到的，跨境布朗族调查对象学习（习得）英语的途径，相对而言，要比其他跨境民族调查对象的多样化一些。

表 2-34　打洛口岸跨境少数民族学习（习得）语言的途径【多选】（单位：%）

民族	途径	傣语	哈尼语	布朗语	普通话	本地汉语方言	英语
傣族	学校	4.2	0	0	58.7	38.7	5.6
	大众传媒	0	0	0	22.4	5.6	0
	家人	92.3	0	0.7	3.5	5.6	0
	同学朋友	19.6	0	0.7	12.6	39.9	0

续表

民族	途径	傣语	哈尼语	布朗语	普通话	本地汉语方言	英语
傣族	宗教人士	19.6	0	0	0.7	2.8	0
	自学	9.8	0.7	0	7.7	28.0	0
哈尼族	学校	0	1.1	0	78.2	26.4	5.7
	大众传媒	0	1.1	0	0	3.4	0
	家人	2.3	92.0	0	8.0	8.0	0
	同学朋友	21.8	27.6	3.4	19.5	41.3	0
	宗教人士	0	1.1	0	1.1	0	0
	自学	8.0	3.4	0	6.9	44.8	0
布朗族	学校	0	0	0	76.4	59.4	11.4
	大众传媒	0	0	0.8	12.2	5.7	1.6
	家人	0	1.6	96.7	2.4	12.2	0.8
	同学朋友	32.5	7.3	17.9	15.4	31.7	1.6
	宗教人士	3.3	0	2.4	9.8	0.8	0.8
	自学	13.8	3.3	2.4	0	20.3	3.3

注：全书表格的表题中，凡标注“【多选】”的，数据合计都不是100%。

2. 打洛口岸跨境少数民族学习（习得）文字和汉语拼音的途径

如表2-35所示，打洛口岸跨境少数民族调查对象学习（习得）文字和汉语拼音的途径同样也是具有较强的规律性。规范汉字、汉语拼音、英文、繁体字主要是在学校学习（习得）的；傣文是当地调查对象（主要是傣族男性）按照民俗，在寺庙学习生活期间，通过宗教人士学习（习得）的。此外，大众传媒对跨境哈尼族的规范汉字学习（习得）具有一定的影响，跨境布朗族调查对象学习（习得）英文的途径相对要多样化一些。

表2-35　打洛口岸跨境少数民族学习（习得）文字和汉语拼音的途径【多选】（单位：%）

民族	途径	新傣文	老傣文	规范汉字	繁体字	汉语拼音	英文
傣族	学校	9.1	0.7	67.8	4.9	46.2	4.2
	大众传媒	0.7	0	9.8	0.7	1.4	0
	家人	7.7	2.8	2.1	0	0.7	0
	同学朋友	6.3	1.4	4.2	0.7	2.1	0

续表

民族	途径	新傣文	老傣文	规范汉字	繁体字	汉语拼音	英文
傣族	宗教人士	14.7	19.6	0.7	0	0.7	0
	自学	3.5	3.5	2.8	1.4	1.4	0
哈尼族	学校	1.1	0	81.6	9.2	67.8	5.7
	大众传媒	0	0	24.1	3.4	0	0
	家人	0	0	6.9	1.1	0	0
	同学朋友	2.3	0	10.3	1.1	2.3	0
	宗教人士	0	0	3.4	0	0	0
	自学	0	0	6.9	1.1	1.1	0
布朗族	学校	1.6	0	82.1	4.1	20.3	8.9
	大众传媒	0	0	8.1	0	1.6	0.8
	家人	0	0	4.1	0	1.6	0.8
	同学朋友	0	0.8	8.9	0.8	3.3	0.8
	宗教人士	0.8	1.6	0	0	0	0
	自学	0	0	5.7	1.6	4.1	0.8

（二）打洛口岸跨境少数民族学习（习得）语言文字的难易程度

1. 打洛口岸跨境少数民族学习（习得）语言的难易程度

如表 2-36 所示，打洛口岸跨境少数民族调查对象，除学习（习得）母语的难度为最低外，其他民族语言的学习（习得）均表现出了不同程度的困难：跨境傣族调查对象认为学习（习得）哈尼语、英语、布朗语有难度；跨境哈尼族认为学习（习得）英语、傣语、布朗语难度较高；跨境布朗族调查对象认为学习（习得）英语、傣语、哈尼语难度较大。关于普通话、本地汉语方言的学习（习得），接近或超过半数的跨境少数民族调查对象认为不难，而且本地汉语方言的学习（习得）难度，相对要低于普通话一些。

表 2-36　打洛口岸跨境少数民族学习（习得）语言的难易程度（单位：%）

民族	程度	傣语	哈尼语	布朗语	普通话	本地汉语方言	英语
傣族	非常容易	67.8	0	0	3.9	3.0	0

续表

民族	程度	傣语	哈尼语	布朗语	普通话	本地汉语方言	英语
傣族	容易	28.6	5.1	21.4	44.6	43.6	9.3
	一般	3.6	1.6	7.2	10.9	15.0	11.1
	困难	0	44.1	71.4	36.7	36.1	31.5
	非常困难	0	49.2	0	3.9	2.3	48.1
哈尼族	非常容易	1.5	87.4	0	7.5	11.6	0
	容易	6.5	10.4	0	33.4	48.5	0
	一般	11.3	1.1	0	19.7	18.4	10.8
	困难	69.5	1.1	100.0	33.3	19.9	45.9
	非常困难	11.2	0	0	6.1	1.6	43.3
布朗族	非常容易	27.0	6.4	86.6	17.1	19.7	2.6
	容易	36.6	6.4	12.6	44.5	52.0	2.6
	一般	4.7	9.6	0	9.1	9.8	2.6
	困难	30.1	77.6	0.8	28.3	18.5	42.2
	非常困难	1.6	0	0	1.0	0	50.0

2. 打洛口岸跨境少数民族学习（习得）文字和汉语拼音的难易程度

如表 2-37 所示，打洛口岸的跨境傣族调查对象学习（习得）规范汉字、汉语拼音、新傣文的难度，相对来说，是比较低的；跨境哈尼族调查对象普遍认为，学习（习得）傣文、繁体字、英文有困难，规范汉字和汉语拼音的学习（习得）难度相对接近；大多数跨境布朗族调查对象对傣文、繁体字、英文的学习（习得）感到困难。

表 2-37　打洛口岸跨境少数民族的学习（习得）文字和汉语拼音的难易程度（单位：%）

民族	途径	新傣文	老傣文	规范汉字	繁体字	汉语拼音	英文
傣族	非常容易	0	3.2	2.2	0	2.9	0
	容易	25.0	6.5	23.9	0	29.4	16.7
	一般	9.4	6.5	10.9	9.9	20.6	25.0
	困难	62.5	74.2	60.9	83.8	41.2	58.3
	非常困难	3.1	9.6	2.1	6.3	5.9	0

续表

民族	途径	新傣文	老傣文	规范汉字	繁体字	汉语拼音	英文
哈尼族	非常容易	0	0	0	0	0	0
	容易	0	0	5.8	0	6.7	0
	一般	0	0	0	0	0	0
	困难	100.0	100.0	60.2	100.0	63.2	100.0
	非常困难	0	0	34.0	0	30.1	0
布朗族	非常容易	0	0	0	0	0	0
	容易	0	0	45.8	0	46.2	14.8
	一般	0	0	16.9	27.0	23.9	25.3
	困难	100.0	100.0	36.1	73.0	29.9	50.0
	非常困难	0	0	1.2	0	0	9.9

（三）打洛口岸跨境少数民族学习（习得）语言文字的目的

如表 2-38 所示，打洛口岸跨境少数民族调查对象学习（习得）语言文字的目的，主要是为了能与使用该语言文字的民族进行交往，这不仅是语言文字作为一种交际工具的价值体现，同时也是语用主体之间对其所属民族的一种身份认同和接纳。跨境少数民族调查对象学习（习得）普通话及规范汉字的目的，主要是为了同汉民族交往、方便自己找工作、适应升学及学校的规定和要求。至于学习（习得）英语及英文的目的，跨境傣族、哈尼族调查对象主要还是出于学校规定和要求这一外部动机，而跨境布朗族则更多地表现为个人的兴趣爱好。打洛口岸跨境民族调查对象中，因个人兴趣爱好而主动学习（习得）语言文字的，有一定的占比，但比例不是很高且语言文字学习（习得）的兴趣点有所不同，如跨境傣族调查对象多倾向于学习（习得）本民族的语言文字，跨境哈尼族调查对象多倾向于学习（习得）普通话及规范汉字，跨境布朗族调查对象多倾向于学习（习得）傣语及傣文，还有本民族的语言文字。

此外，很多跨境少数民族调查对象在接受本书作者访谈时，均表示因为自己是某一少数民族，所以应该学习本民族的语言文字，体现出了较高的母语忠诚度。

表 2-38　打洛口岸跨境少数民族学习（习得）语言文字的目的【多选】（单位：%）

民族	目的	傣语及傣文	哈尼语	布朗语	普通话及规范汉字	本地汉语方言	汉语拼音	英语及英文
傣族	找工作	4.2	0	0	21.7	9.8	4.9	0
	工作岗位需要	1.4	0	0	5.6	2.8	0	0
	升学	3.5	0	0	19.6	9.1	10.5	0.7
	为了同该民族交往	71.3	0.7	2.1	50.3	68.5	6.3	0.7
	个人兴趣爱好	10.5	1.4	0	7.7	7.7	6.3	0
	学校规定和要求	3.5	0	0.7	20.3	7.0	15.4	1.4
	了解其他民族文化	7.0	0	0	11.9	6.3	4.2	0.7
	别人学自己也跟着学	17.5	0.7	1.4	12.6	11.9	1.4	0
哈尼族	找工作	2.3	8.0	0	33.3	11.6	0	0
	工作岗位需要	1.1	1.1	0	4.6	2.2	1.1	0
	升学	1.1	1.1	0	34.5	10.3	17.2	1.1
	为了同该民族交往	17.2	66.7	1.1	71.3	58.9	11.5	0
	个人兴趣爱好	5.7	8.0	0	17.2	10.3	4.6	0
	学校规定和要求	1.1	0	0	28.7	2.2	25.3	1.1
	了解其他民族文化	3.4	5.7	1.1	24.1	9.1	0	0
	别人学自己也跟着学	4.6	24.1	0	8.0	9.2	4.6	0
布朗族	找工作	2.4	0	4.1	22.0	15.4	4.9	0.8
	工作岗位需要	0	0	0	5.7	1.6	0	0
	升学	0	0	0.8	22.0	8.1	12.2	2.4
	为了同该民族交往	36.6	8.1	82.9	55.3	67.5	7.3	4.9
	个人兴趣爱好	13.8	4.1	11.4	8.9	6.5	3.3	10.6
	学校规定和要求	0	0	1.6	28.5	12.2	15.4	0
	了解其他民族文化	6.5	0.8	7.3	10.6	6.5	2.4	0
	别人学自己也跟着学	6.5	0.8	12.2	9.8	10.5	1.6	0

四、打洛口岸跨境少数民族的语言文字态度情况

语言文字态度是语用主体对语言文字地位的认知、语言文字未来发展的期望、语言文字功能的认知，以及选择和使用语言文字的意愿等。本部分主要是围绕打

洛口岸跨境少数民族对语言文字的认知态度、情感态度和意向态度等进行调查的。

（一）打洛口岸跨境少数民族语言文字的认知态度

1. 打洛口岸跨境少数民族对语言重要程度的认知

如表 2-39 所示，关于语言重要性（排名第一）的认知，打洛口岸跨境傣族调查对象对本民族语言（母语）、本地汉语方言的认同度比较高，跨境哈尼族调查对象对傣语、本地汉语方言和普通话的认同度比较高，跨境布朗族调查对象则对本地汉语方言、英语的认同度比较高。总体来看，打洛口岸跨境少数民族调查对象对本地汉语方言的重要性（排名第一）的认知度是最高的，其次是傣语和普通话。

表 2-39　打洛口岸跨境少数民族关于语言重要性（排名第一）的认知（单位：%）

民族	傣语	哈尼语	布朗语	普通话	本地汉语方言	英语
傣族	49.0	18.2	2.1	30.1	48.3	28.0
哈尼族	46.0	34.5	0	42.5	43.1	26.4
布朗族	21.1	17.1	11.4	21.1	33.3	29.3

注：在田野调查过程中，因部分调查对象不能对各类语言文字逐一进行重要性的排序，存在几种语言文字重要性排名次序相同的现象，故本部分的数据表会出现数据合计不等于 100%的情况。下文同。

2. 打洛口岸跨境少数民族对语言文字发展前景的预测

如表 2-40 所示，关于语言文字发展前景的预测，打洛口岸跨境傣族调查对象对普通话及规范汉字持“使用者越来越多”态度的占比最高，其次是本地汉语方言；跨境哈尼族调查对象对英语及英文持“使用者越来越多”态度的占比最高，其次是普通话及规范汉字；跨境布朗族调查对象对本地汉语方言持“使用者越来越多”态度的占比最高，其次是普通话及规范汉字。就整体情况来看，打洛口岸跨境少数民族调查对象认为，汉语、规范汉字的发展前景较好；同时，也体现出对英语及英文的发展前景持有一定的开放态度。

表 2-40　打洛口岸跨境少数民族关于语言文字发展前景的预测（单位：%）

民族	预测	傣语及傣文	哈尼语	布朗语	普通话及规范汉字	本地汉语方言	汉语拼音	英语及英文
傣族	使用者会越来越多	48.5	9.5	10.0	90.3	81.8	75.0	25.2
	在一定范围内使用	45.5	66.7	65.0	3.3	18.2	25.0	49.6
	被其他民族语替代	6.0	23.8	25.0	6.4	0	0	25.2

续表

民族	预测	傣语及傣文	哈尼语	布朗语	普通话及规范汉字	本地汉语方言	汉语拼音	英语及英文
哈尼族	使用者会越来越多	43.5	22.7	5.9	90.3	60.0	78.7	100.0
	在一定范围内使用	52.1	63.7	76.5	6.5	35.0	21.3	0
	被其他民族语替代	4.4	13.6	17.6	3.2	5.0	0	0
布朗族	使用者会越来越多	17.3	7.4	20.0	96.7	100.0	69.2	59.9
	在一定范围内使用	75.8	85.2	73.3	3.3	0	30.8	40.1
	被其他民族语替代	6.9	7.4	6.7	0	0	0	0

（二）打洛口岸跨境少数民族的语言文字情感态度

1. 打洛口岸跨境少数民族对多语变单语的态度

打洛口岸跨境少数民族众多，各民族都拥有自己本民族的语言，同时还兼用汉语。为此，本书作者对当地跨境少数民族关于多语变单语现象的态度进行了调查。如表 2-41 所示，就总体情况而言，打洛口岸跨境少数民族调查对象大多持“多语和谐共存”的语言情感态度，不希望自己变成“单语人”。跨境少数民族调查对象的这一情感态度，对维护打洛口岸语言生态平衡具有重要的作用。

表 2-41　打洛口岸跨境少数民族关于多语变单语现象的态度（单位：%）

民族	能够接受多语变单语	顺其自然	无所谓	不希望多语变单语
傣族	3.5	18.9	19.6	58.0
哈尼族	0	29.9	11.5	58.6
布朗族	1.6	17.1	5.7	75.6

2. 打洛口岸跨境少数民族对语言文字的热爱程度

关于对语言文字的热爱程度，尤其是对本民族语言文字的热爱程度，与该民族对其民族身份的认同具有密切的关联。调查及访谈结果显示，打洛口岸跨境民族对自己本民族的语言文字的热爱程度，整体都比较高。

以打洛口岸跨境傣族为例，如表 2-42 所示，跨境傣族调查对象对傣语及新傣文、普通话及规范汉字、本地汉语方言的热爱程度较高，对其他民族语言及文字持中立情感态度的居多。

表 2-42 打洛口岸跨境傣族关于语言文字的热爱程度（单位：%）

民族	热爱程度	傣语及新傣文	哈尼语	普通话及规范汉字	本地汉语方言	汉语拼音	英语及英文
傣族	非常热爱	19.1	0	10.3	3.5	0	0
	热爱	61.9	0	70.3	75.1	52.6	13.4
	一般	14.3	100.0	16.1	17.9	42.2	59.8
	讨厌	4.7	0	3.3	3.5	5.2	13.4
	非常讨厌	0	0	0	0	0	13.4

（三）打洛口岸跨境少数民族的语言文字意向态度

1. 打洛口岸跨境少数民族对本人语言水平的期望

如表 2-43 所示，打洛口岸跨境少数民族调查对象大多希望自己非常精通本民族语言，其中，跨境傣族调查对象占 82.6%，跨境哈尼族调查对象占 95.8%，跨境布朗族调查对象占 94.2%。这表明，打洛口岸的跨境少数民族调查对象都具有较高的母语忠诚度。超过半数的跨境傣族、哈尼族、布朗族调查对象，表现出了对本人能够具备普通话听说能力的期望；有部分跨境哈尼族、布朗族调查对象则表现出了自己对具备其他少数民族语言听说能力的期望。此外，跨境傣族、哈尼族、布朗族调查对象对本人能够具备英语的听说能力也具有较大的期望，只不过跨境布朗族调查对象期望本人英语听说能力达到中等及以上水平的占比要高于跨境傣族、哈尼族调查对象。

表 2-43 打洛口岸跨境少数民族关于本人语言水平的期望（单位：%）

民族	等级	傣语	哈尼语	布朗语	普通话	本地汉语方言	英语
傣族	非常精通	82.6	15.6	0	39.1	33.3	27.6
	基本可以交流	15.4	11.8	33.3	33.1	46.5	23.1
	可以交流一点	0	5.9	0	21.4	17.2	20.0
	可以听懂，不用会说	1.0	0	0	0	0	3.1
	没有用，不需要学习	1.0	66.7	66.7	6.4	3.0	26.2
哈尼族	非常精通	20.4	95.8	0	47.8	0	27.1
	基本可以交流	31.9	2.1	50.0	30.5	47.9	21.6
	可以听懂，不用会说	31.9	2.1	50.0	21.7	37.6	18.8

续表

民族	等级	傣语	哈尼语	布朗语	普通话	本地汉语方言	英语
哈尼族	没有用，不需要学习	15.8	0	0	0	14.5	32.5
布朗族	非常精通	33.3	21.3	94.2	53.2	50.6	5.2
	基本可以交流	54.1	26.5	5.8	34.6	43.5	26.6
	可以交流一点	12.6	36.8	0	8.6	4.8	52.6
	可以听懂，不用会说	0	0	0	0	0	15.6
	没有用，不需要学习	0	15.4	0	3.6	1.1	0

2. 打洛口岸跨境少数民族对本人文字和汉语拼音水平的期望

关于对本人文字水平的期望，调查及访谈结果显示，打洛口岸跨境民族对自己本民族文字能力水平的期望值整体都比较高，反映了对本民族身份的高度认同。

以打洛口岸跨境傣族为例，如表 2-44 所示，90.9%的跨境傣族调查对象期望自己非常精通、基本可以读写新傣文、老傣文；跨境傣族调查对象对学习（习得）其他民族文字基本持开放态度。

表 2-44　打洛口岸跨境少数民族关于文字和汉语拼音水平的期望（单位：%）

民族	等级	新傣文	老傣文	规范汉字	繁体字	汉语拼音	英文
傣族	非常精通	54.5	54.5	32.0	25.0	31.9	20.0
	基本可以读写	36.4	36.4	40.0	25.0	22.7	40.0
	可以读写一点	0	0	20.0	0	36.4	30.0
	可以看懂，不用会写	0	0	4.0	50.0	4.5	10.0
	没有用，不需要学习	9.1	9.1	4.0	0	4.5	0

第三节　磨憨口岸跨境少数民族语言生活状况

一、磨憨口岸跨境少数民族的语言文字能力情况

（一）磨憨口岸跨境少数民族的语言能力

调查及访谈显示，西双版纳磨憨口岸的傣族、哈尼族、苗族、瑶族等跨境少

数民族，其母语（即本民族语言）的听说能力都很强，母语和本地汉语方言已成为其日常生活中的重要交际工具。具体而言，母语能力方面，年龄越大的跨境少数民族调查对象，等级水平就越高；年龄较小的跨境少数民族调查对象，通常会使用一些汉语借词。在本地汉语方言、普通话的能力水平方面，磨憨口岸跨境少数民族调查对象普遍存在“年龄越小，本地汉语方言、普通话的听说能力越强”的现象；同时，磨憨口岸跨境少数民族的本地汉语方言、普通话的听说能力还受到学历因素的影响，即学历越高的调查对象，其本地汉语方言、普通话的听说能力就越强。

本书作者在对磨憨口岸跨境少数民族进行母语能力测试时，跨境傣族测试对象选取了磨整村 4 人，年龄分别是 17 岁、24 岁、37 岁、57 岁，南嘎村 4 人，年龄分别是 15 岁、23 岁、41 岁、76 岁。测试对象的母语听说能力、常用 200 词测试，均为完全能听懂且能熟练交谈，没有任何障碍，200 个常用词语基本都能脱口说出，仅有个别词会出现稍微思考后即能正确说出的情况。跨境哈尼族测试对象为纳红村 4 人，年龄分别为 14 岁、20 岁、50 岁、66 岁，其母语听说能力为完全能听懂且能熟练交谈，没有任何障碍，200 个常用词语除 1 名 20 岁的测试对象需要对个别词稍加思考后即能正确说出外[①]，其余均为完全能听懂且能熟练交谈，没有任何障碍。跨境苗族测试对象为纳龙村 4 人，年龄分别为 17 岁、29 岁、48 岁、78 岁，其母语听说能力、200 个常用词语测试均为完全能听懂且能熟练交谈，没有任何障碍。跨境瑶族的测试对象为：回金立村 4 人，年龄分别为 17 岁、20 岁、45 岁、60 岁；新民村 4 人，年龄分别为 8 岁、32 岁、57 岁、76 岁。跨境瑶族所有测试对象的母语听说能力、常用 200 词测试也是完全能听懂且能熟练交谈，没有任何障碍。

1. 磨憨口岸跨境傣族的语言能力

如表 2-45、表 2-46 所示，磨憨口岸跨境傣族调查对象中，6～19 岁的调查对象大多为学生，母语的听说能力都很好，在学校学习的是普通话，与汉族同学交流比较多，普通话和本地汉语方言的听说能力主要分布在中等及以上水平，英语听说能力是各年龄段调查对象中最强的。20～39 岁的跨境傣族调查对象，母语听说能力也很强，上学的时候学过普通话，与汉族接触比较频繁，普通话和本地汉

① 该测试对象的家庭语言是本地汉语方言，只有跟本民族的交际对象交流时才讲哈尼语。

语方言的听说能力也不错，少数调查对象因与哈尼族朋友接触比较多，还具备一定的哈尼语听说能力。40～59 岁的跨境傣族，母语的听说能力很好，但普通话和本地汉语方言的听说能力，尤其是表达能力，不太理想，一些调查对象具备哈尼语的听说能力。60 岁及以上的跨境傣族，母语听说能力很强，普通话和本地汉语方言的听说能力是各年龄段调查对象中最低的。此外，在 40～59 岁的跨境傣族中，只有极少数调查对象能听懂或会说苗语、瑶语的一些日常用语，故未纳入此处表格进行统计。

表 2-45　磨憨口岸各年龄段跨境傣族的语言听力水平（单位：%）

年龄	等级	傣语	哈尼语	普通话	本地汉语方言	英语
6～19 岁	完全能听懂	100.0	0	83.9	90.3	0
	基本能听懂	0	3.0	12.9	9.7	0
	能听懂一些日常用语	0	6.1	3.2	0	22.6
	基本听不懂	0	0	0	0	16.1
	完全听不懂	0	90.9	0	0	61.3
20～39 岁	完全能听懂	100.0	0	66.2	84.5	0
	基本能听懂	0	2.8	29.6	12.7	0
	能听懂一些日常用语	0	2.8	2.8	1.4	8.5
	基本听不懂	0	0	1.4	1.4	12.6
	完全听不懂	0	94.4	0	0	78.9
40～59 岁	完全能听懂	100.0	0	22.6	52.8	0
	基本能听懂	0	3.8	45.3	35.8	0
	能听懂一些日常用语	0	13.2	26.4	11.4	0
	基本听不懂	0	0	0	0	0
	完全听不懂	0	83.0	5.7	0	100.0
60 岁及以上	完全能听懂	100.0	0	17.4	43.6	0
	基本能听懂	0	0	34.8	21.7	0
	能听懂一些日常用语	0	0	21.7	13.0	0
	基本听不懂	0	0	4.4	13.0	0
	完全听不懂	0	100.0	21.7	8.7	100.0

表 2-46　磨憨口岸各年龄段跨境傣族的语言表达能力（单位：%）

年龄	等级	傣语	哈尼语	普通话	本地汉语方言	英语
6～19 岁	能熟练交谈没有任何障碍	100.0	0	35.5	45.2	0
	能熟练交谈有时候有障碍	0	3.3	22.6	54.8	0
	基本能交谈	0	0	35.5	0	0
	会说一些日常用语	0	3.2	6.4	0	32.3
	完全不会说	0	93.5	0	0	67.7
20～39 岁	能熟练交谈没有任何障碍	100.0	0	16.9	60.6	0
	能熟练交谈有时候有障碍	0	0	31.0	23.9	0
	基本能交谈	0	1.4	31.0	12.7	0
	会说一些日常用语	0	1.4	15.5	2.8	18.3
	完全不会说	0	97.2	5.6	0	81.7
40～59 岁	能熟练交谈没有任何障碍	100.0	0	1.8	26.4	0
	能熟练交谈有时候有障碍	0	0	14.5	28.3	0
	基本能交谈	0	3.8	18.2	37.7	0
	会说一些日常用语	0	7.5	25.4	7.6	0
	完全不会说	0	88.7	40.1	0	100.0
60 岁及以上	能熟练交谈没有任何障碍	100.0	0	0	4.3	0
	能熟练交谈有时候有障碍	0	0	0	17.4	0
	基本能交谈	0	0	13.0	43.5	0
	会说一些日常用语	0	0	39.2	26.1	0
	完全不会说	0	100.0	47.8	8.7	100.0

2. 磨憨口岸跨境哈尼族的语言能力

如表 2-47、表 2-48 所示，磨憨口岸各年龄段跨境哈尼族调查对象的母语能力都很强。6～19 岁、20～39 岁年龄段的跨境哈尼族调查对象，由于受教育程度高于 40～59 岁、60 岁及以上年龄段的调查对象，所以他们的本地汉语方言、普通话和英语的听说能力，都明显要强于 40～59 岁、60 岁及以上年龄段的调查对象。40～59 岁、60 岁及以上年龄段的跨境哈尼族调查对象，由于与当地及附近村寨的傣族往来接触比较频繁，其傣语的听说能力要比 6～19 岁、20～39 岁年龄段的调查对象强一些。由于磨憨口岸跨境哈尼族无人掌握苗语和瑶语，故未纳入此处表格进行统计。

表 2-47　磨憨口岸各年龄段跨境哈尼族的语言听力水平（单位：%）

年龄	等级	傣语	哈尼语	普通话	本地汉语方言	英语
6～19 岁	完全能听懂	0	100.0	59.5	78.4	0
	基本能听懂	2.7	0	32.4	16.2	0
	能听懂一些日常用语	2.7	0	8.1	5.4	18.9
	基本听不懂	2.7	0	0	0	5.4
	完全听不懂	91.9	0	0	0	75.7
20～39 岁	完全能听懂	1.1	99.0	56.6	82.8	0
	基本能听懂	1.0	0	32.3	13.2	1.0
	能听懂一些日常用语	4.0	1.0	8.1	3.0	8.2
	基本听不懂	2.0	0	2.0	1.0	6.2
	完全听不懂	91.9	0	1.0	0	84.6
40～59 岁	完全能听懂	4.7	100.0	12.5	42.2	0
	基本能听懂	4.7	0	46.9	40.6	0
	能听懂一些日常用语	7.8	0	21.9	12.5	0
	基本听不懂	7.8	0	14.0	4.7	1.6
	完全听不懂	75.0	0	4.7	0	98.4
60 岁及以上	完全能听懂	3.0	97.0	3.0	12.1	0
	基本能听懂	6.1	0	9.1	24.2	0
	能听懂一些日常用语	9.0	0	9.1	42.4	0
	基本听不懂	6.1	3.0	15.2	12.1	0
	完全听不懂	75.8	0	63.6	9.2	100.0

表 2-48　磨憨口岸各年龄段跨境哈尼族的语言表达能力（单位：%）

年龄	等级	傣语	哈尼语	普通话	本地汉语方言	英语
6～19 岁	能熟练交谈没有任何障碍	0	100.0	21.6	43.2	0
	能熟练交谈有时候有障碍	0	0	32.4	43.2	0
	基本能交谈	2.7	0	32.4	13.6	0

续表

年龄	等级	傣语	哈尼语	普通话	本地汉语方言	英语
6～19 岁	会说一些日常用语	5.4	0	13.6	0	18.9
	完全不会说	91.9	0	0	0	81.1
20～39 岁	能熟练交谈没有任何障碍	1.0	98.0	6.1	65.7	0
	能熟练交谈有时候有障碍	1.0	1.0	34.3	20.2	0
	基本能交谈	1.0	0	38.4	10.1	2.0
	会说一些日常用语	2.0	1.0	14.1	4.0	8.1
	完全不会说	95.0	0	7.1	0	89.9
40～59 岁	能熟练交谈没有任何障碍	1.6	100.0	1.6	28.1	0
	能熟练交谈有时候有障碍	3.0	0	7.8	18.8	0
	基本能交谈	6.3	0	14.0	37.5	0
	会说一些日常用语	9.4	0	34.4	14.0	0
	完全不会说	79.7	0	42.2	1.6	100.0
60 岁及以上	能熟练交谈没有任何障碍	0	97.0	0	12.1	0
	能熟练交谈有时候有障碍	3.0	0	0	3.0	0
	基本能交谈	12.1	0	12.1	30.3	0
	会说一些日常用语	9.1	3.0	6.1	36.4	0
	完全不会说	75.8	0	81.8	18.2	100.0

3. 磨憨口岸跨境苗族的语言能力

如表 2-49、表 2-50 所示，磨憨口岸各年龄段跨境苗族调查对象的母语听说能力都很强。6～19 岁、20～39 岁年龄段苗族调查对象，其本地汉语方言、普通话和英语的听说能力都要强于 40～59 岁、60 岁及以上年龄段的调查对象。关于傣语的听说能力，40～59 岁、60 岁及以上年龄段的跨境苗族中，能听懂和会说一些日常用语的调查对象要多于 6～19 岁、20～39 岁年龄段的调查对象。此外，磨憨口岸的跨境苗族调查对象中，只有极少数 60 岁及以上的老年人能听懂并会说哈尼语、瑶语的一些日常用语，故未纳入此处表格进行统计。

表 2-49　磨憨口岸各年龄段跨境苗族的语言听力水平（单位：%）

年龄	等级	傣语	苗语	普通话	本地汉语方言	英语
	完全能听懂	0	90.9	68.3	68.3	0
	基本能听懂	5.2	9.1	22.7	13.6	5.8
6～19 岁	能听懂一些日常用语	0	0	4.5	13.6	11.8
	基本听不懂	0	0	0	0	17.6
	完全听不懂	94.8	0	4.5	4.5	64.8
	完全能听懂	0	100.0	67.5	80.0	0
	基本能听懂	2.5	0	15.0	15.0	0
20～39 岁	能听懂一些日常用语	5.0	0	10	2.5	2.8
	基本听不懂	5.0	0	7.5	2.5	8.6
	完全听不懂	87.5	0	0	0	88.6
	完全能听懂	8.7	100.0	26.1	39.1	0
	基本能听懂	8.7	0	21.8	39.1	0
40～59 岁	能听懂一些日常用语	8.7	0	26.1	13.1	0
	基本听不懂	8.7	0	13.0	8.7	0
	完全听不懂	65.2	0	13.0	0	100.0
	完全能听懂	0	100.0	66.7	33.3	0
	基本能听懂	0	0	33.3	66.7	0
60 岁及以上	能听懂一些日常用语	33.4	0	0	0	0
	基本听不懂	33.3	0	0	0	0
	完全听不懂	33.3	0	0	0	100.0

表 2-50　磨憨口岸各年龄段跨境苗族的语言表达能力（单位：%）

年龄	等级	傣语	苗语	普通话	本地汉语方言	英语
	能熟练交谈没有任何障碍	0	86.4	31.8	31.8	0
	能熟练交谈有时候有障碍	0	13.6	45.5	31.8	0
6～19 岁	基本能交谈	0	0	9.1	13.6	5.8
	会说一些日常用语	5.2	0	9.1	4.5	23.6
	完全不会说	94.8	0	4.5	18.3	70.6

续表

年龄	等级	傣语	苗语	普通话	本地汉语方言	英语
20～39 岁	能熟练交谈没有任何障碍	0	100.0	25.0	50.0	0
	能熟练交谈有时候有障碍	0	0	27.5	37.5	0
	基本能交谈	0	0	12.5	7.5	0
	会说一些日常用语	10.0	0	10.0	2.5	8.3
	完全不会说	90.0	0	25.0	2.5	91.7
40～59 岁	能熟练交谈没有任何障碍	4.4	100.0	0	26.1	0
	能熟练交谈有时候有障碍	0	0	13.0	34.7	0
	基本能交谈	13.0	0	30.5	17.4	0
	会说一些日常用语	13.0	0	21.7	17.4	0
	完全不会说	69.6	0	34.8	4.4	100.0
60 岁及以上	能熟练交谈没有任何障碍	0	100.0	0	33.3	0
	能熟练交谈有时候有障碍	0	0	33.3	0	0
	基本能交谈	33.4	0	0	66.7	0
	会说一些日常用语	33.3	0	0	0	0
	完全不会说	33.3	0	66.7	0	100.0

4. 磨憨口岸跨境瑶族的语言能力

如表 2-51、表 2-52 所示，磨憨口岸各年龄段跨境瑶族调查对象的母语听说能力都很强。6～19 岁、20～39 岁年龄段的跨境瑶族调查对象，本地汉语方言、普通话的听说能力主要分布在中等及以上水平，英语听说能力均强于 40～59 岁、60 岁及以上年龄段的调查对象。磨憨口岸各年龄段的跨境瑶族调查对象中，都有部分调查对象能听懂、会说傣语的一些日常用语。磨憨口岸跨境瑶族调查对象中，仅有 20～39 岁年龄段的个别调查对象能完全听懂苗语，并能够用苗语熟练交谈且没有任何障碍，各年龄段也只有极少数调查对象能听懂、会说哈尼语的一些日常用语，故苗语和哈尼语未纳入此处表格进行统计。

表 2-51　磨憨口岸各年龄段跨境瑶族的语言听力水平（单位：%）

年龄	等级	傣语	瑶语	普通话	本地汉语方言	英语
6～19 岁	完全能听懂	0	100.0	77.8	88.9	0

续表

年龄	等级	傣语	瑶语	普通话	本地汉语方言	英语
6～19 岁	基本能听懂	0	0	22.2	11.1	0
	能听懂一些日常用语	22.2	0	0	0	55.6
	基本听不懂	22.2	0	0	0	11.1
	完全听不懂	55.6	0	0	0	33.3
20～39 岁	完全能听懂	0	100.0	64.7	94.1	0
	基本能听懂	11.8	0	29.4	5.9	6.3
	能听懂一些日常用语	35.2	0	0	0	12.5
	基本听不懂	17.7	0	0	0	12.5
	完全听不懂	35.3	0	5.9	0	68.7
40～59 岁	完全能听懂	12.5	100.0	18.8	62.5	0
	基本能听懂	12.5	0	43.7	25.0	0
	能听懂一些日常用语	43.8	0	18.8	12.5	0
	基本听不懂	25.0	0	6.2	0	6.7
	完全听不懂	6.2	0	12.5	0	93.3
60 岁及以上	完全能听懂	0	100.0	0	0	0
	基本能听懂	0	0	33.4	66.7	0
	能听懂一些日常用语	33.4	0	33.3	33.3	0
	基本听不懂	33.3	0	0	0	0
	完全听不懂	33.3	0	33.3	0	100.0

表 2-52　磨憨口岸各年龄段跨境瑶族的语言表达能力（单位：%）

年龄	等级	傣语	瑶语	普通话	本地汉语方言	英语
6～19 岁	能熟练交谈没有任何障碍	0	100.0	66.7	88.9	0
	能熟练交谈有时候有障碍	0	0	33.3	11.1	0
	基本能交谈	0	0	0	0	0
	会说一些日常用语	11.1	0	0	0	66.7
	完全不会说	88.9	0	0	0	33.3

续表

年龄	等级	傣语	瑶语	普通话	本地汉语方言	英语
20～39 岁	能熟练交谈没有任何障碍	0	94.1	23.6	76.5	0
	能熟练交谈有时候有障碍	6.3	0	23.5	11.7	6.3
	基本能交谈	6.3	5.9	17.6	11.8	0
	会说一些日常用语	43.7	0	11.8	0	18.7
	完全不会说	43.7	0	23.5	0	75.0
40～59 岁	能熟练交谈没有任何障碍	6.2	100.0	0	33.3	0
	能熟练交谈有时候有障碍	6.2	0	0	33.3	0
	基本能交谈	31.3	0	12.5	33.4	0
	会说一些日常用语	37.5	0	31.2	0	0
	完全不会说	18.8	0	56.3	0	100.0
60 岁及以上	能熟练交谈没有任何障碍	0	100.0	0	0	0
	能熟练交谈有时候有障碍	0	0	0	33.3	0
	基本能交谈	33.4	0	0	66.7	0
	会说一些日常用语	33.3	0	0	0	0
	完全不会说	33.3	0	100.0	0	100.0

综上所述，磨憨口岸跨境少数民族的母语听说能力都很强，其中 6～19 岁、20～39 岁年龄段的跨境少数民族调查对象，其本地汉语方言、普通话和英语的听说能力总体上要强于 40～59 岁、60 岁及以上年龄段的调查对象，而 40～59 岁、60 岁及以上年龄段的跨境少数民族调查对象掌握其他少数民族语言的听说能力，相对又要强于 6～19 岁、20～39 岁年龄段的调查对象。由此可见，磨憨口岸跨境少数民族的汉语、英语的听说能力与受教育程度呈正相关。

（二）磨憨口岸跨境少数民族的文字读写能力

调查数据显示，磨憨口岸跨境少数民族调查对象的文字读写能力与学历呈正相关：学历在小学及以上的，一般可读写规范汉字和汉语拼音，少数人还具备繁体字的读写能力；学历在初中及以上的调查对象具备一定的英文读写能力，但等级水平不高。就总体情况而言，磨憨口岸各年龄段跨境少数民族调查对象的本民族文字的读写能力水平都不高。

1. 磨憨口岸跨境傣族的文字读写能力

如表 2-53、表 2-54 所示，在磨憨口岸，6～19 岁、20～39 岁、40～59 岁年龄段的跨境傣族调查对象因为能够在学校学习（习得）汉字，故其规范汉字读写能力较强，其中 6～19 岁、20～39 岁年龄段的跨境傣族调查对象还具有一定的英文读写能力，但等级水平不高。40～59 岁、60 岁及以上的跨境傣族调查对象基本不具备繁体字、英文的读写能力，但部分调查对象（主要是男性跨境傣族调查对象）按照当地民俗有在寺庙学习（习得）傣文的经历，其新傣文、老傣文的读写能力水平要高于 6～19 岁、20～39 岁的跨境傣族调查对象。

表 2-53　磨憨口岸各年龄段跨境傣族的文字阅读能力（单位：%）

年龄	等级	新傣文	老傣文	规范汉字	繁体字	英文
6～19 岁	能读书看报	0	0	74.2	0	0
	能看懂家信或简单文章	0	0	22.6	0	3.2
	认识一些常用字（词）	6.5	3.2	3.2	16.1	16.1
	基本看不懂	0	0	0	3.2	16.1
	完全看不懂	93.5	96.8	0	80.7	64.6
20～39 岁	能读书看报	0	0	59.2	0	0
	能看懂家信或简单文章	0	0	21.1	0	1.4
	认识一些常用字（词）	5.6	2.8	9.9	8.5	5.5
	基本看不懂	1.4	1.4	7.0	7.0	11.1
	完全看不懂	93.0	95.8	2.8	84.5	82.0
40～59 岁	能读书看报	0	0	13.2	0	0
	能看懂家信或简单文章	3.7	1.9	15.1	1.9	0
	认识一些常用字（词）	18.9	15.1	24.6	0	0
	基本看不懂	0	0	7.5	0	0
	完全看不懂	77.4	83.0	39.6	98.1	100.0
60 岁及以上	能读书看报	30.4	11.1	0	0	0
	能看懂家信或简单文章	4.3	8.3	0	0	0
	认识一些常用字（词）	8.7	38.9	8.7	0	0
	基本看不懂	0	2.8	8.7	0	0
	完全看不懂	56.6	38.9	82.6	100.0	100.0

表 2-54 磨憨口岸各年龄段跨境傣族的文字写作能力（单位：%）

年龄	等级	新傣文	老傣文	规范汉字	繁体字	英文
6～19 岁	能写文章或其他作品	0	0	22.6	0	0
	能写家信或简单文章	0	0	74.2	0	3.2
	会写一些常用字（词）	6.5	3.2	3.2	19.4	22.6
	基本不会写	93.5	96.8	0	80.6	74.2
	完全不会写	0	0	0	0	0
20～39 岁	能写文章或其他作品	0	0	22.5	0	0
	能写家信或简单文章	0	0	42.3	0	0
	会写一些常用字（词）	5.6	2.8	29.6	8.5	14.1
	基本不会写	94.4	97.2	5.6	91.5	85.9
	完全不会写	0	0	0	0	0
40～59 岁	能写文章或其他作品	0	0	0	0	0
	能写家信或简单文章	3.8	0	9.4	0	0
	会写一些常用字（词）	17.0	15.1	32.1	1.9	0
	基本不会写	79.2	84.9	58.5	98.1	100.0
	完全不会写	0	0	0	0	0
60 岁及以上	能写文章或其他作品	13.0	17.4	0	0	0
	能写家信或简单文章	21.7	8.7	0	0	0
	会写一些常用字（词）	8.7	13.0	8.7	0	0
	基本不会写	56.6	60.9	91.3	100.0	100.0
	完全不会写	0	0	0	0	0

2. 磨憨口岸跨境哈尼族的文字读写能力

如表 2-55、表 2-56 所示，6～19 岁、20～39 岁、40～59 岁年龄段的跨境哈尼族调查对象，都具备一定的规范汉字读写能力，其中 6～19 岁、20～39 岁调查对象的规范汉字读写能力较好，主要分布在中等及以上水平，同时这两个年龄段的跨境哈尼族调查对象还具有一定的英文读写能力，但等级水平不高。40～59 岁、60 岁及以上的跨境哈尼族调查对象基本不具备繁体字和英文的读写能力。此外，磨憨口岸各年龄段跨境哈尼族调查对象基本不具备新傣文、老傣文的读写能力，只有少数调查对象认识或会写一些常用字（词）。

表 2-55　磨憨口岸各年龄段跨境哈尼族的文字阅读能力（单位：%）

年龄	等级	新傣文	老傣文	规范汉字	繁体字	英文
6～19 岁	能读书看报	0	0	48.6	0	0
	能看懂家信或简单文章	0	0	43.3	0	10.8
	认识一些常用字（词）	2.7	0	8.1	8.1	5.4
	基本看不懂	0	0	0	10.8	0
	完全看不懂	97.3	100.0	0	81.1	83.8
20～39 岁	能读书看报	0	0	60.6	0	0
	能看懂家信或简单文章	0	0	14.2	2.0	5.1
	认识一些常用字（词）	0	0	11.1	11.1	5.1
	基本看不懂	0	0	3.0	10.1	6.1
	完全看不懂	100.0	100.0	11.1	76.8	83.7
40～59 岁	能读书看报	0	0	12.5	0	0
	能看懂家信或简单文章	0	0	14.1	0	0
	认识一些常用字（词）	0	0	25.0	1.6	0
	基本看不懂	0	0	12.5	1.6	0
	完全看不懂	100.0	100.0	35.9	96.8	100.0
60 岁及以上	能读书看报	0	0	3.0	0	0
	能看懂家信或简单文章	0	0	0	0	0
	认识一些常用字（词）	0	3.0	6.1	0	0
	基本看不懂	0	0	3.0	0	0
	完全看不懂	100.0	97.0	87.9	100.0	100.0

表 2-56　磨憨口岸各年龄段跨境哈尼族的文字写作能力（单位：%）

年龄	等级	新傣文	老傣文	规范汉字	繁体字	英文
6～19 岁	能写文章或其他作品	0	0	18.9	0	0
	能写家信或简单文章	0	0	56.8	0	10.8
	会写一些常用字（词）	2.7	0	24.3	5.4	2.7
	基本不会写	97.3	100.0	0	94.6	86.5
	完全不会写	0	0	0	0	0

续表

年龄	等级	新傣文	老傣文	规范汉字	繁体字	英文
20～39岁	能写文章或其他作品	0	0	18.2	0	0
	能写家信或简单文章	0	0	47.5	0	4.0
	会写一些常用字（词）	0	0	22.2	14.1	7.1
	基本不会写	100.0	100.0	12.1	85.9	88.9
	完全不会写	0	0	0	0	0
40～59岁	能写文章或其他作品	0	0	0	0	0
	能写家信或简单文章	0	0	14.1	0	0
	会写一些常用字（词）	0	0	34.4	0	0
	基本不会写	100.0	100.0	51.5	100.0	100.0
	完全不会写	0	0	0	0	0
60岁及以上	能写文章或其他作品	0	0	0	0	0
	能写家信或简单文章	0	0	3.0	0	0
	会写一些常用字（词）	0	3.0	9.1	0	0
	基本不会写	100.0	97.0	87.9	100.0	100.0
	完全不会写	0	0	0	0	0

3. 磨憨口岸跨境苗族的文字读写能力

如表2-57、表2-58所示，各年龄段的跨境苗族调查对象具备程度不同的规范汉字的读写能力，其中6～19岁、20～39岁年龄段调查对象的规范汉字读写能力基本分布在中等及以上水平。另外，磨憨口岸6～19岁、20～39岁年龄段的跨境苗族调查对象，还具备一定的英文读写能力，但水平等级不高，绝大多数40～59岁、60岁及以上的跨境苗族调查对象，看不懂、不会写繁体字和英文。各年龄段跨境苗族调查对象对新傣文、老傣文的掌握情况不是很好，只有个别的调查对象认识新傣文中一些常用字（词）。

表2-57 磨憨口岸各年龄段跨境苗族的文字阅读能力（单位：%）

年龄	等级	新傣文	老傣文	规范汉字	繁体字	英文
6～19岁	能读书看报	0	0	40.9	0	0
	能看懂家信或简单文章	0	0	45.5	4.5	0

续表

年龄	等级	新傣文	老傣文	规范汉字	繁体字	英文
6～19岁	认识一些常用字（词）	4.5	0	4.5	0	13.6
	基本看不懂	0	0	0	4.6	9.1
	完全看不懂	95.5	100.0	9.1	90.9	77.3
20～39岁	能读书看报	0	0	42.5	0	0
	能看懂家信或简单文章	0	0	15.0	0	0
	认识一些常用字（词）	0	0	15.0	0	2.5
	基本看不懂	2.5	2.5	2.5	5.0	5.0
	完全看不懂	97.5	97.5	25.0	95.0	92.5
40～59岁	能读书看报	0	0	12.5	0	0
	能看懂家信或简单文章	0	0	4.2	0	0
	认识一些常用字（词）	0	0	4.2	4.2	0
	基本看不懂	0	0	8.3	0	0
	完全看不懂	100.0	100.0	70.8	95.8	100.0
60岁及以上	能读书看报	0	0	33.3	0	0
	能看懂家信或简单文章	0	0	0	0	0
	认识一些常用字（词）	0	0	0	0	0
	基本看不懂	0	0	33.3	0	0
	完全看不懂	100.0	100.0	33.4	100.0	100.0

表 2-58　磨憨口岸各年龄段跨境苗族的文字写作能力（单位：%）

年龄	等级	新傣文	老傣文	规范汉字	繁体字	英文
6～19岁	能写文章或其他作品	0	0	18.2	0	0
	能写家信或简单文章	0	0	63.6	0	0
	会写一些常用字（词）	0	0	9.1	4.5	13.6
	基本不会写	100.0	100.0	9.1	95.5	86.4
	完全不会写	0	0	0	0	0
20～39岁	能写文章或其他作品	0	0	5.0	0	0
	能写家信或简单文章	0	0	32.5	2.5	0
	会写一些常用字（词）	0	0	32.5	0	5.0
	基本不会写	100.0	100.0	30	97.5	95.0

续表

年龄	等级	新傣文	老傣文	规范汉字	繁体字	英文
20～39 岁	完全不会写	0	0	0	0	0
40～59 岁	能写文章或其他作品	0	0	0	0	0
	能写家信或简单文章	0	0	16.7	0	0
	会写一些常用字（词）	0	0	4.2	0	0
	基本不会写	100.0	100.0	79.1	100.0	100.0
	完全不会写	0	0	0	0	0
60 岁及以上	能写文章或其他作品	0	0	0	0	0
	能写家信或简单文章	0	0	33.3	0	0
	会写一些常用字（词）	0	0	0	0	0
	基本不会写	100.0	100.0	66.7	100.0	100.0
	完全不会写	0	0	0	0	0

4. 磨憨口岸跨境瑶族的文字读写能力

如表 2-59、表 2-60 所示，6～19 岁、20～39 岁年龄段的跨境瑶族调查对象具备程度不同的规范汉字、繁体字的读写能力，规范汉字的读写能力要强于繁体字的读写能力。另外，6～19 岁、20～39 岁年龄段的跨境瑶族调查对象还具有一定的英文读写能力，但情况也不是很理想，其中 6～19 岁年龄段跨境瑶族调查对象的英文读写能力强于 20～39 岁年龄段的调查对象。40～59 岁以及 60 岁及以上的跨境瑶族调查对象基本不具备繁体字和英文的读写能力。磨憨口岸四个年龄段的跨境瑶族调查对象都不具备新傣文和老傣文的读写能力。

表 2-59　磨憨口岸各年龄段跨境瑶族的文字阅读能力（单位：%）

年龄	等级	新傣文	老傣文	规范汉字	繁体字	英文
6～19 岁	能读书看报	0	0	66.7	0	0
	能看懂家信或简单文章	0	0	22.2	22.2	33.3
	认识一些常用字（词）	0	0	0	22.2	33.3
	基本看不懂	0	0	11.1	0	0
	完全看不懂	100.0	100.0	0	55.6	33.4

续表

年龄	等级	新傣文	老傣文	规范汉字	繁体字	英文
20～39 岁	能读书看报	0	0	58.8	5.9	0
	能看懂家信或简单文章	0	0	11.8	0	6.3
	认识一些常用字（词）	0	0	5.9	29.4	6.3
	基本看不懂	0	0	0	5.9	6.3
	完全看不懂	100.0	100.0	23.5	58.8	81.1
40～59 岁	能读书看报	0	0	31.2	0	0
	能看懂家信或简单文章	0	0	18.8	6.3	0
	认识一些常用字（词）	0	0	0	0	0
	基本看不懂	0	0	6.3	0	0
	完全看不懂	100.0	100.0	43.7	93.7	100.0
60 岁及以上	能读书看报	0	0	0	0	0
	能看懂家信或简单文章	0	0	0	0	0
	认识一些常用字（词）	0	0	0	0	0
	基本看不懂	0	0	33.3	0	0
	完全看不懂	100.0	100.0	66.7	100.0	100.0

表 2-60　磨憨口岸各年龄段跨境瑶族的文字写作能力（单位：%）

年龄	等级	新傣文	老傣文	规范汉字	繁体字	英文
6～19 岁	能写文章或其他作品	0	0	55.6	0	0
	能写家信或简单文章	0	0	33.3	11.1	33.3
	会写一些常用字（词）	0	0	11.1	33.3	33.3
	基本不会写	100.0	100.0	0	55.6	33.4
	完全不会写	0	0	0	0	0
20～39 岁	能写文章或其他作品	0	0	23.5	0	0
	能写家信或简单文章	0	0	29.5	0	5.9
	会写一些常用字（词）	0	0	23.5	23.5	11.7
	基本不会写	100.0	100.0	23.5	76.5	82.4
	完全不会写	0	0	0	0	0
40～59 岁	能写文章或其他作品	0	0	0	0	0
	能写家信或简单文章	0	0	13.3	0	0

续表

年龄	等级	新傣文	老傣文	规范汉字	繁体字	英文
40～59岁	会写一些常用字（词）	0	0	26.7	0	0
	基本不会写	100.0	100.0	60.0	100.0	100.0
	完全不会写	0	0	0	0	0
60岁及以上	能写文章或其他作品	0	0	0	0	0
	能写家信或简单文章	0	0	0	0	0
	会写一些常用字（词）	0	0	33.3	0	0
	基本不会写	100.0	100.0	66.7	100.0	100.0
	完全不会写	0	0	0	0	0

由此可见，磨憨口岸跨境少数民族调查对象对本民族文字的掌握情况不是很理想，各年龄段跨境少数民族调查对象的规范汉字、英文的读写能力，水平较高的主要集中在6～19岁、20～39岁年龄段的调查对象。总体来说，磨憨口岸各年龄段跨境少数民族调查对象的文字阅读能力要高于写作能力，而且规范汉字、英文的读写能力与调查对象的受教育程度呈现为正相关。

二、磨憨口岸跨境少数民族的语言文字使用情况

（一）磨憨口岸跨境少数民族的语言使用情况

磨憨口岸跨境少数民族均有自己本民族的语言（即母语），与本民族人员交流也主要是使用本民族语言。随着磨憨口岸的建设和发展，外来人口逐渐增多，本地汉语方言的使用频率逐渐上升，而跨境少数民族的语言生活也呈现出了多样化的特点。

1. 磨憨口岸跨境少数民族公众交际领域语言使用情况

在不同的交际场景，面对不同的交际对象、不同的话题，不同的语用主体所选择和使用的语言也是不同的，这与话语交际者的语言能力及其语言态度具有密切的关系。在磨憨口岸，由于跨境少数民族的类型及人口数都比较多，加之因旅游、商贸等原因所产生的州内外流动人口数也在不断增加，这就使磨憨口岸的跨境少数民族在公众交际领域的语言使用呈现出了不同情况：交际对象为本民族人员时，交际双方都使用本民族语言；交际对象为非本民族人员时，调查对象大部

分情况下选择使用本地汉语方言，有时也会根据对方所属民族，在自己具备该民族语言能力的前提下，选择和使用对方的民族语言。

（1）磨憨口岸跨境傣族公众交际领域语言使用情况

如表 2-61 所示，磨憨口岸各年龄段跨境傣族调查对象在公众交际领域中，语言的使用情况具有很强的一致性：在见面打招呼、聊天、生产劳动、买卖、看病等交际场景中，对本民族人员，母语是调查对象首选的交际工具；交际对象是非本民族人员时，如果自己掌握该民族的语言，就会选择对方的民族语言进行交流，否则就选用本地汉语方言进行交流。不过，在看病这一交际场景中，除 60 岁及以上年龄段的跨境傣族调查对象外，其余年龄段的一些调查对象还会选择本地汉语方言与本民族人员进行交流，这与调查对象自身所具备的语境敏感度、语码转换能力有关。同时，在与非本民族人员交流时，磨憨口岸各年龄段跨境傣族调查对象都存在不同程度的几种话混用的现象，主要表现为在同非本民族人员交流时。但是，20～39 岁的跨境傣族调查对象在同本民族人员交际时，也会出现几种话混用的现象；普通话的使用频率低，使用范围小，仅有少数 6～19 岁年龄段的跨境傣族调查对象会在看病的过程中使用到。

表 2-61　磨憨口岸各年龄段跨境傣族公众交际领域语言使用情况（单位：%）

年龄	语言	见面打招呼		聊天		生产劳动		买卖		看病	
		A	B	A	B	A	B	A	B	A	B
6～19 岁	傣语	96.8	0	96.8	0	96.8	0	93.6	0	74.2	0
	哈尼语	3.2	0	3.2	0	3.2	0	3.2	3.2	0	0
	本地汉语方言	0	77.4	0	80.6	0	80.6	3.2	74.2	22.6	93.5
	普通话	0	0	0	0	0	0	0	0	3.2	6.5
	几种话混用	0	22.6	0	19.4	0	19.4	0	22.6	0	0
20～39 岁	傣语	98.6	0	98.6	0	98.6	0	97.2	0	81.4	0
	哈尼语	0	0	0	0	0	0	0	0	0	0
	本地汉语方言	0	88.7	0	88.7	0	90.1	0	90.1	17.2	97.2
	普通话	0	0	0	0	0	0	0	0	0	0
	几种话混用	1.4	11.3	1.4	11.3	1.4	9.9	2.8	9.9	1.4	2.8
40～59 岁	傣语	100.0	0	100.0	0	100.0	0	98.1	1.9	88.3	1.9
	哈尼语	0	0	0	0	0	0	0	0	0	0

续表

年龄	语言	见面打招呼		聊天		生产劳动		买卖		看病	
		A	B	A	B	A	B	A	B	A	B
40～59岁	本地汉语方言	0	98.1	0	98.1	0	98.1	1.9	94.3	11.7	96.2
	普通话	0	0	0	0	0	0	0	0	0	0
	几种话混用	0	1.9	0	1.9	0	1.9	0	3.8	0	1.9
60岁及以上	傣语	100.0	0	100.0	0	100.0	0	100.0	0	100.0	0
	哈尼语	0	0	0	0	0	0	0	0	0	0
	本地汉语方言	0	95.3	0	95.3	0	95.3	0	95.3	0	95.3
	普通话	0	0	0	0	0	0	0	0	0	0
	几种话混用	0	4.7	0	4.7	0	4.7	0	4.7	0	4.7

（2）磨憨口岸跨境哈尼族公众交际领域语言使用情况

如表2-62所示，磨憨口岸各年龄段跨境哈尼族调查对象，在公众交际领域中的语言使用情况也基本一致。在见面打招呼、聊天、生产劳动、买卖、看病等交际场景中，如果交际对象是本民族人员，则母语是其首选语言；如果交际对象非本民族人员，具备对方民族语言听说能力的就会选用对方民族语言进行交际，否则就选择和使用本地汉语方言。但是，在看病这一交际场景中，各年龄段的跨境哈尼族均有调查对象选择本地汉语方言与本民族人员进行交流；在买卖的交际场景中，也有少数调查对象会使用本地汉语方言与本民族人员进行交流；20～39岁、60岁及以上的调查对象在各类交际场景中也都有少数的调查对象会选择使用本地汉语方言与本民族人员交际。在公众交际领域，磨憨口岸各年龄段跨境哈尼族调查对象有时还会出现本民族语言、汉语或其他少数民族语言混用的现象，其中以40～59岁、60岁及以上的调查对象居多。至于普通话，仅有少数6～19岁、20～39岁年龄段的跨境哈尼族调查对象会在看病的过程中使用到，其余交际场景基本不使用。

表2-62 磨憨口岸各年龄段跨境哈尼族公众交际领域语言使用情况（单位：%）

年龄	语言	见面打招呼		聊天		生产劳动		买卖		看病	
		A	B	A	B	A	B	A	B	A	B
6～19岁	哈尼语	100.0	0	100.0	0	100.0	0	97.3	0	42.8	0

续表

年龄	语言	见面打招呼		聊天		生产劳动		买卖		看病	
		A	B	A	B	A	B	A	B	A	B
6～19 岁	本地汉语方言	0	97.3	0	97.3	0	97.3	2.7	97.3	54.3	97.1
	普通话	0	0	0	0	0	0	0	0	2.9	2.9
	几种话混用	0	2.7	0	2.7	0	2.7	0	2.7	0	0
20～39 岁	哈尼语	99.0	0	99.0	0	99.0	0	97.0	2.0	44.4	0
	本地汉语方言	1.0	99.0	1.0	99.0	1.0	99.0	3.0	97.0	54.5	98.0
	普通话	0	0	0	0	0	0	0	0	1.1	0
	几种话混用	0	1.0	0	1.0	0	1.0	0	1.0	0	2.0
40～59 岁	哈尼语	98.4	0	98.4	0	98.4	0	98.4	1.6	53.1	3.2
	本地汉语方言	0	96.8	0	96.8	0	96.8	0	95.3	45.3	92.0
	普通话	0	0	0	0	0	0	0	0	0	0
	几种话混用	1.6	3.2	1.6	3.2	1.6	3.2	1.6	3.1	1.6	4.8
60 岁及以上	哈尼语	94.0	9.7	94.0	9.7	94.0	9.7	94.0	9.7	57.6	9.7
	本地汉语方言	3.0	83.9	3.0	83.9	3.0	83.9	3.0	83.9	39.4	83.9
	普通话	0	0	0	0	0	0	0	0	0	0
	几种话混用	3.0	6.4	3.0	6.4	3.0	6.4	3.0	6.4	3.0	6.4

（3）磨憨口岸跨境苗族公众交际领域语言使用情况

如表 2-63 所示，磨憨口岸各年龄段跨境苗族调查对象，在公众交际领域的各类交际场景中，如果交际对象是本民族人员，则母语是跨境苗族调查对象首选的语言；如果交际对象非本民族人员，则会根据自己是否掌握该民族语言的听说能力，来决定是使用对方的民族语言还是使用本地汉语方言。与磨憨口岸跨境傣族、哈尼族调查对象相似，跨境苗族中有 6～19 岁、20～39 岁、40～59 岁年龄段的调查对象，在看病这一交际场景中会选择本地汉语方言与本民族人员进行交流；除 60 岁及以上年龄段的调查对象外，其余各年龄段跨境苗族调查对象在公众交际领域中，也会在与非本民族人员交流时出现几种话混用的现象。普通话主要是在 6～19 岁年龄段的跨境苗族调查对象中有所使用，且多用于与非本民族人员交流；少数 20～39 岁、40～59 岁的跨境苗族调查对象会在看病这一交际场景中使用到普通话。

表 2-63　磨憨口岸各年龄段跨境苗族公众交际领域语言使用情况（单位：%）

年龄	语言	见面打招呼		聊天		生产劳动		买卖		看病	
		A	B	A	B	A	B	A	B	A	B
6～19 岁	苗语	100.0	0	95.5	0	100.0	0	95.5	0	77.4	0
	本地汉语方言	0	47.6	4.5	47.6	0	55.6	4.5	47.6	4.5	57.1
	普通话	0	38.2	0	38.2	0	27.8	0	38.2	13.6	38.2
	几种话混用	0	14.2	0	14.2	0	16.6	0	14.2	4.5	4.7
20～39 岁	苗语	100.0	0	100.0	0	100.0	0	100.0	0	74.4	0
	本地汉语方言	0	85.0	0	85.0	0	85.0	0	85.0	15.4	89.7
	普通话	0	0	0	0	0	0	0	0	5.1	0
	几种话混用	0	15.0	0	15.0	0	15.0	0	15.0	5.1	10.3
40～59 岁	苗语	100.0	0	100.0	0	100.0	0	100.0	0	65.2	0
	本地汉语方言	0	90.9	0	90.9	0	90.9	0	90.9	30.4	90.9
	普通话	0	0	0	0	0	0	0	0	4.4	0
	几种话混用	0	9.1	0	9.1	0	9.1	0	9.1	0	9.1
60 岁及以上	苗语	100.0	0	100.0	0	100.0	0	100.0	0	100.0	0
	本地汉语方言	0	100.0	0	100.0	0	100.0	0	100.0	0	100.0
	普通话	0	0	0	0	0	0	0	0	0	0
	几种话混用	0	0	0	0	0	0	0	0	0	0

（4）磨憨口岸跨境瑶族公众交际领域语言使用情况

如表 2-64 所示，磨憨口岸 6～19 岁、20～39 岁、40～59 岁的跨境瑶族调查对象，在公众交际领域的具体交际场景中的语言使用情况大体是一致的：如果交际对象是本民族人员，那么调查对象会首先选择母语与其进行交际；如果交际对象是非本民族人员，调查对象则会根据自己所掌握的语言及其能力水平，或选择对方的民族语言进行交流，或选择本地汉语方言进行交流；在看病这一交际场景中，磨憨口岸各年龄段的跨境瑶族调查对象也会选择本地汉语方言与本民族交际对象进行交流。在公众交际领域，跨境瑶族 6～19 岁、20～39 岁、40～59 岁的调查对象在交际过程中，有时还会出现本民族语言和汉语或与其他少数民族语言混用的现象，但 20～39 岁、40～59 岁的调查对象主要是出现在同非本民族人员的交流中，而 6～19 岁的调查对象则同时出现于本民族人员、非本民族人员的交流

（看病场景除外）中，只不过同非本民族人员交流时使用本地汉语方言的占比要更高一些。普通话只是在少数 6～19 岁年龄段的跨境瑶族调查对象中有所使用，且多用于与非本民族人员交流（看病场景除外）。

表 2-64　磨憨口岸各年龄段跨境瑶族公众交际领域语言使用情况（单位：%）

年龄	语言	见面打招呼		聊天		生产劳动		买卖		看病	
		A	B	A	B	A	B	A	B	A	B
6～19 岁	瑶语	88.9	0	88.9	0	88.9	0	77.8	0	55.6	0
	本地汉语方言	0	66.7	0	66.7	0	77.8	11.1	77.8	22.2	77.8
	普通话	0	11.1	0	11.1	0	11.1	0	11.1	22.2	22.2
	几种话混用	11.1	22.2	11.1	22.2	11.1	11.1	11.1	11.1	0	0
20～39 岁	瑶语	100.0	0	100.0	0	100.0	0	100.0	0	52.9	0
	本地汉语方言	0	94.1	0	94.1	0	94.1	0	94.1	47.1	94.1
	普通话	0	0	0	0	0	0	0	0	0	0
	几种话混用	0	5.9	0	5.9	0	5.9	0	5.9	0	5.9
40～59 岁	瑶语	100.0	0	100.0	0	100.0	0	100.0	0	62.5	0
	本地汉语方言	0	81.3	0	87.5	0	87.5	0	87.5	37.5	93.7
	普通话	0	0	0	0	0	0	0	0	0	0
	几种话混用	0	18.7	0	12.5	0	12.5	0	12.5	0	6.3

注：根据现场调查及访谈，磨憨口岸 60 岁及以上跨境瑶族调查对象因受文化水平、汉语水平限制，对公众交际领域语言使用情况不能做出准确区分，选择放弃回答，故本表无该年龄段调查数据。

2. 磨憨口岸跨境少数民族官方工作领域语言使用情况

（1）磨憨口岸跨境傣族官方工作领域语言使用情况

如表 2-65 所示，磨憨口岸各年龄段跨境傣族调查对象在行政事务、会议主持、传达上级指示和讨论、发言等官方工作领域中，与本民族人员交流时，主要使用母语，尤其是年纪大的跨境傣族调查对象；与非本民族人员交流时，大多数跨境傣族调查对象主要使用本地汉语方言；在面向本民族人员办理行政事务、传达上级指示时，调查对象使用本地汉语方言的频率也有所增加，尤其是 60 岁及以上跨境傣族调查对象表现得比较明显。普通话的使用范围、使用频率，还是比较小、比较低，且主要体现在传达上级指示这一交际场景中。与此同时，磨憨口岸各年龄段跨境傣族调查对象在传达上级指示这一交际场景中，几种话混用的现象比较突出。本书作者在调查访谈时得知，这与会议主持在使用普通话或本地汉语方言宣读上级指示后，还需要使用本民族语言向群众进行解释说明有关。

表 2-65 磨憨口岸各年龄段跨境傣族官方工作领域语言使用情况（单位：%）

年龄	语言	行政事务		会议主持		传达上级指示		讨论、发言	
		A	B	A	B	A	B	A	B
6～19 岁	傣语	60.7	0	58.1	0	41.9	0	61.3	0
	本地汉语方言	32.1	96.6	22.6	90.3	22.6	77.4	25.8	96.8
	普通话	0	0	6.5	6.5	9.7	9.7	3.2	3.2
	几种话混用	7.2	3.4	12.8	3.2	25.8	12.9	9.7	0
20～39 岁	傣语	67.6	0	98.6	0	25.4	0	95.8	0
	本地汉语方言	31.0	95.8	1.4	98.6	36.6	73.3	4.2	100.0
	普通话	0	0	0	0	4.2	4.2	0	0
	几种话混用	1.4	4.2	0	1.4	33.8	22.5	0	0
40～59 岁	傣语	80.4	1.9	96.2	1.9	22.6	1.9	96.2	1.9
	本地汉语方言	19.6	98.1	1.9	98.1	34.0	71.7	3.8	98.1
	普通话	0	0	0	0	3.8	3.8	0	0
	几种话混用	0	0	1.9	0	39.6	22.6	0	0
60 岁及以上	傣语	67.7	0	95.7	0	21.7	0	91.3	0
	本地汉语方言	32.3	100.0	0	100.0	47.9	87.0	8.7	100.0
	普通话	0	0	0	0	4.3	4.3	0	0
	几种话混用	0	0	4.3	0	26.1	8.7	0	0

（2）磨憨口岸跨境哈尼族官方工作领域语言使用情况

如表 2-66 所示，磨憨口岸各年龄段跨境哈尼族调查对象在行政事务、会议主持、传达上级指示和讨论、发言等官方工作领域中，能够根据交际对象所属民族，灵活选择、主动使用对方能够听懂也会说的语言。哈尼语多用于跟哈尼族交际对象交流，本地汉语方言多用于跟非哈尼族交际对象交流，但本地汉语方言在行政事务、传达上级指示的交际场景中，也会出现在跨境哈尼族调查对象与本民族人员之间的交流中。与磨憨口岸跨境傣族调查对象相似，跨境哈尼族调查对象在向本民族人员传达上级指示时，几种话混用的现象比也较明显。

表 2-66　磨憨口岸各年龄段跨境哈尼族官方工作领域语言使用情况（单位：%）

年龄	语言	行政事务		会议主持		传达上级指示		讨论、发言	
		A	B	A	B	A	B	A	B
6～19 岁	哈尼语	63.0	0	73.0	0	35.2	0	70.3	0
	本地汉语方言	33.3	92.8	2.7	75.7	18.9	67.6	2.7	75.7
	普通话	3.7	3.6	24.3	24.3	24.3	24.3	24.3	24.3
	几种话混用	0	3.6	0	0	21.6	8.1	2.7	0
20～39 岁	哈尼语	58.6	0	99.0	0	37.4	0	99.0	0
	本地汉语方言	40.4	97.0	0	99.0	25.2	80.8	0	99.0
	普通话	1.0	1.0	1.0	1.0	1.0	1.0	1.0	1.0
	几种话混用	0	2.0	0	0	36.4	18.2	0	0
40～59 岁	哈尼语	75.7	0	98.4	0	50.0	0	98.4	0
	本地汉语方言	22.6	96.8	1.6	100.0	17.2	87.5	0	100.0
	普通话	0	0	0	0	0	0	0	0
	几种话混用	1.7	3.2	0	0	32.8	12.5	1.6	0
60 岁及以上	哈尼语	81.8	0	94.0	9.1	48.5	6.1	97.0	6.1
	本地汉语方言	15.2	92.8	3.0	84.8	9.1	69.7	3.0	90.9
	普通话	0	0	0	0	0	0	0	0
	几种话混用	3.0	7.2	3.0	6.1	42.4	24.2	0	3.0

（3）磨憨口岸跨境苗族官方工作领域语言使用情况

如表 2-67 所示，磨憨口岸各年龄段跨境苗族调查对象在行政事务、会议主持、传达上级指示和讨论、发言等官方工作领域中，与本民族人员交流，母语是首选语言，与非本民族人员交流，本地汉语方言是主要的交际工具，同时还不同程度地存在着几种话混用的现象。除 60 岁及以上年龄段的跨境苗族调查对象外，其余年龄段调查对象还出现了在官方工作领域中与本民族人员交流时使用本地汉语方言的情况。普通话的语用主体主要分布在 6～19 岁、20～39 岁的跨境苗族调查对象中，尤其是 6～19 岁的调查对象中。

表 2-67　磨憨口岸各年龄段跨境苗族官方工作领域语言使用情况（单位：%）

年龄	语言	行政事务		会议主持		传达上级指示		讨论、发言	
		A	B	A	B	A	B	A	B
6～19 岁	苗语	76.4	0	65.0	0	25.0	0	70.0	0
	本地汉语方言	11.8	62.5	15.0	84.3	50.0	73.7	5.0	73.7
	普通话	11.8	37.5	10.0	10.5	15.0	21.1	15.0	21.1
	几种话混用	0	0	10.0	5.2	10.0	5.2	10.0	5.2
20～39 岁	苗语	73.0	0	92.3	0	17.9	0	94.8	0
	本地汉语方言	18.9	89.5	5.1	95.0	64.1	94.9	2.6	94.9
	普通话	5.4	2.6	0	0	2.6	0	0	0
	几种话混用	2.7	7.9	2.6	5.0	15.4	5.1	2.6	5.1
40～59 岁	苗语	59.1	0	95.6	0	30.4	0	95.6	0
	本地汉语方言	40.9	95.2	0	100.0	34.8	100.0	0	100.0
	普通话	0	0	0	0	0	0	0	0
	几种话混用	0	4.8	4.4	0	34.8	0	4.4	0
60 岁及以上	苗语	100.0	0	66.7	0	66.7	0	66.7	0
	本地汉语方言	0	100.0	0	66.7	0	66.7	0	100.0
	普通话	0	0	0	0	0	0	0	0
	几种话混用	0	0	33.3	33.3	33.3	33.3	33.3	0

（4）磨憨口岸跨境瑶族官方工作领域语言使用情况

如表 2-68 所示，磨憨口岸各年龄段跨境瑶族调查对象在官方工作的各交际场景中，同样也是会根据交际对象所属民族来选择本人所使用的语言：与本民族人员使用母语交流，与非本民族人员多使用本地汉语方言交流。本地汉语方言，在磨憨口岸各年龄段跨境瑶族调查对象与本民族人员交流时均有所使用，尤其是在年轻的调查对象中。当地各年龄段跨境瑶族调查对象在官方工作领域中混用几种话的现象不是非常突出。普通话的使用仅出现在 6～19 岁的跨境瑶族调查对象当中，多用于调查对象跟非本民族人员交流。

表 2-68　磨憨口岸各年龄段跨境瑶族官方工作领域语言使用情况（单位：%）

年龄	语言	行政事务		会议主持		传达上级指示		讨论、发言	
		A	B	A	B	A	B	A	B
6～19 岁	瑶语	62.5	0	62.5	0	25.0	0	62.5	0
	本地汉语方言	25.0	75.0	25.0	75.0	50.0	75.0	25.0	75.0
	普通话	12.5	25.0	12.5	25.0	12.5	25.0	12.5	25.0
	几种话混用	0	0	0	0	12.5	0	0	0
20～39 岁	瑶语	58.8	0	81.3	0	25.0	0	81.3	0
	本地汉语方言	41.2	100.0	18.7	100.0	75.0	100.0	18.7	100.0
	普通话	0	0	0	0	0	0	0	0
	几种话混用	0	0	0	0	0	0	0	0
40～59 岁	瑶语	56.3	0	87.5	0	50.0	0	93.7	0
	本地汉语方言	43.7	93.7	12.5	100.0	43.7	100.0	6.3	100.0
	普通话	0	0	0	0	0	0	0	0
	几种话混用	0	6.3	0	0	6.3	0	0	0
60 岁及以上	瑶语	50.0	0	100.0	0	50.0	0	100.0	0
	本地汉语方言	50.0	100.0	0	100.0	50.0	100.0	0	100.0
	普通话	0	0	0	0	0	0	0	0
	几种话混用	0	0	0	0	0	0	0	0

3. 磨憨口岸跨境少数民族文化教育领域语言使用情况

（1）磨憨口岸跨境傣族文化教育领域语言使用情况

如表 2-69 所示，在文化教育领域中，磨憨口岸各年龄段跨境傣族调查对象的语言使用情况具有一定的规律性。学校用语方面，普通话主要是 6～19 岁、20～39 岁年龄段跨境傣族调查对象的课堂用语，年龄越大的跨境傣族调查对象，其课堂用语选择本地汉语方言的所占比例就越高，由此可见普通话在当地跨境傣族调查对象中的传播影响力是随着时代的变迁而不断增强的；普通话在课外用语中的使用频率低于课堂用语；年纪越小的调查对象越容易出现学校用语中几种话混用的现象。关于民族节庆、婚嫁丧葬等交际场景中的用语，跨境傣族调查对象一般是根据交际对象所属民族来确定自己所使用的语言，如果交际对象是本民族人员，则使用母语，如果交际对象不是本民族人员，则多用本地汉语方言，年纪较轻的调查对象还会出现几种话混用的现象；普通话基本不使用。

表 2-69 磨憨口岸各年龄段跨境傣族文化教育领域语言使用情况（单位：%）

年龄	语言	学校用语				民族节庆		婚嫁丧葬	
		课堂用语		课外用语					
		A	B	A	B	A	B	A	B
6～19 岁	傣语	3.2	0	61.3	0	100.0	0	100.0	0
	本地汉语方言	3.2	6.5	35.5	90.3	0	83.9	0	83.9
	普通话	80.7	83.9	0	3.2	0	0	0	0
	几种话混用	12.9	9.6	3.2	6.5	0	16.1	0	16.1
20～39 岁	傣语	7.3	0	76.5	0	100.0	0	91.0	0
	本地汉语方言	32.4	38.2	20.6	92.7	0	90.1	0	90.1
	普通话	50.0	50.0	0	0	0	0	0	0
	几种话混用	10.3	11.8	2.9	7.3	0	9.9	9.0	9.9
40～59 岁	傣语	7.5	0	90.0	0	100.0	1.9	100.0	1.9
	本地汉语方言	55.5	62.9	3.4	89.9	0	98.1	0	98.1
	普通话	37.0	37.1	3.3	3.4	0	0	0	0
	几种话混用	0	0	3.3	6.7	0	0	0	0
60 岁及以上	傣语	50.0	33.1	100.0	19.8	100.0	0	100.0	0
	本地汉语方言	50.0	66.9	0	80.2	0	100.0	0	100.0
	普通话	0	0	0	0	0	0	0	0
	几种话混用	0	0	0	0	0	0	0	0

（2）磨憨口岸跨境哈尼族文化教育领域语言使用情况

如表 2-70 所示，关于文化教育领域中的学校用语，磨憨口岸 6～19 岁、20～39 岁年龄段的跨境哈尼族调查对象，在课堂用语中使用普通话的频率较高，在课外用语中使用普通话的频率低于课堂用语，但高于其他交际场景。跨境哈尼族调查对象在民族节庆、婚嫁丧葬等场景中，如果交际对象是本民族人员，则母语是其首选语言；如果交际对象不是本民族人员，则本地汉语方言是其首选语言，具备对方少数民族语言听说能力的也会使用对方的民族语言。磨憨口岸跨境哈尼族调查对象在文化教育领域各交际场景中存在着程度不同的几种话混用的现象，并在学校用语中显得比较突出（60 岁及以上年龄段的除外）。

表 2-70　磨憨口岸各年龄段跨境哈尼族文化教育领域语言使用情况（单位：%）

年龄	语言	学校用语				民族节庆		婚嫁丧葬	
		课堂用语		课外用语					
		A	B	A	B	A	B	A	B
6～19 岁	哈尼语	10.8	0	75.7	0	97.3	0	97.3	0
	本地汉语方言	8.1	21.6	10.8	78.4	0	94.6	0	94.6
	普通话	67.6	67.6	8.1	13.5	2.7	2.7	2.7	2.7
	几种话混用	13.5	10.8	5.4	8.1	0	2.7	0	2.7
20～39 岁	哈尼语	22.4	0	83.2	0	98.0	0	98.0	0
	本地汉语方言	7.9	30.4	12.4	96.7	2.0	100.0	2.0	100.0
	普通话	64.0	65.2	1.1	3.3	0	0	0	0
	几种话混用	5.7	4.4	3.3	0	0	0	0	0
40～59 岁	哈尼语	24.4	0	89.8	0	98.4	0	98.4	0
	本地汉语方言	64.7	89.1	5.1	97.4	0	98.4	0	98.4
	普通话	0	0	0	0	0	0	0	0
	几种话混用	10.9	10.9	5.1	2.6	1.6	1.6	1.6	1.6
60 岁及以上	哈尼语	0	0	67.0	0	97.0	9.7	97.0	9.7
	本地汉语方言	100.0	100.0	33.0	100.0	3.0	87.1	3.0	87.1
	普通话	0	0	0	0	0	0	0	0
	几种话混用	0	0	0	0	0	3.2	0	3.2

（3）磨憨口岸跨境苗族文化教育领域语言使用情况

如表 2-71 所示，学校用语方面，磨憨口岸各年龄段跨境苗族调查对象在课堂用语中使用普通话的频率高于课外用语，普通话使用频率最高的是 6～19 岁、20～39 岁年龄段的调查对象；40～59 岁、60 岁及以上的跨境苗族调查对象因受文化教育水平限制，存在着使用本民族语言、本地汉语方言的情况；几种话混用的现象，在各年龄段跨境苗族调查对象中均有所表现，只不过 6～19 岁调查对象的表现范围相对要更广一些。关于民族节庆、婚嫁丧葬等交际场景中的语言使用情况，如果交际对象是本民族人员，则调查对象多用本民族语言，如果交际对象不是本民族人员，则调查对象多用本地汉语方言，如果交际对象是外地人，6～19 岁的调查对象还会选择使用普通话；除 60 岁以上的跨境苗族调查对象外，其余年龄段调查对象还会在同非本民族人员交流时出现几种话混用的现象。

表 2-71 磨憨口岸各年龄段跨境苗族文化教育领域语言使用情况（单位：%）

年龄	语言	学校用语				民族节庆		婚嫁丧葬	
		课堂用语		课外用语					
		A	B	A	B	A	B	A	B
6～19 岁	苗语	5.0	0	76.2	0	95.5	0	100.0	0
	本地汉语方言	10.0	19.1	9.5	57.1	4.5	47.6	0	47.6
	普通话	70.0	66.7	9.5	38.2	0	38.1	0	38.1
	几种话混用	15.0	14.2	4.8	4.7	0	14.3	0	14.3
20～39 岁	苗语	3.8	0	69.2	0	100.0	0	100.0	0
	本地汉语方言	3.8	11.1	7.7	63.0	0	87.5	0	90.0
	普通话	84.6	88.9	15.4	26.0	0	0	0	0
	几种话混用	7.8	0	7.7	11.0	0	12.5	0	10.0
40～59 岁	苗语	14.4	0	66.6	0	100.0	0	100.0	0
	本地汉语方言	28.4	16.8	16.7	100.0	0	95.4	0	95.4
	普通话	57.2	83.2	0	0	0	0	0	0
	几种话混用	0	0	16.7	0	0	4.6	0	4.6
60 岁及以上	苗语	0	0	0	0	100.0	0	100.0	0
	本地汉语方言	0	100.0	0	100.0	0	100.0	0	100.0
	普通话	0	0	0	0	0	0	0	0
	几种话混用	100.0	0	100.0	0	0	0	0	0

（4）磨憨口岸跨境瑶族文化教育领域语言使用情况

如表 2-72 所示，在文化教育领域中，磨憨口岸 6～19 岁、20～39 岁、40～59 岁跨境瑶族调查对象的课堂用语使用普通话的占比较高，课外用语主要是使用本地汉语方言，存在几种话混用的现象（除 20～39 岁年龄段调查对象外）。在民族节庆、婚嫁丧葬等交际场景中，磨憨口岸 6～19 岁、20～39 岁、40～59 岁跨境瑶族调查对象同样也存在根据交际对象区分使用不同语言的现象，但就总体情况而言，仍然是瑶语、本地汉语方言的使用频率比较高，普通话一般用于 6～19 岁跨境瑶族调查对象同非本民族人员交际的过程中。

表 2-72　磨憨口岸各年龄段跨境瑶族文化教育领域语言使用情况（单位：%）

年龄	语言	学校用语				民族节庆		婚嫁丧葬	
		课堂用语		课外用语					
		A	B	A	B	A	B	A	B
6～19 岁	瑶语	11.1	0	55.6	0	88.9	0	88.9	0
	本地汉语方言	0	11.1	33.3	66.7	0	77.8	0	77.8
	普通话	77.8	88.9	0	22.2	0	11.1	0	11.1
	几种话混用	11.1	0	11.1	11.1	11.1	11.1	11.1	11.1
20～39 岁	瑶语	0	0	74.9	0	100.0	0	100.0	0
	本地汉语方言	27.2	18.2	16.7	91.6	0	100.0	0	100.0
	普通话	72.8	81.8	8.4	8.4	0	0	0	0
	几种话混用	0	0	0	0	0	0	0	0
40～59 岁	瑶语	20.0	0	90.0	0	93.8	0	87.5	0
	本地汉语方言	0	10.1	10.0	90.0	0	100.0	6.2	100.0
	普通话	80.0	79.9	0	0	0	0	0	0
	几种话混用	0	10.0	0	10.0	6.2	0	6.3	0

注：根据现场调查及访谈，磨憨口岸 60 岁及以上跨境瑶族调查对象因受文化水平、汉语水平限制，对文化教育领域语言使用情况不能做出准确区分，选择放弃回答，故本表无该年龄段调查数据。

（二）磨憨口岸跨境少数民族的文字和汉语拼音使用情况

1. 磨憨口岸跨境少数民族的文字使用情况

文字是记录语言的符号系统，其主要功能是辅助语言传递信息。但文字的功能能否得以实现，主要取决于语用主体的语用需求及文字读写能力。

在磨憨口岸，大部分跨境少数民族主要从事农业生产，有很多跨境少数民族调查对象没有或很少接受过正规的学校教育，其国家通用文字（即规范汉字）的读写能力基本上与学历水平呈正相关；具有文字的跨境少数民族调查对象，对本民族文字的掌握和使用情况也都不太理想。

具体而言：磨憨口岸 6～19 岁年龄段的跨境少数民族调查对象，大部分都是学生，具备一定的规范汉字的读写能力，在学校学习、日常书写、写本人姓名等时，规范汉字的使用频率较高。20～39 岁年龄段的跨境少数民族调查对象，规范汉字主要用于写手机短信、写本人姓名，有的时候是辅导孩子作业时才会使用到，规范汉字的使用频率不高。40～59 岁、60 岁及以上年龄段的跨境少数民族调查对象，大多没有接受过学校正规教育或只有小学学历，规范汉字的读写能力比较弱，日常生活中使用规范汉字的机会也不多，因此他们的规范汉字使用频率并不高。值得注意的是，能看懂并会写本民族文字的，多为 40～59 岁、60 岁及以上年龄段的跨境少数民族调查对象，部分调查对象偶尔还会阅读使用本地少数民族文字排印的报刊或书籍。调查数据显示，在磨憨口岸跨境傣族调查对象中，经常阅读少数民族文字印刷的报刊或书籍的调查对象占 24.7%，有时阅读的占 43.8%，偶尔阅读的占 31.5%。磨憨口岸各年龄段跨境少数民族调查对象的繁体字使用频率都不高，具备繁体字读写能力的跨境少数民族调查对象很少。

2. 磨憨口岸跨境少数民族的汉语拼音使用情况

与文字使用情况相似，磨憨口岸跨境少数民族的汉语拼音读写能力也与学历水平呈正相关，汉语拼音的使用情况不太理想。

具体而言：磨憨口岸 6～19 岁年龄段的跨境少数民族调查对象，大部分是学生，在学校学习、日常书写、写本人姓名时，经常会使用到汉语拼音，使用频率较高。20～39 岁年龄段的跨境少数民族调查对象，汉语拼音主要是用于写手机短信，或是辅导孩子完成作业，使用频率不是很高。40～59 岁、60 岁及以上这两个年龄段的跨境少数民族调查对象，大多没有接受过学校教育或只是小学学历，基本不具备汉语拼音的读写能力，而且在日常生活中，使用汉语拼音的机会也不多，因此他们使用汉语拼音的频率不高。

就整体情况而言，磨憨口岸跨境少数民族调查对象，不管是在公众交际领域、官方工作领域中，还是在文化教育领域中，规范汉字的使用频率相对都比较高。而在少数民族文字中，傣文的使用频率是最高的，在磨憨口岸也随处可见使用规范汉字、傣文制作的路牌、指示牌、广告牌等，这与西双版纳傣族自治州的人口与民族具有一定的关系：“2020 年末，全州户籍总人口 101.35 万人，其中少数民族人口 79.02 万人，占户籍总人口的 78.0%。傣族有 33.47 万人，占户籍总人口的

33.0%。哈尼族有 21.07 万人，占户籍总人口的 20.8%。”[①]

三、磨憨口岸跨境少数民族的语言文字学习（习得）情况

语言文字学习（习得），主要包括语用主体获得语言文字能力的途径和方式。本部分主要是从磨憨口岸跨境少数民族学习（习得）语言文字的目的、途径、难易程度及原因，以及对本人语言文字水平的期望等方面，对其语言文字学习（习得）情况进行了调查。

（一）磨憨口岸跨境少数民族学习（习得）语言文字的目的

1. 磨憨口岸跨境傣族学习（习得）语言文字的目的

如表 2-73 所示，磨憨口岸跨境傣族调查对象学习（习得）语言文字的目的，基本都是为了同使用该语言文字的民族交往，这一现象在少数民族语言、本地汉语方言、英语及英文、普通话及规范汉字的学习（习得）中体现得尤为明显。跨境傣族调查对象学习（习得）其他少数民族语言的目的，100%是为了同该民族交往；学习（习得）普通话及规范汉字的目的，除了最主要是为了同汉民族交往之外，学校规定和要求、升学、个人兴趣爱好、工作岗位需要、找工作等也占有一定的比例，学习（习得）的内外部动机兼有。跨境傣族学习（习得）汉语拼音的目的，则主要是出于学校的规定和要求。

表 2-73　磨憨口岸跨境傣族学习（习得）语言文字的目的（单位：%）

目的	傣语及傣文	哈尼语	苗语	瑶语	普通话及规范汉字	本地汉语方言	汉语拼音	英语及英文
找工作	2.0	0	0	0	8.2	5.9	0	0
工作岗位需要	2.0	0	0	0	9.0	5.4	4.0	0
升学	0	0	0	0	9.9	3.0	4.0	0
为了同该民族交往	89.4	100.0	100.0	100.0	40.9	70.9	0	57.5
个人兴趣爱好	3.1	0	0	0	9.9	4.9	8.0	0
学校规定和要求	0	0	0	0	13.0	2.0	80.0	42.5
了解其他民族文化	2.5	0	0	0	5.9	2.5	4.0	0
别人学自己也跟着学	1.0	0	0	0	3.2	5.4	0	0

① 西双版纳傣族自治州人民政府. 西双版纳州概况. http://www.xsbn.gov.cn/88.news.detail.dhtml?news_id=34206. 2021-08-02.

2. 磨憨口岸跨境哈尼族学习（习得）语言文字的目的

如表 2-74 所示，磨憨口岸跨境哈尼族调查对象学习（习得）傣语及傣文、哈尼语、普通话及规范汉字、本地汉语方言、英语及英文的目的，主要是为了同使用该语言文字的民族交往。跨境哈尼族调查对象学习（习得）普通话及规范汉字的目的，除为了同该民族交往外，学校规定和要求、找工作、升学所占的比例也相对较高，其余目的也都有一定的占比，这说明学习（习得）动机类型较为多样化。本地汉语方言的学习（习得）目的，除为了同该民族交往外，找工作也占有一定的比例。跨境哈尼族调查对象学习（习得）汉语拼音的目的，主要是学校规定和要求、个人兴趣爱好、工作岗位需要、升学，兼有学习（习得）的内外部动机。跨境哈尼族调查对象学习（习得）英语及英文的目的，主要是为了同该民族交往、升学及学校规定和要求。

表 2-74　磨憨口岸跨境哈尼族学习（习得）语言文字的目的（单位：%）

目的	傣语及傣文	哈尼语	普通话及规范汉字	本地汉语方言	汉语拼音	英语及英文
找工作	0	0	9.3	7.0	0	6.8
工作岗位需要	0	1.2	7.1	4.4	15.1	4.5
升学	0	0	9.0	0	10.4	22.7
为了同该民族交往	93.0	90.2	46.3	77.7	4.7	43.2
个人兴趣爱好	0	1.5	6.0	4.8	19.8	0
学校规定和要求	3.5	0	11.0	1.1	50.0	20.5
了解其他民族文化	0	5.9	4.2	3.2	0	2.3
别人学自己也跟着学	3.5	1.2	7.1	1.8	0	0

注：根据现场调查及访谈，磨憨口岸跨境哈尼族调查对象因无学习（习得）苗语、瑶语的意愿，对本调查选择放弃回答，故本表无苗语、瑶语的学习（习得）目的数据。

3. 磨憨口岸跨境苗族学习（习得）语言文字的目的

如表 2-75 所示，磨憨口岸跨境苗族调查对象学习（习得）语言文字的目的，最主要的也是为了同该民族交往。跨境苗族调查对象学习（习得）其他少数民族语言的目的，主要是为了同该民族交往。跨境苗族调查对象学习（习得）普通话及规范汉字的目的，除为了同该民族交往外，还有学校规定和要求，个人兴趣爱好、升学、工作岗位需要也占有一定的比例。跨境苗族调查对象学习（习得）本地汉语方言的目的，除为了同该民族交往外，还有工作岗位需要等。跨境苗族调查对象学习（习得）汉语拼音的目的，则主要是学校规定和要求。跨境苗族调查对象学习（习得）英语及英文的目的，则较为多样化。

表 2-75　磨憨口岸跨境苗族学习（习得）语言文字的目的（单位：%）

目的	傣语及傣文	哈尼语	苗语	瑶语	普通话及规范汉字	本地汉语方言	汉语拼音	英语及英文
找工作	8.6	0	0	0	5.4	4.0	4.3	12.4
工作岗位需要	4.3	0	2.9	0	7.6	8.1	4.3	12.4
升学	0	0	0	0	7.6	0	8.7	6.2
为了同该民族交往	78.5	100.0	86.3	100.0	39.8	77.4	13.0	31.7
个人兴趣爱好	4.3	0	5.0	0	10.7	2.6	4.3	12.4
学校规定和要求	0	0	0	0	23.6	5.3	56.7	18.7
了解其他民族文化	4.3	0	3.9	0	1.1	1.3	8.7	0
别人学自己也跟着学	0	0	1.9	0	4.2	1.3	0	6.2

4. 磨憨口岸跨境瑶族学习（习得）语言文字的目的

如表 2-76 所示，磨憨口岸跨境瑶族调查对象学习（习得）少数民族语言文字，占比最高的目的都是为了同使用该语言文字的民族交往，了解其民族文化、个人兴趣爱好等也有一定的占比。跨境瑶族调查对象学习（习得）普通话及规范汉字的目的，除了同该民族交往外，占比较高的还有学校规定和要求、工作岗位需要、了解其他民族文化等。跨境瑶族学习（习得）本地汉语方言的目的，除了同汉民族交往外，还有了解其民族文化、别人学自己也跟着学等目的。跨境瑶族学习（习得）汉语拼音的目的，主要是学校规定和要求、升学。跨境瑶族学习（习得）英语及英文的目的，主要是学校规定和要求、升学、为了同该民族交往。

表 2-76　磨憨口岸跨境瑶族学习（习得）语言文字的目的（单位：%）

目的	傣语及傣文	哈尼语	苗语	瑶语	普通话及规范汉字	本地汉语方言	汉语拼音	英语及英文
找工作	0	0	0	0	7.5	1.6	3.7	0
工作岗位需要	3.3	0	0	0	14.0	6.5	7.4	11.8
升学	0	0	0	0	10.7	6.5	18.5	23.5

续表

目的	傣语及傣文	哈尼语	苗语	瑶语	普通话及规范汉字	本地汉语方言	汉语拼音	英语及英文
为了同该民族交往	70.9	80.0	100.0	83.3	25.8	69.4	3.7	17.7
个人兴趣爱好	9.6	0	0	9.3	6.4	0	3.7	0
学校规定和要求	0	0	0	0	17.2	0	51.9	29.4
了解其他民族文化	12.9	20.0	0	7.4	12.0	8.0	3.7	5.9
别人学自己也跟着学	3.3	0	0	0	6.4	8.0	7.4	11.7

（二）磨憨口岸跨境少数民族学习（习得）语言文字的途径

1. 磨憨口岸跨境少数民族学习（习得）语言的途径

如表 2-77 所示，磨憨口岸跨境少数民族调查对象学习（习得）语言的途径具有很强的一致性和规律性。一般而言，母语的学习（习得）途径主要是家人；其他少数民族语言的学习（习得）途径多为同学朋友或自学；本地汉语方言的学习（习得）途径主要是同学朋友和自学，学校也占有一定的比例；普通话的学习（习得）途径主要是学校和大众传媒，自学也占有一定的比例，主要表现为跨境少数民族调查对象在与外地人员交流时，逐步掌握了普通话的听说能力，例如，磨憨口岸的南嘎村有很多饭店，而到饭店就餐的外地人员多使用普通话，故村民们就在跟这些外地人员交流的过程中，开始学习（习得）普通话。磨憨口岸跨境少数民族调查对象中，基本没有通过培训机构学习（习得）语言文字的情况。

表 2-77　磨憨口岸跨境少数民族学习（习得）语言的途径【多选】（单位：%）

民族	途径	傣语	哈尼语	苗语	瑶语	本地汉语方言	普通话	英语
傣族	学校	0.6	0	0	0	22.3	53.1	15.6
	培训机构	0.6	0	0	0	0.6	0.6	0.6
	大众传媒	0.6	0	0	0	0.6	54.7	0.6
	家人	99.4	0.6	0	0	1.7	2.2	0.6
	同学朋友	0.6	2.8	2.8	5.0	43.0	5.6	0.6
	宗教人士	1.7	0	0	0	0.6	0.6	0.6
	自学	0.6	0.6	0.6	1.7	53.6	16.2	0.6

续表

民族	途径	傣语	哈尼语	苗语	瑶语	本地汉语方言	普通话	英语
哈尼族	学校	0	0	0	0	22.6	56.4	17.5
	培训机构	0	0	0	0	0	0	0
	大众传媒	0	0	0	0	0	49.6	0
	家人	0.4	98.7	0	0	3.0	0.9	0
	同学朋友	6.0	0	0	0	54.7	3.8	0
	宗教人士	0	0	0	0	0	0	0
	自学	1.3	0.4	0	0	38.0	4.3	0
苗族	学校	0	0	0	0	15.6	62.2	11.1
	培训机构	0	0	0	0	0	0	0
	大众传媒	0	0	0	0	0	42.2	0
	家人	0	0	97.8	1.1	11.1	0	0
	同学朋友	8.9	2.2	0	2.2	48.9	6.7	0
	宗教人士	0	0	0	0	0	0	1.1
	自学	2.2	1.1	1.1	1.1	31.1	11.1	0
瑶族	学校	2.2	0	0	0	17.4	56.5	30.4
	培训机构	0	0	0	0	2.2	6.5	0
	大众传媒	0	0	0	0	2.2	28.3	0
	家人	4.3	2.2	2.2	97.8	13.0	2.2	0
	同学朋友	26.1	0	0	2.2	56.5	8.7	0
	宗教人士	2.2	0	0	0	0	2.2	0
	自学	30.4	2.2	0	0	45.7	13.0	0

2. 磨憨口岸跨境少数民族学习（习得）文字和汉语拼音的途径

如表 2-78 所示，磨憨口岸跨境少数民族调查对象学习（习得）文字、汉语拼音的途径具有一致性：规范汉字、汉语拼音和英文的学习（习得）途径主要是学校；新傣文、老傣文的学习（习得）途径主要是宗教人士，没有通过同学朋友学习（习得）文字和汉语拼音的跨境少数民族调查对象。

调查及访谈显示，跨境傣族调查对象学习（习得）傣文的途径，除按当地民俗男性调查对象会在寺庙生活期间通过宗教人士学习（习得）外，也有一些调查对象是通过家人或村寨人员学习（习得）的。例如，磨憨口岸的磨整村，曾经有一位老人在教本寨村民学习傣文，还有一位老人是在寺庙生活期间掌握了傣文之后，现在自己花钱买傣文教材来教孙女学习傣文。通过调查及访谈还得知，磨憨口岸的尚勇小学现在每周开设了一节傣文课。

表 2-78　磨憨口岸跨境少数民族学习（习得）文字和汉语拼音的途径【多选】（单位：%）

民族	途径	新傣文	老傣文	规范汉字	繁体字	汉语拼音	英文
傣族	学校	0	0	76.0	2.8	7.3	15.1
	培训机构	0	0	0	0	0	0
	大众传媒	0	0	0	0	0	0
	家人	1.1	0	0	0	0	0
	同学朋友	0	0	0	0	0	0
	宗教人士	2.8	3.4	0	0	0	0
	自学	0	0	0	1.7	0	0
哈尼族	学校	0	0	70.5	2.1	0	16.7
	培训机构	0	0	0	0	0	0
	大众传媒	0	0	0	0.4	0	0
	家人	0	0	0	0	0	0
	同学朋友	0	0	0	0	0	0
	宗教人士	0	0	0	0	0	0
	自学	0	0	0	0.4	0	0
苗族	学校	0	0	64.4	2.2	60.0	12.2
	培训机构	0	0	0	0	0	0
	大众传媒	0	0	0	0	0	0
	家人	0	0	0	0	0	0
	同学朋友	0	0	0	0	0	0
	宗教人士	0	0	0	0	0	0
	自学	0	0	0	0	0	0
瑶族	学校	0	0	67.4	8.7	63.0	26.1
	培训机构	0	0	0	2.2	0	0
	大众传媒	0	0	0	0	0	0

续表

民族	途径	新傣文	老傣文	规范汉字	繁体字	汉语拼音	英文
瑶族	家人	0	0	2.2	0	0	0
	同学朋友	0	0	0	0	0	0
	宗教人士	0	0	0	0	0	0
	自学	0	0	0	4.3	0	0

（三）磨憨口岸跨境少数民族学习（习得）语言文字的难易程度

1. 磨憨口岸跨境少数民族学习（习得）语言的难易程度

如表 2-79 所示，磨憨口岸跨境少数民族调查对象认为，母语的学习（习得）难度是最低的，但在学习（习得）英语、普通话、本地汉语方言和其他少数民族语言，尤其是英语时，都具有一定的难度。

表 2-79　磨憨口岸跨境少数民族学习（习得）语言的难易程度（单位：%）

民族	程度	傣语	哈尼语	苗语	瑶语	本地汉语方言	普通话	英语
傣族	非常容易	94.4	0	0	0	3.6	5.0	2.0
	容易	5.6	4.1	16.4	15.9	60.6	42.0	2.0
	一般	0	26.7	67.2	68.2	23.5	37.5	7.3
	困难	0	38.4	16.4	15.9	12.3	14.3	62.9
	非常困难	0	30.8	0	0	0	1.2	25.8
哈尼族	非常容易	1.5	98.3	—	—	9.5	4.3	0
	容易	9.5	1.3	—	—	48.9	25.9	0
	一般	20.4	0.4	—	—	23.1	39.9	13.2
	困难	43.8	0	—	—	17.6	27.0	58.5
	非常困难	24.8	0	—	—	0.9	2.9	28.3
苗族	非常容易	0	0	86.4	0	17.1	6.8	0
	容易	8.5	2.6	13.6	16.6	56.5	48.6	0
	一般	19.1	10.5	0	16.7	13.2	22.9	9.4
	困难	23.4	21.1	0	16.7	13.2	17.6	37.5
	非常困难	49.0	65.8	0	50.0	0	4.1	53.1

续表

民族	程度	傣语	哈尼语	苗语	瑶语	本地汉语方言	普通话	英语
瑶族	非常容易	9.3	0	76.0	82.0	25.6	23.1	0
	容易	43.8	4.3	14.0	15.4	58.1	23.1	3.3
	一般	31.3	34.8	8.0	2.6	7.0	23.1	13.3
	困难	9.3	26.1	2.0	0	9.3	20.5	40
	非常困难	6.3	34.8	0	0	0	10.2	43.4

注：根据现场调查及访谈，磨憨口岸跨境哈尼族调查对象因无学习（习得）苗语、瑶语的意愿，对本调查选择放弃回答，故本表无苗语、瑶语的学习（习得）难易度数据。

2. 磨憨口岸跨境少数民族学习（习得）文字和汉语拼音的难易程度

如表2-80所示，文字和汉语拼音学习（习得）的难易程度，直接影响着文字和汉语拼音学习（习得）的效果，并直接作用于文字和汉语拼音的使用频率。就磨憨口岸跨境少数民族对不同文字和汉语拼音学习（习得）难易程度的认知来看，跨境少数民族调查对象多认为：少数民族文字、英文的学习（习得）难度较高，而规范汉字的学习（习得）难度相对要容易一些，繁体字的学习（习得）难度又要比规范汉字高一些。

表2-80　磨憨口岸跨境少数民族学习（习得）文字和汉语拼音的难易程度（单位：%）

民族	程度	新傣文	老傣文	规范汉字	繁体字	汉语拼音	英文
傣族	非常容易	2.9	0	7.3	0	5.2	0
	容易	15.9	15.5	45.6	8.1	47.4	5.1
	一般	23.2	25.9	31.9	46.0	22.9	23.7
	困难	40.6	43.1	14.5	37.8	24.5	56.8
	非常困难	17.4	15.5	0.7	8.1	0	14.4
哈尼族	非常容易	0	0	9.4	0	6.2	0
	容易	0	0	28.8	0	30.1	6.1
	一般	0	0	43.6	76.9	32.2	23.3
	困难	38.8	33.8	17.6	23.1	29.4	41.1
	非常困难	61.2	66.2	0.6	0	2.1	29.5
苗族	非常容易	0	0	8.6	0	4.4	0
	容易	7.1	7.6	58.6	33.4	31.1	8.3

续表

民族	程度	新傣文	老傣文	规范汉字	繁体字	汉语拼音	英文
苗族	一般	28.4	30.8	20.8	33.3	22.2	8.3
	困难	36.1	30.8	10.3	33.3	35.6	66.7
	非常困难	28.4	30.8	1.7	0	6.7	16.7
瑶族	非常容易	0	0	17.1	0	20.5	0
	容易	0	0	37.2	9.2	32.4	4.8
	一般	7.1	7.1	11.4	45.6	23.5	33.3
	困难	14.3	14.3	28.6	18.0	11.8	28.6
	非常困难	78.6	78.6	5.7	27.2	11.8	33.3

四、磨憨口岸跨境少数民族的语言文字态度情况

语言态度是指“个人对某种语言或方言的价值评价和行为倾向”[①]。本部分主要从语言文字的认知、情感态度、意向态度等方面，对磨憨口岸跨境少数民族的语言文字态度进行调查。

（一）磨憨口岸跨境少数民族对语言重要程度的认知

语用主体在交际活动中，对某一种语言文字的选择和使用情况，表明了该语用主体对这种语言文字的价值判断，也是对该语言文字重要性的一种认同。通过对磨憨口岸各年龄段跨境傣族、哈尼族、苗族和瑶族调查对象进行语言文字重要程度、重要性排序的调查，便可获得调查对象有关语言文字的认知态度。

如表 2-81 所示，磨憨口岸跨境少数民族调查对象中，84.9%的跨境傣族调查对象认为傣语第一重要，81.6%的跨境哈尼族调查对象认为哈尼语第一重要，52.2%的跨境苗族调查对象认为苗语的重要性排名第一，52.2%的跨境瑶族调查对象则认为瑶语的重要性排名第一。这充分反映了磨憨口岸跨境少数民族对母语具有很高的认同度。另外，也有一些调查对象将普通话列为重要性排名第一的语言，而将英语视为重要性排名第一语言的跨境少数民族调查对象并不多。

① 游汝杰，邹嘉彦. 2004. 社会语言学教程. 上海：复旦大学出版社：83.

表 2-81 磨憨口岸少数民族关于语言重要性（排名第一）的认知（单位：%）

民族	傣语	哈尼语	苗语	瑶语	普通话	本地汉语方言	英语
傣族	84.9	1.7	0	0	5.0	2.8	0
哈尼族	0	81.6	0	0	4.7	2.1	0.9
苗族	0	0	52.2	0	11.1	14.4	0
瑶族	0	0	0	52.2	21.7	10.9	2.2

调查及访谈显示，磨憨口岸跨境少数民族调查对象对语言的认知态度是建立在语言交际价值的基础上的，所以大部分调查对象认为母语第一重要；有的跨境少数民族调查对象因为跟使用普通话、英语、老挝语等的交际者有接触，所以也就觉得普通话、英语、老挝语有用。例如：跨境傣族调查对象中，分别有0.6%的调查对象将泰语列为重要性排名第四的语言、将老挝语列为重要性排名第五的语言；跨境哈尼族调查对象中，则有0.4%的调查对象认为泰语是重要性排名第二的语言；跨境瑶族调查对象中，又有2.2%的调查对象将日语列为重要性排名第四的语言。又如：磨憨口岸的纳龙村有一位跨境苗族女性调查对象因嫁到山东临沂22年，便认为普通话的重要性排名第一，山东话的重要性排名第二，苗语的重要性则排名第三。磨憨口岸的纳红村有一位跨境哈尼族男性调查对象，因为在广东当过兵，所以也就认为粤语很重要。

（二）磨憨口岸跨境少数民族的语言文字情感态度

1. 磨憨口岸跨境傣族的语言文字情感态度

（1）磨憨口岸跨境傣族对语言文字的热爱程度

人们对某一种语言文字的热爱程度，会关系到该语言文字的使用频率、使用范围等，继而影响着这种语言文字的生存和发展。磨憨口岸跨境少数民族调查对象对本民族语言的热爱，体现的是对自己民族身份、民族情感的认同；对汉语的热爱，则体现的是对语言交际工具性的认同。

如表2-82所示，磨憨口岸跨境傣族调查对象对傣语、傣文持“非常热爱”态度的占绝大多数，表明了其较高的母语认同度。对本地汉语方言、普通话及规范汉字持“热爱”和“非常热爱”态度的跨境傣族调查对象，所占比例也很高。无人对各类语言文字持“非常讨厌”的情感态度。

表 2-82　磨憨口岸跨境傣族关于语言文字的热爱程度（单位：%）

程度	傣语	新傣文	老傣文	哈尼语	苗语	瑶语	普通话及规范汉字	本地汉语方言	汉语拼音	英语及英文
非常热爱	69.1	37.0	38.6	5.5	7.6	0	19.2	18.2	8.7	0
热爱	29.8	56.0	53.8	24.6	57.0	64.2	71.6	74.4	56.5	19.1
一般	1.1	7.0	7.6	68.1	27.8	35.8	9.2	7.4	31.7	74.3
讨厌	0	0	0	1.8	7.6	0	0	0	3.1	6.6
非常讨厌	0	0	0	0	0	0	0	0	0	0

（2）磨憨口岸跨境傣族对多语变单语的态度

磨憨口岸的多语现象比较普遍。不同的跨境少数民族不仅会讲自己本民族的语言，同时还兼用汉语或其他少数民族的语言。这种多语多言的语言环境，一方面有助于磨憨口岸形成丰富、和谐、多样的语言文化生活格局，另一方面也可能会出现因语言竞争所导致的多语变单语的现象，而少数民族语言的衰变或濒危则是其最为严重的直接后果。

调查及访谈显示，磨憨口岸跨境少数民族语言的生命力比较旺盛，使用情况良好。磨憨口岸跨境傣族调查对象关于“多语变单语”态度的调查显示，对此持“顺其自然”态度的占 2.2%，持“无所谓”态度的占 1.7%，持“不希望发生”态度的占 96.1%。由此不难看出，绝大多数的跨境傣族调查对象对多语变单语现象持否定态度，这对当地维持多语多言的语言生态环境是比较有利的。

2. 磨憨口岸跨境哈尼族的语言文字情感态度

（1）磨憨口岸跨境哈尼族对语言文字的热爱程度

如表 2-83 所示，磨憨口岸跨境哈尼族调查对象对哈尼语持“非常热爱”态度的占绝大多数，充分体现了调查对象对母语所持的情感态度。对本地汉语方言、普通话及规范汉字持“热爱”“非常热爱”态度的调查对象，所占比例也比较高。跨境哈尼族调查对象对其他少数民族语言及文字，基本持“一般”态度。

表 2-83　磨憨口岸跨境哈尼族关于语言文字的热爱程度（单位：%）

程度	傣语	新傣文	老傣文	哈尼语	普通话及规范汉字	本地汉语方言	汉语拼音	英语及英文
非常热爱	0	0	0	75.5	18.4	16.4	5.9	0

续表

程度	傣语	新傣文	老傣文	哈尼语	普通话及规范汉字	本地汉语方言	汉语拼音	英语及英文
热爱	19.6	7.8	7.8	22.4	56.3	66.8	39.3	17.6
一般	78.6	90.0	90.0	2.1	24.3	15.9	54.4	76.6
讨厌	1.8	2.2	2.2	0	1.0	0.9	0.4	5.8
非常讨厌	0	0	0	0	0	0	0	0

注：根据现场调查及访谈，磨憨口岸跨境哈尼族调查对象因无学习（习得）苗语、瑶语的意愿，对本调查选择放弃回答，故本表无苗语、瑶语的热爱程度数据。

（2）磨憨口岸跨境哈尼族对多语变单语的态度

磨憨口岸跨境哈尼族调查对象对“多语变单语”的态度，持“顺其自然”态度的占0.4%，持“无所谓”态度的占3.0%，持“不希望发生”态度的占96.6%。这说明，当地跨境哈尼族调查对象基本都不希望出现此现象。

3. 磨憨口岸跨境苗族的语言文字情感态度

（1）磨憨口岸跨境苗族对语言文字的热爱程度

如表2-84所示，磨憨口岸跨境苗族调查对象中，对苗语持“热爱”“非常热爱”态度的占比很高，母语的情感态度鲜明。对本地汉语方言、普通话及规范汉字，持“非常热爱”“热爱”情感态度的所占比例也都超过了80%。对其他少数民族语言及文字多持“一般”的态度。无人对各类语言文字持“非常讨厌”的态度。

表2-84 磨憨口岸跨境苗族关于语言文字的热爱程度（单位：%）

程度	傣语	新傣文	老傣文	哈尼语	苗语	瑶语	普通话及规范汉字	本地汉语方言	汉语拼音	英语及英文
非常热爱	2.7	0	0	1.4	55.1	0	24.7	21.0	6.7	1.9
热爱	28.3	24.6	24.6	20.1	39.1	66.7	61.2	67.4	56.0	32.8
一般	62.2	65.2	66.7	68.5	5.8	33.3	14.1	11.6	35.6	59.6
讨厌	6.8	10.2	8.7	10.0	0	0	0	0	1.7	5.7
非常讨厌	0	0	0	0	0	0	0	0	0	0

（2）磨憨口岸跨境苗族对多语变单语的态度

调查及访谈显示，磨憨口岸跨境苗族中，有72.6%的调查对象不希望由多语人变为单语人，对此持“顺其自然”态度的占16.0%，持“无所谓”态度的占8.0%，持“迫切希望”态度的占 3.4%。

4. **磨憨口岸跨境瑶族的语言文字情感态度**

（1）磨憨口岸跨境瑶族对语言文字的热爱程度

如表 2-85 所示，磨憨口岸跨境瑶族调查对象对母语持“热爱”“非常热爱”的态度为绝大多数，对其他少数民族语言及文字多持“一般”态度。跨境瑶族调查对象对本地汉语方言、普通话及规范汉字的热爱程度，也是比较高的。有极少数跨境瑶族调查对象表示非常讨厌英语及英文。

表 2-85　磨憨口岸跨境瑶族关于语言文字的热爱程度（单位：%）

程度	傣语	新傣文	老傣文	哈尼语	苗语	瑶语	普通话及规范汉字	本地汉语方言	汉语拼音	英语及英文
非常热爱	12.9	0	0	0	2.2	72.7	34.9	18.2	14.7	3.3
热爱	28.1	6.4	6.4	11.4	0	18.2	48.9	63.6	38.3	32.1
一般	48.7	64.5	64.5	62.8	97.8	9.1	16.2	18.2	41.1	42.0
讨厌	10.3	29.1	29.1	25.8	0	0	0	0	5.9	19.3
非常讨厌	0	0	0	0	0	0	0	0	0	3.3

（2）磨憨口岸跨境瑶族对多语变单语的态度

调查及访谈显示，磨憨口岸跨境瑶族调查对象中，关于“多语变单语”的态度，持“迫切希望”态度的占 2.2%，持“顺其自然”态度的占 13.3%，持“无所谓”态度的占 8.9%，持“不希望发生”态度的占 75.6%。这说明，绝大多数跨境瑶族调查对象都不希望由多语人变为单语人。

（三）磨憨口岸跨境少数民族的语言文字意向态度

语言文字的意向态度是指人们意识里对某种语言文字的需要，包括语言文字学习（习得）的行为倾向。语用主体的语言文字意向态度，直接关系到语言文字的发展态势。

1. **磨憨口岸跨境傣族的语言文字意向态度**

（1）磨憨口岸跨境傣族对本人语言水平的期望

语用主体对本人语言水平的期望，会影响其在语言生活中所选用的语言类型、具体语言的使用频率。如表 2-86 所示，磨憨口岸的跨境傣族调查对象，大多期望本人能够精通母语，也期望自己能够精通或使用本地汉语方言、普通话与他人进行交流。跨境傣族调查对象对本人掌握其他少数民族语言、英语的水平期望，相对要低一些。

表 2-86 磨憨口岸跨境傣族关于本人语言水平的期望（单位：%）

水平	傣语	哈尼语	苗语	瑶语	本地汉语方言	普通话	英语
非常精通	85.8	5.8	0	0	43.7	41.5	10.3
基本可以交流	14.2	17.5	57.0	64.6	40.2	32.7	17.9
可以交流一点	0	27.9	35.4	30.1	8.7	12.2	26.5
可以听得懂，不用会说	0	4.6	7.6	5.3	2.3	2.9	6.0
没有用，不需要学习	0	22.1	0	0	0	1.8	8.6
年纪大或不喜欢，不想学	0	22.1	0	0	5.1	8.9	30.7

（2）磨憨口岸跨境傣族对本人文字和汉语拼音水平的期望

如表 2-87 所示，磨憨口岸跨境傣族调查对象中，对本人规范汉字水平的期望持“非常精通”态度的，占比最高，为 53.6%，其次是汉语拼音，占比为 41.6%。有超过半数的跨境傣族调查对象期望自己的傣文能够达到中等及以上水平。同时，跨境傣族调查对象对本人的繁体字、英文的水平，也具有一定的期望。

表 2-87 磨憨口岸跨境傣族关于本人文字和汉语拼音水平的期望（单位：%）

水平	新傣文	老傣文	规范汉字	繁体字	汉语拼音	英文
非常精通	29.5	30.5	53.6	5.7	41.6	15.6
基本可以交流	22.1	20.0	26.1	32.0	28.1	20.7
可以交流一点	24.6	20.0	9.8	28.2	15.5	15.7
可以看懂，不用会写	0.9	1.0	0	16.8	0.7	14.2
没有用，不需要学习	21.3	26.6	9.8	15.3	12.7	29.8
年纪大或不喜欢，不想学	1.6	1.9	0.7	2.0	1.4	4.0

2. 磨憨口岸跨境哈尼族的语言文字意向态度

（1）磨憨口岸跨境哈尼族对本人语言水平的期望

如表 2-88 所示，磨憨口岸的跨境哈尼族调查对象基本都期望自己的母语达到非常精通的水平。跨境哈尼族调查对象中，期望本人能够达到非常精通水平且占比较高的，还有本地汉语方言、普通话。跨境哈尼族调查对象对英语、其他少数民族语言水平的期望值都不高，很多调查对象表示，自己年纪大或者自己不喜欢而不想学。

表 2-88　磨憨口岸跨境哈尼族关于语言水平的期望（单位：%）

水平	傣语	哈尼语	本地汉语方言	普通话	英语
非常精通	2.0	95.3	44.0	32.6	10.6
基本可以交流	13.7	3.4	29.8	29.4	12.3
可以交流一点	25.4	0.4	14.6	18.5	35.8
可以听得懂，不用会说	0	0	0.4	2.3	0
没有用，不需要学习	34.3	0	1.8	4.0	14.0
年纪大或不喜欢，不想学	24.6	0.9	9.4	13.2	27.3

注：根据现场调查及访谈，磨憨口岸跨境哈尼族调查对象因无学习（习得）苗语、瑶语的意愿，对本调查选择放弃回答，故本表无苗语、瑶语水平的期望数据。

（2）磨憨口岸跨境哈尼族对本人文字和汉语拼音水平的期望

如表 2-89 所示，磨憨口岸跨境哈尼族调查对象希望本人非常精通的主要是规范汉字、汉语拼音。对于其他少数民族文字、英文，跨境哈尼族调查对象更多的是认为没有用，不需要学习，但也有 20.1%的跨境哈尼族调查对象期望自己非常精通英文。

表 2-89　磨憨口岸跨境哈尼族关于本人文字及汉语拼音水平的期望（单位：%）

水平	新傣文	老傣文	规范汉字	繁体字	汉语拼音	英文
非常精通	0.6	0.7	48.6	10.3	29.6	20.1
基本可以交流	6.1	5.6	19.8	11.8	26.3	14.6
可以交流一点	14.4	7.1	14.4	28.9	19.3	18.7
可以听得懂，不用会说	0.6	0	1.4	5.1	0.4	2.1
没有用，不需要学习	74.0	82.3	11.3	42.3	18.8	37.5
年纪大或不喜欢，不想学	4.3	4.3	4.5	1.6	5.6	7.0

3. 磨憨口岸跨境苗族的语言文字意向态度

（1）磨憨口岸跨境苗族对本人语言水平的期望

如表 2-90 所示，磨憨口岸大多数跨境苗族调查对象都期望自己的母语达到非常精通的水平。对本人的本地汉语方言、普通话水平的期望，要高于对其他少数民族语言水平的期望。关于英语水平的期望，希望自己非常精通与认为英语没有用而不想学、可以交流一点，以及年纪大或不喜欢，不想学所占的比例相差不大。

表 2-90 磨憨口岸跨境苗族关于本人语言水平的期望（单位：%）

水平	傣语	哈尼语	苗语	瑶语	本地汉语方言	普通话	英语
非常精通	22.1	15.0	85.4	33.3	47.7	45.9	21.6
基本可以交流	11.7	11.0	10.1	33.3	22.1	22.3	10.0
可以交流一点	24.7	19.2	4.5	0	24.4	16.5	18.3
可以听得懂，不用会说	5.1	5.4	0	0	0	0	8.4
没有用，不需要学习	22.1	37.0	0	0	0	4.7	23.4
年纪大或不喜欢，不想学	14.3	12.4	0	33.4	5.8	10.6	18.3

（2）磨憨口岸跨境苗族对本人文字和汉语拼音水平的期望

如表 2-91 所示，磨憨口岸跨境苗族调查对象对自己的规范汉字、汉语拼音的期望水平比较高。此外，跨境苗族调查对象期望达到“非常精通”水平且所占比例比较高的文字，还有英文。

表 2-91 磨憨口岸跨境苗族关于本人文字和汉语拼音水平的期望（单位：%）

水平	新傣文	老傣文	规范汉字	繁体字	汉语拼音	英文
非常精通	8.4	6.6	47.2	5.9	39.1	23.0
基本可以交流	10.7	8.8	19.1	11.7	15.3	15.4
可以交流一点	23.4	22.2	17.6	23.4	15.3	12.9
可以听得懂，不用会说	10.7	13.4	2.9	41.5	5.0	7.6
没有用，不需要学习	42.5	44.5	10.3	17.5	21.9	36.0
年纪大或不喜欢，不想学	4.3	4.5	2.9	0	3.4	5.1

4. 磨憨口岸跨境瑶族的语言文字意向态度

（1）磨憨口岸跨境瑶族对本人语言水平的期望

如表2-92所示，磨憨口岸的跨境瑶族调查对象都期望自己的母语水平比较高，对本地汉语方言、普通话的高水平期望值也相对比较高。一些跨境瑶族调查对象还期望本人能够具备一定的傣语水平，对英语水平的期望集中于基本可以交流、可以交流一点的水平。

表 2-92　磨憨口岸跨境瑶族关于本人语言水平的期望（单位：%）

水平	傣语	哈尼语	苗语	瑶语	本地汉语方言	普通话	英语
非常精通	17.6	7.1	0	81.1	42.9	26.8	6.6
基本可以交流	38.3	21.4	0	18.9	52.4	43.9	26.7
可以交流一点	20.6	10.7	0	0	4.7	4.8	23.4
可以听得懂，不用会说	5.8	7.1	0	0	0	4.8	0
没有用，不需要学习	11.8	39.4	0	0	0	12.4	20.0
年纪大或不喜欢，不想学	5.9	14.3	100.0	0	0	7.3	23.3

（2）磨憨口岸跨境瑶族对本人文字汉语拼音水平的期望

如表 2-93 所示，磨憨口岸跨境瑶族调查对象中，对达到非常精通、基本可以交流水平的，占比相对比较高的有汉语拼音、规范汉字；认为傣文、英文没有用而不需要学习的跨境瑶族调查对象，占有较大的比例。

表 2-93　磨憨口岸跨境瑶族关于本人文字和汉语拼音水平的期望（单位：%）

水平	新傣文	老傣文	规范汉字	繁体字	汉语拼音	英文
非常精通	4.2	4.2	30.6	10.1	41.1	16.0
基本可以交流	16.7	16.7	41.7	19.8	29.4	12.0
可以交流一点	8.2	8.2	5.5	40.1	3.0	24.0
可以听得懂，不用会说	0	0	2.8	0	3.0	4.0
没有用，不需要学习	66.7	66.7	19.4	30.0	23.5	40.0
年纪大或不喜欢，不想学	4.2	4.2	0	0	0	4.0

综上所述，磨憨口岸跨境少数民族调查对象对本人的母语、本地汉语方言、普通话的期望水平都比较高，尤其是对母语水平的期望，但对英语水平的期望值不是很高；对本人规范汉字水平的期望，较之其他文字水平的期望，都是比较高的，但磨憨口岸跨境少数民族调查对象认为其他文字“没有用，不需要学习”的，也占有一定的比例。

第三章　西双版纳边境地区领域语言生活调查

语言生活是与语言文字相关的各种人类活动，通常可以划分为宏观、中观、微观三个层级。宏观语言生活是指与国家直接相关、需要国家直接规划的语言生活，包括国家层面的语言生活和超国家层面的语言生活两个方面：国家层面的语言生活是语言与国家关系的现实展现，主要通过制定语言政策、语言文字规范标准和采取各种举措等方式进行管理；超国家层面的语言生活主要有国际社会的语言交际、国际社会共同面临的语言问题等两个方面的内容。中观语言生活，上接宏观，下连微观，是各行业、各地区的语言生活，包括领域语言生活和地域语言生活两个方面：前者具体体现为各行业的语言生活，后者即各地区的语言生活。微观语言生活，同个人的生存和发展、社会基本细胞组织的正常运作息息相关，包括个人语言生活、社会终端组织（即家庭和乡村，以及机关、学校、科研院所、广播电视台、法庭、医院、商店等行业终端组织）的语言生活两个方面。①

本章将西双版纳边境地区领域语言生活作为其语言生态环境的重要组成，从官方工作、文化教育、大众传媒、公共服务、公众交际、日常交际等六大领域，对西双版纳边境地区的景洪港（含景洪港中心码头和关累码头）、西双版纳机场进行领域语言生活的田野调查，以期在当前语言政策及发展策略的背景下，描述当地各行业及单位、个人的语言生活，剖析其所关注的语言现实问题。

第一节　调查方案的设计

一、调查原则

本章在景洪港（含景洪港中心码头和关累码头）、西双版纳机场开展领域语

① 李宇明. 2012. 论语言生活的层级. 语言教学与研究，（5）：1-10.

言生活田野调查工作时，主要遵循了以下调查原则。

（一）控点原则

本章以景洪港中心码头、西双版纳机场、关累码头为中心，分别在其 4 公里以内的村寨和单位进行布点调查。同时，兼顾调查布点的典型性和灵活性，如西双版纳广播电视台、西双版纳傣族自治州勐腊县广播电视台[①]等，虽然不在调查地理位置的范围内，但因其在调查点已形成较大的语言传播影响力，故本章也一并纳入了调查范围。

（二）实事求是原则

本章在田野调查过程中，贴近当地的语言生活，最大限度地获取并保存客观数据。首先，与调查对象交流时，使用通俗易懂的语言，不做任何引导和提示。其次，根据调查问卷的具体内容和调查对象的实际，采取不同的调查方法：直观性强、不易出现判断失误的问题，可直接记录调查对象的回答，如出生年月、出生地、学历水平等；调查对象容易出现理解、判断失误的问题，或调查对象出现配合度不高的情况，则需要耐心地与调查对象进行现场确证，以确保调查结果的客观性和准确性。

（三）可操作原则

在田野调查的过程中，不可避免地会受到调查点和调查对象的工作时间、劳动地点、配合程度等因素的影响。为了提高田野调查的可操作性，本章采取了以下做法：第一，根据控点原则，在景洪港中心码头、西双版纳机场、关累码头选择就近的村寨，对其居民尽可能地进行穷尽式入户调查，其他调查对象则采取分层抽样的方法进行调查；第二，在景洪港中心码头、西双版纳机场、关累码头就近选择联系通畅的单位，根据其工作人员的实际情况，或进行访谈式调查，或进行分层抽样调查，并现场录音和观察记录。

① “勐腊县广播电视台”为本书作者进行田野调查时的名称，该台为勐腊县文化体育广播电视和旅游局下属的广播电视事业管理单位，主要职能是围绕县委、县政府的中心工作，以汉语、傣语两个语种开展广播电视新闻宣传，同时向社会发布县委、县政府公共公告、公益性广告，并完成好上级主管部门交办的其他工作。2019 年 3 月，勐腊县广播电视台更名为勐腊县融媒体中心。

（四）阶段性原则

本章按照准备工作、实地调查、数据整理、撰写书稿、补充调查等阶段依次开展工作。准备工作阶段主要是收集相关文献资料及调查点材料，制订调查工作方案，确定调查问卷和访谈提纲。实地调查阶段主要是与当地相关单位及负责人对接，整合调查资源，根据研究目标完成调查任务。数据整理阶段主要是采用统计软件 SPSS 分析和汇总调查数据。撰写书稿阶段主要是根据田野调查情况，如实描述和呈现调查点的语言生活实态。补充调查是在撰写书稿的过程中，如发现数据存疑现象，则重返调查点进行回访，对调查数据进行纠偏。

根据上述调查原则，本书作者于 2012 年 8 月、2013 年的 1 月和 7 月赴景洪港中心码头、西双版纳机场开展田野调查工作，2013 年 7 月赴关累码头进行田野调查工作。2012 年 8 月的田野调查，在熟悉调查点的人文地理情况的基础上，采取分层抽样的方法对调查对象进行调查，同时配合以访谈法和测试法。2013 年 1 月、7 月的田野调查，在第一次调查工作的基础上，修正了调查问卷、访谈问题和现场观察中存在的问题，并采取穷尽式入户调查和分层抽样调查相结合的方法开展工作，以保障田野调查数据的准确性。2017～2019 年，本书作者就西双版纳边境地区领域语言生活的问题，分批次对景洪市 51 名幼儿园和中小学教师、勐腊县 46 名幼儿园和中小学教师进行了集中访谈，为后续的调查数据软件处理工作奠定了研究基础。2021 年 1 月，本书作者再次赴西双版纳广播电视台、景洪市融媒体中心，就当地大众传媒语言生活状况及少数民族村寨语言生活状况进行了调研。至此，本章完成了田野调查及统计数据的查缺补漏工作，以及书稿内容的增补和完善工作。

二、调查布点

（一）口岸的地理及人口概况

1. 景洪港中心码头

景洪港中心码头位于西双版纳傣族自治州景洪市内。景洪市是西双版纳傣族自治州首府及全州的政治、经济、文化中心，位于云南省南部、西双版纳傣族自治州中部，地处东经 100°25′～101°31′，北纬 21°27′～22°36′，面积 6867 平方公里。东邻江城县、勐腊县，西接勐海县、澜沧县，北连普洱市，南与缅甸接壤，紧邻老挝、泰国，区域内国境线长 112.39 公里。2019 年，景洪市辖 5 镇、5 乡 1 个街道办事处、7 个农场管理委员会，有 85 个村民委员会，20 个居民委员会，768 个自然村，居住有傣族、哈尼族、拉祜族、布朗族、彝族、基诺族、瑶族、壮族、回族、苗族、景颇族、佤族、汉族等 13 种世居民族和 20 余种外来民族。当地茂盛的热带雨林和温暖、湿润的气候环境给各种野生动物提供了生长繁殖的良好条件，蕴藏有丰富的动植物资源、水资源和民族文化资源。①

景洪港中心码头是景洪港的重要码头。景洪港属国际客货水运口岸，是澜沧江—湄公河国际航道上重要的港口口岸，距中国、老挝、缅甸三国交界处 101 公里，距老挝、缅甸、泰国三国交界处金三角 335 公里，距老挝会晒（泰国清孔）402 公里；辖景洪港区中心码头和勐罕、关累两个开放码头。1993 年 7 月，景洪港经国务院批准为国家一类开放口岸。2000 年 4 月，中国、老挝、缅甸、泰国四国签署《四国商船通航协定》。2001 年 6 月，交通部批准对外国籍船舶开放。港口与老挝、缅甸、泰国多个港口开通了散杂货、集装箱、客运航线。景洪港中心码头总占地面积 165 亩②，上距思茅港 87 公里，距老挝琅勃拉邦 701 公里，与昆明至景洪的高速公路相连，距西双版纳机场仅 5 公里，是一个集航运、贸易、商业、旅游、休闲、娱乐为一体的多功能花园式港口。③

2. 西双版纳机场

西双版纳机场距西双版纳傣族自治州景洪市嘎洒镇 2.8 公里。嘎洒镇位于东经 100°45′43″，北纬 20°57′22″。东接景洪市城区，东南接景哈哈尼族乡，南连勐龙镇，西接勐海县格朗和哈尼族乡、勐宋乡，北与允景洪街道毗邻，东北与勐养镇隔江相望，全镇行政辖区总面积（含农场）730 平方公里。2019 年，嘎洒镇辖 13 个村委会，另有私营永兴种植队 7 个。辖区内驻有景洪农场 6 个分场，州、市、镇各级单位 13 个。辖区内傣族占总人口的 40.81%，拉祜族占总人口的 6.11%，布朗族占总人口的 1.97%。④

西双版纳机场属于国际性航空口岸。1990 年 4 月建成通航，设计年旅客吞吐

---

① 中共西双版纳州委党史研究室. 2020. 西双版纳年鉴（2020）. 昆明：云南科技出版社：39-40.

② 1 亩≈666.7 米 ^{2}。

③ 中共西双版纳州委党史研究室. 2020. 西双版纳年鉴（2020）. 昆明：云南科技出版社：355；邹鹏. 2018. 澜沧江上的明珠 景洪港. 云岭先锋，（1）：F0002.

④ 中共西双版纳州委党史研究室. 2020. 西双版纳年鉴（2020）. 昆明：云南科技出版社：43.

量 350 万人次，货物吞吐量 1.09 万吨，飞行区指标为 4D，可满足 B767、A300 系列类型飞机，配有仪表着陆系统及夜航灯光设备。1995 年 12 月，西双版纳机场经国务院批准为对外国籍飞机开放的国家一类空运口岸。1996 年 12 月，通过国家验收。1997 年 1 月，正式对外开放。随着西双版纳傣族自治州社会经济的不断发展，以及航空业务量的不断增长，西双版纳机场进行了三次扩建，并成为国内重要的干线机场和连通东南亚、南亚的中型枢纽机场。机场现已开通至北京、上海、广州等 62 条国内航线及至老挝琅勃拉邦，泰国清迈、清莱，柬埔寨暹粒、西哈努克港等 5 条国际航线，有 21 家航空公司在西双版纳运营。[①]

3. 关累码头

关累码头位于西双版纳傣族自治州勐腊县关累镇。勐腊县位于云南省最南端，地处东经 101°06′～100°50′、北纬 21°08′～22°25′之间，辖区面积 6860.84 平方公里。东、南部与老挝山水相连，西与缅甸隔澜沧江相望，北与江城县毗邻，区域内国境线长 740.8 公里。勐腊县现有 5 条公路直抵老挝、缅甸边境口岸，其中有 3 条柏油公路直通老挝北部三省省会。从关累码头沿澜沧江顺流而下可达缅甸、老挝、泰国、柬埔寨、越南诸国，进而可出太平洋到南亚各国，是云南省实施“中路突破，打开南门，走向亚太”经济发展战略的前沿，是澜沧江—湄公河次区域经济技术合作的门户。全县辖 8 个镇、2 个乡、7 个居委会、52 个村民委员会、529 个村民小组、4 个农场管委会，内驻中国科学院西双版纳热带植物园 1 个中央科研单位。主要居住着傣族、哈尼族、彝族、瑶族、苗族、壮族、拉祜族等 26 个少数民族，少数民族人口占户籍人口的 75.2%。[②]关累镇地处东经 101°6′～101°29′、北纬 21°32′～21°52′之间，东与瑶区瑶族乡相连，南与勐捧镇毗邻，西与老挝接壤、隔澜沧江与缅甸相望，北与勐仑镇相邻，区域内国境线长 74 公里（中缅线长 63 公里、中老线长 11 公里），面积 981.06 平方公里，是勐腊县面积第一大乡镇。2019 年末，少数民族人口占总人口的 91.03%。[③]

关累码头是中国、老挝、缅甸、泰国四国政府签署的《澜沧江—湄公河商船通航协定》中开放港口之一，是国家“十二五”规划新开放口岸，位于澜沧江与

---

① 中共西双版纳州委党史研究室. 2020. 西双版纳年鉴（2020）. 昆明：云南科技出版社：355.

② 中共西双版纳州委党史研究室. 2020. 西双版纳年鉴（2020）. 昆明：云南科技出版社：55.

③ 中共西双版纳州委党史研究室. 2020. 西双版纳年鉴（2020）. 昆明：云南科技出版社：60.

上湄公河结合处，西与缅甸隔江相望，南与老挝陆地相连。勐腊县口岸办负责关累码头的协调管理，西双版纳海关、景洪港出入境边防检查站、西双版纳海事局等联检机构，云南省公安边防总队水上支队负责澜沧江—湄公河流域开展联合巡逻执法，维护湄公河国际航运安全。[①]

（二）口岸调查点的选择

鉴于景洪港中心码头、西双版纳机场均在景洪市内，而关累码头在勐腊县内，故本章以实地田野调查状况为研究依据，将景洪港中心码头、西双版纳机场整合为“景洪市贸易口岸”调查点，而关累码头则单独作为一个调查点“关累口岸”，同时进行领域语言生活的普遍调查和新闻语言传播的个案调查。

1. 景洪市贸易口岸的调查点

根据调查原则，为了真实、有效地反映景洪市贸易口岸领域语言生活状况，本章对贸易口岸的单位和村寨进行了布点：调查单位都是口岸附近的行业窗口单位，分属官方工作、文化教育、大众传媒、公共服务等交际领域；调查村寨均为独立的自然村寨，毗邻边境且在口岸 4 公里以内的行政区划范围内，民族成分分布大体均衡。本章进行穷尽式入户调查的村寨主要是曼斗、曼阁、曼暖龙、曼凹等 4 个村寨。

2. 关累口岸的调查点

根据调查原则，关累口岸领域语言生活的调查点为关累、坝荷、帕沙等 3 个村寨。关累口岸新闻语言传播状况的调查点，则为勐腊县广播电视台，以及关累、坝荷、帕沙等 3 个村寨和口岸街道居民。需要说明的是，关累是以傣族为主体民族的村寨，坝荷和帕沙是以哈尼族为主体民族的村寨；口岸街道居民的成分较为复杂，外来人员较多，民族成分也呈现出多样化的特点。

三、调查对象

如前所述，领域语言生活主要涉及官方工作、文化教育、大众传媒、公共服务、公众交际、日常交际等六个领域。官方工作领域是指中央和地方机关工作时使用语言文字所形成的交际领域。文化教育领域是指学校或培训机构工作时使用语言文字所形成的交际领域。大众传媒领域是指报纸、电视、广播、互联网等传

① 中共西双版纳州委党史研究室. 2020. 西双版纳年鉴（2020）. 昆明：云南科技出版社：355.

递信息时使用语言文字所形成的交际领域。公共服务领域是指银行、医院、商场（商店）、宾馆、饭店等工作时使用语言文字所形成的交际领域。公众交际领域是指一个国家或地区大多数人在公共场合使用语言文字所形成的交际领域。日常交际领域是指人们在日常生活中使用语言文字所形成的交际领域。本章据此确定了各调查点的调查对象。

（一）景洪市贸易口岸的调查对象

景洪市贸易口岸各调查点的调查对象的筛选，主要是通过穷尽式入户和分层抽样两种方法进行的。穷尽式入户的调查对象及其相关情况具体如表 3-1 所示。

表 3-1　景洪市贸易口岸调查对象总表（单位：人）

调查点	男性	女性	傣族	汉族	哈尼族	其他民族	调查人数
大众传媒	13	7	8	7	3	2	20
机关单位	23	16	11	23	2	3	39
学校	36	41	15	41	10	11	77
服务行业	29	30	20	27	5	7	59
曼斗	520	545	1031	0	20	14	1065
曼阁	380	392	635	99	24	14	772
曼暖龙	278	269	523	22	0	2	547
曼凹	198	208	400	5	1	0	406
合计	1477	1508	2643	224	65	53	2985

注：曼斗总户数 308 户，曼阁总户数 265 户，曼暖龙总户数 129 户，曼凹总户数 86 户。

分层抽样则根据调查对象的性别、年龄的比例，抽取了 234 人作为调查样本，其性别、年龄、民族、学历方面的具体情况如下：性别构成方面，男性占 47.4%，女性占 50.5%，性别信息不详的占 2.1%；年龄构成方面，6～19 岁年龄段的占 15.0%，20～39 岁年龄段的占 49.1%，40～59 岁年龄段的占 32.9%，60 岁及以上年龄段的占 1.7%，年龄信息不详的占 1.3%；民族构成方面，汉族占 41.9%，傣族占 32.9%，哈尼族占 8.1%，其他民族占 15.4%，民族信息不详的占 1.7%；学历构成方面，没上过学的占 1.3%，扫盲班的占 0.4%，小学的占 7.7%，初中的占 19.7%，中专的占 9.8%，高中的占 1.3%，大专的占 18.4%，本科及以上的占 39.7%，学历信息不详的占 1.7%。

（二）关累口岸的调查对象

1. 领域语言生活调查对象

关累口岸领域语言生活的调查对象，主要是通过分层抽样和穷尽式入户调查两种方法进行调查的。分层抽样共调查 126 人，其中，大众传媒 15 人，机关单位 49 人，学校[①]7 人，服务行业 55 人。穷尽式入户调查主要在关累镇的坝荷、关累、帕沙等 3 个村寨进行，问卷投放情况具体如表 3-2 所示。

表 3-2 关累口岸领域语言生活调查对象总表（单位：人）

调查点	总人口	男性	女性	调查人数
帕沙	172	91	81	45
关累	427	300	127	100
坝荷	156	93	63	38
合计	755	484	271	183

注：帕沙总户数 40 户，关累总户数 87 户，坝荷总户数 34 户。

关累口岸的 309 名调查对象，性别、年龄、民族、学历方面的具体情况如下：性别构成方面，男性占 52.1%，女性占 47.9%；年龄构成方面，6～19 岁年龄段的占 17.8%，20～39 岁年龄段的占 48.7%，40～59 岁年龄段的占 30.4%，60 岁及以上年龄段的占 3.1%；民族构成方面，汉族占 23.6%，傣族占 30.1%，哈尼族占 41.1%，其他民族占 5.2%；学历构成方面，没上过学的占 8.5%，脱盲的占 0.8%，小学的占 18.5%，初中的占 30.9%，中专或高中的占 15.1%，大专的占 16.2%，本科的占 7.7%，本科及以上的占 2.3%。

2. 新闻语言传播调查对象

关于关累口岸新闻语言传播的个案调查，本章主要是根据调查问卷的内容，将调查对象区分为两类：第一类调查对象为勐腊县广播电视台的新闻从业人员，

---

① 关累口岸有关累小博士幼儿园和关累国门小学。

关累小博士幼儿园共有教师 8 人，学生 222 人。全校特设一个招收缅甸学生的班级，其他班级中均有人数不等的傣族、哈尼族、拉祜族、彝族、布朗族、苗族、土家族、汉族等民族。全校师生坚持校园内使用普通话和规范汉字，如遇文艺演出、民族节日等，则允许学生使用少数民族语言。

关累国门小学共有教师 26 人，学生 571 人。全校学生中，有 150 名缅甸学生，有汉族、哈尼族、傣族、苗族、瑶族、彝族、拉祜族、布朗族、壮族、土家族、佤族、回族等民族的学生。

主要是获取其基本情况，共有 15 人。第二类调查对象主要是关累口岸及周边村寨长期居住的居民且对新闻语言有一定的接触。此类调查对象共有 250 人，其中，关累镇的坝荷、关累、帕沙等 3 个村寨有调查对象 135 人（表 3-3），关累码头居民有调查对象 115 人（以汉族为主，兼有傣族、哈尼族和其他少数民族）。在 250 名调查对象中：性别构成方面，男性 158 人，占 63.2%；女性 92 人，占 36.8%。年龄构成方面，6～10 岁年龄段的 16 人，占 6.4%；11～20 岁年龄段的 34 人，占 13.6%；21～30 岁年龄段的 85 人，占 34.0%；31～50 岁年龄段的 75 人，占 30.0%；51～70 岁年龄段的 31 人，占 12.4%；71 岁及以上年龄段的 8 人，占 3.2%；年龄信息不详的 1 人，占 0.4%。

表 3-3　关累口岸少数民族村寨新闻语言传播调查对象统计表

村寨	总人口	男性	女性	调查人数
关累	427	300	127	61
坝荷	156	63	93	32
帕沙	172	89	83	42
合计	755	452	303	135

注：关累总户数 87 户，坝荷总户数 34 户，帕沙总户数 31 户。

四、调查方法

本章在进行田野调查时，具体的做法是：第一，根据语言生活领域，筛选出各领域的调查点（含单位和村寨）。第二，根据调查对象的年龄、性别、民族等，一方面对调查对象进行分层处理，以保障筛选出来的调查对象能够做到样本均衡、比例恰当，另一方面则尽可能对所有村寨的居民进行穷尽式入户调查，以确保调查数据的全面性、研究结论的可靠性。第三，根据调查对象的实际采取不同的调查方法，如语言文字能力较强、具有典型性和代表性且调查配合度也比较高的调查对象，可对其进行细致的问卷调查、深度的访谈调查，而一般的调查对象，则确保调查内容的真实性和有效性即可。

（一）问卷法

1. 调查内容的设计

据西双版纳傣族自治州少数民族语文工作指导委员会专家介绍，居住于景洪市贸易口岸周边各村寨的傣族，其所使用的傣语差别较小，彼此之间交流没有任何障碍。西双版纳的傣文主要是西双版纳傣族自治州境内的傣族和布朗族使用。国外使用该文字的有缅甸掸邦南部的“傣痕”、泰国北部的“傣允”和老挝境内自称“傣”的部分居民，只不过各地在书写笔画上稍有不同[1]。新傣文、老傣文都有一定的使用范围，宗教古籍一般都是使用老傣文，政府机关、公共服务主要是使用新傣文。哈尼族在本民族内部使用哈尼语，与其他民族交流和沟通时会使用傣语，哈尼文的认知度和使用频率都非常低。据此，本章关于西双版纳边境地区领域语言生活的调查，以调查点居民的语言使用状况为主，适当关注语言本体问题。

关于领域语言生活的调查，本章将问卷分为分层访谈问卷和穷尽式访谈问卷两种类型，有针对性地面向不同语言生活领域的语用主体，但都涉及调查对象的基本信息、语言文字能力、语言文字态度，以及各领域语言文字的使用情况。具体而言：在景洪市贸易口岸、关累口岸的调查点中，除机关事业单位、公共服务从业人员、部分社区居民中涉及一些出生地非本地但长期居住本地的调查对象[2]外，其余调查对象的出生地、常住地均为本地，少数民族则以傣族、哈尼族为主。鉴于景洪市贸易口岸、关累口岸在云南省国际大通道中的功能和作用，以及本地汉语方言，即景洪市贸易口岸所使用的景洪话、关累口岸所使用的勐腊话，在当地居民语言心理、言语行为方面的“声望”，还有哈尼文在当地哈尼族调查对象中认知度低、使用频率也低的实际情况，故西双版纳边境地区领域语言生活的调查，主要以本地汉语方言、普通话和规范汉字、傣语和傣文[3]、哈尼语、英语和英文为重点进行调查和描述。

关于新闻语言传播的调查，本章结合新闻语言传播的五个要素（即传播者、接受者、传播信息、传播媒介和传播效果），将问卷分为两类：一是针对新闻语

---

① 刀世勋. 1980. 西双版纳傣文. 民族语文，（1）：70.

② 景洪市贸易口岸调查对象中，有出生地非本地但长期居住本地的汉族 95 人，有出生地非本地但长期居住本地的傣族等少数民族 25 人。关累口岸调查对象中，有出生地非本地但长期居住本地的汉族 71 人，有出生地非本地但长期居住本地的白族、布朗族、壮族等少数民族 16 人。他们完全能听懂本民族语言、能使用本民族语言熟练交谈且没有任何障碍。调查及访谈显示，出生地非本地但长期居住本地的调查对象，其所使用的汉语方言，明显存在与本地汉语方言趋同的现象。至于流动性比较强的公共服务外来从业人员、部分社区中的外来人口，本章未将其列入调查对象范围。

③ 根据调查及访谈，景洪市贸易口岸各交际领域多使用新傣文，老傣文使用范围有限，故景洪市贸易口岸调查对象的傣文读写能力及傣文使用情况调查重点考察的是新傣文。随后，本书在关累口岸进行调查时，结合调查点实际，将调查对象的傣文读写能力及使用情况调整为新傣文和老傣文。

言传播者（即新闻媒体及新闻媒体工作者）的问卷，内容涉及新闻媒体传播和使用新闻语言的情况、新闻媒体工作者对新闻语言的传播和理解；二是针对新闻语言接受者（即受众）的问卷，内容涉及新闻语言的传播情况和传播效果。

2. 年龄阶段的划分

本章将调查对象的年龄阶段划分为四个阶段[①]：少年阶段（6～19 岁）、青年阶段（20～39 岁）、中年阶段（40～59 岁）、老年阶段（60 岁及以上）。

通常，人们在 19 岁以前的语言学习（习得），主要来自父母及其家庭成员。有受教育经历的，能够通过不同的交际群体（如同学、朋友、老师等）学习（习得）普通话、方言及其功能变体。但是，6 岁以下的儿童语言能力不稳定，加之语言学习（习得）的环境各不相同，故 6 岁以下的儿童不在本章的调查范围之内。20～39 岁阶段的人群，具有一定的社会交往能力和经验，能够根据语境识别和选择不同的语体，语言能力的时代性特征也很鲜明，因为该年龄阶段的人群学习（习得）语言的重要阶段，正值我国改革开放初期，基础教育发展态势良好，也有相关的少数民族语言学习政策出台。40～59 岁阶段的人群，由于工作、生活已基本形成定势，使用频率低的语言会出现退化的情况，使用频率高的语言会更加精进。60 岁及以上的人群，语言能力已经稳定，一般不会有学习（习得）新语言的动力，也相对缺少学习（习得）语言的良好环境。

3. 语言文字能力等级的划分

语言文字能力是指使用语言文字的具体水平，包括听、说、读、写等四个方面的技能。结合西双版纳边境地区领域语言生活的实际，本章将调查对象的语言文字能力按照听、说、读、写四个方面，各分别划分为五个等级，具体如表 3-4 所示。

表 3-4　西双版纳边境地区领域语言生活调查对象语言文字能力等级标准

语言能力	等级	语言能力	等级
听	完全能听懂	说	能熟练交谈，没有任何障碍
	基本能听懂		能熟练交谈，个别时候有障碍
	能听懂一些日常用语		基本能交谈
	基本听不懂		会说一些日常用语
	完全听不懂		基本不会说

① 除“边境地区新闻语言传播个案”的调查对象外，其余调查点的调查对象的年龄阶段均按此划分。

续表

语言能力	等级	语言能力	等级
读	能读书看报 能看懂家信或简单文章 认识一些常用字（词） 基本看不懂 完全看不懂	写	能写文章或其他作品 能写家信或简单文章 会写一些常用字（词） 基本不会写 完全不会写

（二）访谈法

关于访谈法，本章主要采用的是结构性访谈和非结构性访谈。结构性访谈是让调查对象根据访谈话题及相关材料直接作答或进行现场交流。结构性访谈材料分为两种类型：一是日常生活话题 15 个①；二是根据不同职业设计的访谈材料②，包括村民（群众）、领导干部、学生、教师（公务员）等四种类型。非结构性访谈则是根据田野调查的实际情况，随机、适时地对调查对象进行提问和交流，访谈内容主要是基于调查问卷内容和各职业访谈材料。

本章在调查期间，景洪港中心码头共访谈 6 名调查对象，具体如下：

玉×，女，傣族，西双版纳傣族自治州教育体育局干部。

岩×，男，傣族，西双版纳傣族自治州少数民族研究所干部。

依××，女，傣族，西双版纳职业技术学院教师。

玉××，女，傣族，西双版纳报社干部。

×，女，傣族，景洪市允景洪街道曼斗村干部。

×，女，傣族，景洪市允景洪街道曼阁村干部。

西双版纳国际机场共访谈 3 名调查对象，具体如下：

×，男，傣族，景洪市市场监督管理局嘎洒管理所干部。

×，女，傣族，景洪市嘎洒镇曼占宰村委会曼凹村干部。

---

① 西双版纳边境地区领域语言生活调查所用的日常生活访谈话题，与第二章所用的西双版纳跨境少数民族语法能力测试话题相同，但在实地调查的访谈过程中，本书作者会结合调查对象的实际情况，在现场适当进行一些微调。

② 此处所使用的访谈话题，主要是基于第二章所用的西双版纳跨境少数民族村干部、教师、公务员的访谈话题，但在实地调查的访谈过程中，本书作者会结合调查对象的实际情况，在现场适当进行一些微调。

×，男，傣族，景洪市嘎洒镇曼占宰村委会曼暖龙村干部。

关累码头共访谈 5 名调查对象，具体如下：

×，男，哈尼族，勐腊县关累镇坝荷村干部。

×，男，哈尼族，勐腊县关累镇坝荷村干部。

×，男，哈尼族（阿卡），勐腊县关累镇帕沙村干部。

×，男，傣族，勐腊县关累镇关累村干部。

×，男，哈尼族，勐腊县关累国门小学教师。

西双版纳边境地区大众传媒工作领域共访谈 8 名调查对象，具体如下：

西双版纳广播电视台 5 人：总编室 1 人、新闻部 1 人、新媒体部 1 人、哈尼语部 1 人、傣语部 1 人。

景洪市融媒体中心 2 人：新闻主播 1 人、人力资源部 1 人。

勐腊县广播电视台 1 人：工作人员 1 人。

（三）其他方法

为了真实、准确地反映调查点的领域语言生活实态，本章在使用问卷法、访谈法的同时，还采取了现场隐蔽观察记录法、参与观察记录法等。

现场隐蔽观察记录采用非随机判断抽样法。例如，调查员会在一些特定场景下进行隐蔽的观察记录，了解各领域的语言生活实态，并在后续研究中根据各领域调查数据进行结果分析。参与观察记录法则是对设定人群采用非随机雪球抽样。例如，在调查官方工作领域语言生活时，先从认识的当地政府工作人员开始，观察并记录他们的语言生活实态。然后，再通过他们的社会网络，逐层逐级地扩大调查对象的范围。在此过程中，调查员完全参与到跟调查对象的互动交流之中，并通过转换语码、误读语音等方式，检测调查对象的语言文字能力，修正调查问卷填写的疏漏及错误，从而确保了调查结果及研究结论的科学性和有效性。

第二节　景洪市贸易口岸领域语言生活状况

一、景洪市贸易口岸官方工作领域语言生活调查

《西双版纳傣族自治州自治条例》第二章第十六条规定：“自治州的国家机关

在执行职务时，可以分别或者同时使用傣、汉两种语言文字，也可以使用其他当地少数民族的语言。自治州的国家机关、事业单位的公章、牌匾、文件头应当同时使用傣、汉两种文字。”①为此，本书以景洪市贸易口岸公务员的工作语言为例，对当地官方工作领域语言生活进行了调查。调查数据显示，公务员调查对象使用频率最高的是本地汉语方言，其次是普通话，少数民族语言的使用频率比较低。下文将从景洪市贸易口岸公务员的语言文字能力、来访人员的语言选择两个方面来呈现当地官方工作领域的语言生活状况。

（一）景洪市贸易口岸官方工作领域公务员的语言文字能力

调查显示，在景洪市贸易口岸官方工作领域，公务员调查对象的语言文字能力与其在工作中的语言选择具有直接的关系。

1. 景洪市贸易口岸公务员的语言听说能力

如表 3-5 所示，景洪市贸易口岸公务员调查对象的普通话、本地汉语方言的听力较好；公务员调查对象的傣语听力水平高于哈尼语的听力水平，有 33.3%的调查对象完全听不懂傣语，66.7%的调查对象完全听不懂哈尼语；公务员调查对象中无人能完全听懂英语，能听懂一些日常用语的占 37.8%。

表 3-5　景洪市贸易口岸公务员的语言听力水平（单位：%）

语言	完全能听懂	基本能听懂	能听懂一些日常用语	基本听不懂	完全听不懂
本地汉语方言	93.3	6.7	0	0	0
普通话	97.8	2.2	0	0	0
傣语	24.4	4.5	17.8	20.0	33.3
哈尼语	4.4	4.4	11.2	13.3	66.7
英语	0	11.1	37.8	22.2	28.9

如表 3-6 所示，景洪市贸易口岸的公务员调查对象，能够使用本地汉语方言进行熟练交谈且没有任何障碍的占比最高，73.3%的公务员调查对象能够使用普通话熟练交谈且没有任何障碍。公务员调查对象的傣语表达能力高于哈尼语，调查对象中无人能使用英语进行熟练交谈且没有任何障碍。

① 西双版纳傣族自治州人民政府. 西双版纳傣族自治州自治条例. https://www.xsbn.gov.cn/293.news.detail.dhtml?news_id=35169. 2016-11-28.

表 3-6　景洪市贸易口岸公务员的语言表达能力（单位：%）

语言	能熟练交谈，没有任何障碍	能熟练交谈，个别时候有障碍	基本能交谈	会说一些日常用语	基本不会说
本地汉语方言	97.8	0	2.2	0	0
普通话	73.3	24.4	2.3	0	0
傣语	24.4	0	0	31.2	44.4
哈尼语	4.4	2.2	0	17.8	75.6
英语	0	4.5	31.1	33.3	31.1

2. 景洪市贸易口岸公务员的文字读写能力

如表 3-7 所示，景洪市贸易口岸公务员调查对象的规范汉字阅读能力很强，有 6.7%的公务员调查对象能阅读新傣文的书报。能阅读英文书报的公务员调查对象也占有一定的比例。

表 3-7　景洪市贸易口岸公务员的文字阅读能力（单位：%）

文字	能读书看报	能看懂家信或简单文章	认识一些常用字（词）	基本看不懂	完全看不懂
规范汉字	100.0	0	0	0	0
繁体字	24.4	22.2	24.4	17.8	11.2
新傣文	6.7	2.2	0	13.3	77.8
英文	11.2	13.3	20.0	31.1	24.4

如表 3-8 所示，绝大多数的公务员调查对象能使用规范汉字写文章或其他作品，完全不会写新傣文的公务员调查对象占 84.4%，英文水平处于中等及以上水平的公务员调查对象占 42.2%。

表 3-8　景洪市贸易口岸公务员的文字写作能力（单位：%）

文字	能写文章或其他作品	能写家信或简单文章	会写一些常用字（词）	基本不会写	完全不会写
规范汉字	95.6	4.4	0	0	0
繁体字	8.9	11.1	33.3	26.7	20.0
新傣文	4.4	4.4	0	6.8	84.4
英文	4.4	17.8	20.0	28.9	28.9

3. 景洪市贸易口岸公务员的语用能力

为剖析景洪市贸易口岸公务员在工作中面对不同交际对象、交流不同话题时的语言选择倾向及特点，本部分分别设定了见面打招呼、聊天和工作交流三个场景，区分出同事和来访人员两类交际对象，从而对景洪市贸易口岸公务员调查对象的语言选择情况进行描述。

如表 3-9 所示，景洪市贸易口岸公务员调查对象在各交际场景中，与同事、来访人员交谈时使用频率最高的是本地汉语方言，与来访人员使用普通话交谈的频率要高于与同事的交谈。在各交际场景中使用傣语、哈尼语与同事、来访人员进行交谈的公务员调查对象，所占比例都不高。

表 3-9 景洪市贸易口岸公务员在不同语境中的语言选择【多选】（单位：%）

交际场景	交际对象	本地汉语方言	普通话	傣语	哈尼语
见面打招呼	同事	70.7	12.2	2.4	2.4
	来访人员	72.5	45.0	7.5	5.0
聊天	同事	72.5	4.9	4.9	2.4
	来访人员	72.5	32.5	7.5	5.0
工作交流	同事	70.7	29.3	4.9	2.4
	来访人员	72.5	45.0	7.5	5.0

此外，景洪市贸易口岸公务员调查对象在面对不同交际对象时的语码选择，也是其语用中的一个重要问题。调查数据显示，当同事使用的不是自己所习惯的语言时，有 68.3%的公务员调查对象会选择同事所使用的语言完成交际任务，有 26.8%的公务员调查对象会选择使用普通话完成交际任务。当来访人员使用的不是自己所习惯的语言时，有 51.3%的公务员调查对象选择来访人员所使用的语言完成交际任务，有 41.0%的公务员调查对象会选择使用普通话完成交际任务。

（二）景洪市贸易口岸官方工作领域来访人员的语言选择

如表 3-10 所示，到官方工作领域办事时，超过半数的来访人员会使用本地汉语方言，使用普通话和傣语的来访人员占有一定比例且较为接近，没有来访人员使用哈尼语。

表 3-10 景洪市贸易口岸官方工作领域来访人员的语言选择【多选】（单位：%）

交际场景	交际对象	本地汉语方言	普通话	傣语	哈尼语
行政事务	公务员	55.5	24.8	22.2	0

二、景洪市贸易口岸文化教育领域语言生活调查

教师和学生是文化教育领域语言生活的主体。一方面，教师是国家通用语言的教育者和示范者，其语言文字能力直接关系到学生的语言文字学习（习得）的能力和水平；另一方面，在语言生态多样化的少数民族地区，掌握少数民族语言文字的教师同时也是少数民族语言文字及文化的重要传承者。调查和研究景洪市贸易口岸的群众对文化教育领域所使用语言的需求，能够为当地研究和发展语言服务及产业提供重要参考。

（一）景洪市贸易口岸文化教育领域师生的语言文字能力

1. 景洪市贸易口岸师生的语言听说能力

如表 3-11、表 3-12 所示，在景洪市贸易口岸，完全能听懂普通话的教师调查对象、学生调查对象，所占比例都是最高的，其次是本地汉语方言。完全能听懂傣语的师生占比，要高于完全能听懂哈尼语的师生占比；学生调查对象完全能听懂少数民族语言的占比要高于教师调查对象，尤其是傣语的听力水平。

表 3-11 景洪市贸易口岸教师的语言听力水平（单位：%）

语言	完全能听懂	基本能听懂	能听懂一些日常用语	基本听不懂	完全听不懂
本地汉语方言	91.7	6.2	0	2.1	0
普通话	91.8	0	0	4.1	4.1
傣语	14.6	6.3	18.7	33.3	27.1
哈尼语	2.1	6.2	6.2	22.9	62.6
英语	0	10.4	35.4	43.8	10.4

表 3-12 景洪市贸易口岸学生的语言听力水平（单位：%）

语言	完全能听懂	基本能听懂	能听懂一些日常用语	基本听不懂	完全听不懂
本地汉语方言	88.0	10.8	1.2	0	0

续表

语言	完全能听懂	基本能听懂	能听懂一些日常用语	基本听不懂	完全听不懂
普通话	92.8	7.2	0	0	0
傣语	50.6	13.2	7.2	12.1	16.9
哈尼语	4.8	4.8	4.8	7.2	78.4
英语	0	13.3	32.5	26.5	27.7

如表 3-13、表 3-14 所示，景洪市贸易口岸教师调查对象的本地汉语方言、普通话表达能力普遍较好，但调查对象能使用普通话熟练交谈且没有任何障碍的占比略低于本地汉语方言；少数民族语言表达方面，会说一些日常用语、基本不会说的教师调查对象占比较高；超过 1/2 的教师调查对象会说一些英语日常用语。学生调查对象方面，能使用普通话、本地汉语方言熟练交谈且没有任何障碍的占比较高，反映出景洪市贸易口岸学生调查对象具备良好的汉语表达能力；有 43.4% 的学生调查对象能使用傣语熟练交谈且没有任何障碍；调查对象中，无人能使用英语熟练交谈且没有任何障碍，但有 40.5%的学生会说一些英语日常用语。

表 3-13　景洪市贸易口岸教师的语言表达能力（单位：%）

语言	能熟练交谈，没有任何障碍	能熟练交谈，个别时候有障碍	基本能交谈	会说一些日常用语	基本不会说
本地汉语方言	81.2	16.7	0	2.1	0
普通话	77.0	12.5	2.1	4.2	4.2
傣语	12.5	10.4	2.1	35.4	39.6
哈尼语	2.1	4.2	6.2	16.7	70.8
英语	0	6.2	16.7	62.5	14.6

表 3-14　景洪市贸易口岸学生的语言表达能力（单位：%）

语言	能熟练交谈，没有任何障碍	能熟练交谈，个别时候有障碍	基本能交谈	会说一些日常用语	基本不会说
本地汉语方言	72.3	20.5	6.0	1.2	0
普通话	71.1	16.9	7.2	4.8	0
傣语	43.4	14.5	8.4	4.8	28.9
哈尼语	4.8	2.4	1.2	4.8	86.8
英语	0	8.1	13.5	40.5	37.9

2. 景洪市贸易口岸师生的文字读写能力

如表 3-15、表 3-16 所示，在景洪市贸易口岸，绝大多数的教师调查对象、学生调查对象的规范汉字阅读能力很强，而少数民族文字的阅读能力则普遍较弱，但教师调查对象的新傣文阅读能力要高于学生调查对象；在能够认识英文的一些常用词方面，教师调查对象、学生调查对象的所占比例较为接近。

表 3-15 景洪市贸易口岸教师的文字阅读能力（单位：%）

文字	能读书看报	能看懂家信或简单文章	认识一些常用字（词）	基本看不懂	完全看不懂
规范汉字	97.9	2.1	0	0	0
新傣文	14.6	16.7	25.0	31.2	12.5
英文	4.2	18.7	27.1	33.3	16.7

表 3-16 景洪市贸易口岸学生的文字阅读能力（单位：%）

文字	能读书看报	能看懂家信或简单文章	认识一些常用字（词）	基本看不懂	完全看不懂
规范汉字	85.5	10.9	2.4	0	1.2
新傣文	6.0	4.8	13.3	27.7	48.2
英文	0	16.9	26.5	27.7	28.9

如表 3-17、表 3-18 所示，在文字写作能力方面，教师调查对象能使用规范汉字写文章或其他作品的占比为 91.7%，学生调查对象为 63.9%；相比之下，英文、少数民族文字的写作能力则要弱得多，但教师调查对象在此方面的文字写作能力都要高于学生调查对象，有 47.9%的教师调查对象的英文写作能力在中等及以上能力水平。

表 3-17 景洪市贸易口岸教师的文字写作能力（单位：%）

文字	能写文章或其他作品	能写家信或简单文章	会写一些常用字（词）	基本不会写	完全不会写
规范汉字	91.7	6.2	2.1	0	0
新傣文	4.2	10.4	31.3	33.3	20.8
英文	6.2	18.8	22.9	33.3	18.8

表 3-18 景洪市贸易口岸学生的文字写作能力（单位：%）

文字	能写文章或其他作品	能写家信或简单文章	会写一些常用字（词）	基本不会写	完全不会写
规范汉字	63.9	30.1	4.8	0	1.2
新傣文	2.4	1.2	10.8	15.7	69.9
英文	1.2	13.3	30.1	26.5	28.9

3. 景洪市贸易口岸师生的语用能力

本部分设计了课堂教学（学习）、课后交际两个交际场景，区分出同事、学生两类交际对象，划分出工作（学习）、非工作（学习）两种话题，从而描述师生调查对象在日常工作中面对不同交际对象、交流不同话题时所呈现出来的语言选择倾向。

如表 3-19 所示，教师调查对象在课堂教学用语中使用普通话的占 72.5%，所占比例是最高的，但也有 1/2 的调查对象会在课堂教学过程中使用到本地汉语方言，有少数调查对象会使用傣语进行课堂教学。在课后交际中，教师之间交流工作内容、非工作内容时，教师调查对象选择使用普通话的占比均明显高于本地汉语方言，只是在教师之间交流非工作内容时，选择使用普通话的占比略有下降；在教师与学生的课后交际中，教师调查对象的普通话使用频率下降明显。相对而言，教师调查对象在课后交际的各交际场景中，使用本地汉语方言的频率变化不明显。无论是课堂教学还是课后交际，教师调查对象选择使用少数民族语言的占比都是最低的，课后交际使用哈尼语的交际场景仅限于非工作（学习）话题。

表 3-19 景洪市贸易口岸教师在不同语境中的语言选择【多选】（单位：%）

语言	课堂教学	课后交际			
	课堂教学用语	教师之间交流工作内容	教师之间交流非工作内容	教师与学生交流学习内容	教师与学生交流非学习内容
本地汉语方言	50.0	37.5	32.5	42.5	35.0
普通话	72.5	70.0	67.5	40.0	60.0
傣语	2.5	2.5	5.0	2.5	2.5
哈尼语	0	0	2.5	0	2.5

如表 3-20 所示，学生调查对象在课堂学习、课后与教师交流学习内容时，选

择使用普通话的占比最高，且所占比例相同，这表明景洪市贸易口岸的学生已基本形成在庄重、严肃的语境中使用国家通用语言的规范意识。在课后交际的场景中，学生之间交流学习内容和非学习内容、学生与教师交流非学习内容时，学生调查对象选择使用普通话的占比略低，而选择使用本地汉语方言的占比较高。傣语在景洪市贸易口岸的校园中有一定数量的使用者，且数量要比哈尼语的使用者多。

表 3-20 景洪市贸易口岸学生在不同语境中的语言选择【多选】（单位：%）

语言	课堂学习	课后交际			
	学生课堂用语	学生与教师交流学习内容	学生之间交流学习内容	学生与教师交流非学习内容	学生之间交流非学习内容
本地汉语方言	43.4	45.1	52.8	55.3	57.0
普通话	51.1	51.1	37.0	38.7	31.1
傣语	13.6	8.9	12.3	9.8	12.8
哈尼语	0	0	0	0.4	0.9

（二）景洪市贸易口岸群众对文化教育领域的语言需求

1. 景洪市贸易口岸群众对学前、小学教学用语的需求

幼儿园、小学是人们语言学习（习得）的重要阶段。景洪市贸易口岸地区群众对学前、小学阶段的儿童教学用语的要求，反映了父母对孩子语言学习（习得）的目标和期望。

经对调查数据进行多重响应分析[①]，结果显示：景洪市贸易口岸群众调查对象对学前、小学阶段教学用语期望值最高的是普通话，个案百分比为 89.8%，响应百分比为 66.1%。其次是少数民族语言，个案百分比为 30.1%，响应百分比为 22.2%。此外，还有部分群众调查对象希望学前、小学阶段的教师使用普通话和少数民族语言进行双语教学；有个案百分比为 6.9%、响应百分比为 5.1%的群众调查对象期望学前、小学阶段的教师使用英语进行教学。

参考《中国语言文字使用情况调查资料》[②]相关数据，全国、云南省对小学教师

① 多重响应分析是 SPSS 分析方法中的一种，属于统计性的频率描述。如果调查对象的答案选择不止一个，在统计上即为多重响应。本节仅使用响应百分比和个案百分比两种响应方式进行对比研究。下同。

② 此处按照保留调查数据小数点后一位的原则，对原书中的数据进行了四舍五入。原书数据见：中国语言文字使用情况调查领导小组办公室. 2006. 中国语言文字使用情况调查资料. 北京：语文出版社：91.

教学用语为普通话的期望分别为 94.6%、91.7%，期望小学教师教学用语为少数民族语言的分别为 2.6%、6.9%。对比上述调查数据大体可以看出，景洪市贸易口岸群众调查对象对教师使用普通话教学的期望低于全国、云南省的平均水平，对教师使用少数民族语言、外语进行教学的期望高于全国、云南省的平均水平。景洪市贸易口岸群众调查对象在接受本书作者的调查访谈时表示：让孩子学习本民族语言，一方面是不想让自己的孩子“忘本”，另一方面也是出于现实生活的语用需求，因为当地有一些少数民族村寨儿童的母语就是本民族语言，上学前基本听不懂也不会说汉语。

2. 景洪市贸易口岸群众对课程教学用语的需求

本部分主要是根据中小学课程性质及其与语言文字的关系，以语文、英语和理科课程为例，对景洪市贸易口岸群众关于课程教学用语的需求进行调查。

如表 3-21 所示，期望教师在语文、理科课程中使用普通话教学的群众调查对象所占比例最高，分别为 88.4%、87.0%，但也有一些群众调查对象希望教师在教学过程中使用本地汉语方言。在英语课程中，期望教师使用英语教学的占比最高，为 81.7%，其次是普通话，占比为 66.3%，这表明景洪市贸易口岸的群众调查对象希望教师在英语课程中使用英语和普通话进行教学。

表 3-21　景洪市贸易口岸群众对课程课堂教学用语的期望【多选】（单位：%）

课程	本地汉语方言	普通话	少数民族语言	英语
语文	21.4	88.4	8.5	0.4
英语	7.9	66.3	4.0	81.7
理科课程	17.0	87.0	5.0	0.5

三、景洪市贸易口岸大众传媒领域语言生活调查

景洪市贸易口岸主要有西双版纳报社、景洪市融媒体中心、西双版纳广播电视台等媒体单位。本部分主要是从大众传媒领域语言文字使用情况、大众传媒从业人员语言文字使用情况、受众对大众传媒语言文字的态度等方面，对上述媒体单位及工作人员进行调查。

（一）景洪市贸易口岸大众传媒领域语言文字使用情况

西双版纳报社主要出版规范汉字、傣文（含新傣文和老傣文）两种文字的《西

双版纳报》，该报创刊于 1957 年 3 月，由中国共产党西双版纳傣族自治州委员会主办并主管。《西双版纳报》规范汉字版每周出版三期，傣文版每周出版一期。目前，《西双版纳报》已开通微信公众号“西双版纳报”，同时使用规范汉字、傣文和傣语进行传播。

景洪市融媒体中心于 2019 年 3 月挂牌成立，其前身为 1997 年 11 月成立的景洪市广播电视台。该中心为市委直属公益一类正科级事业单位，归口市委宣传部管理，下设办公室、新闻采访部、新媒体发展运营部、编辑技术部、总编策划部 5 个内设机构。目前，景洪市融媒体中心每周制作并播出时政类新闻节目《景洪新闻》普通话 3 期，傣语 1 期，每期时长 15 分钟左右。此外，中心制作和播出的还有民生类新闻节目《傣乡零距离》，以及电视专题节目《傣乡拍案惊奇》《超能少年》等，均采用普通话播出。景洪市融媒体中心在成立后整合传统媒体和新兴媒体，初步形成了电视、微信、微博、APP、抖音等融合发展的全媒体矩阵，积极拓展网络直播、广告、音视频制播服务等传媒业务，现有普通话及规范汉字宣传平台“景洪市融媒体中心”、“景洪发布”微信公众号、“雨林景洪”APP、“傣乡零距离”新浪微博、“雨林景洪”抖音号、“景洪市融媒体中心”今日头条号等。[①]

西双版纳广播电视台于 2012 年 12 月由原西双版纳人民广播电台、西双版纳电视台合并而成，共开办有综合广播、傣语哈尼语综合广播等 2 个广播频率，以及新闻综合频道、公共频道等 2 个电视频道。综合广播自办节目 10 档，使用普通话播音。傣语哈尼语综合广播有自办的傣语节目 11 档，哈尼语节目 9 档。新闻综合频道共开办节目 11 档，使用普通话播音。公共频道共开办节目 16 档，其中自办节目 13 档，均使用傣语、哈尼语播音。近年来，西双版纳广播电视台还建立了 APP“版纳手机台”、网站“西双版纳广播电视网”、微信公众号“西双版纳手机台”和抖音号“西双版纳广播电视台”。[②]

除此之外，景洪市贸易口岸的受众还能接触到西双版纳傣族自治州人民政府官网、西双版纳新闻网、景洪市人民政府官网等新闻网站。西双版纳傣族自治州人民政府官网设有政府信息公开、政务服务、政民互动、概况信息、州政府等栏

① 景洪市广播电视台（景洪市融媒体中心）的基本情况，是本书作者在调研期间由景洪市广播电视台（景洪市融媒体中心）主播凌颖提供的，特此致谢。

② 西双版纳广播电视台的基本情况，由西双版纳广播电视台在本书作者调研期间提供，特此致谢。

目，主要是使用规范汉字进行传播。西双版纳新闻网设有新闻、党建、金融、视频、法治、文化、公告、三农周刊、网络报史馆等栏目，是西双版纳报社主办和运营的门户网站。网站有规范汉字、新傣文、老傣文三种文字呈现方式，多角度、全方位地将西双版纳的政治、经济、文化、社会事业等信息，通过网络快捷地传播给广大网民。景洪市人民政府官网设有公示公告、新闻中心、政府信息公开、政民互动、政务服务、景洪概况等栏目，主要使用规范汉字进行传播。

（二）景洪市贸易口岸大众传媒从业人员语言文字使用情况

景洪市贸易口岸大众传媒从业人员的语言文字能力，主要是围绕调查对象的语言听说能力、文字读写能力等方面展开的。

如表 3-22～表 3-25 所示，景洪市贸易口岸大众传媒从业人员调查对象的规范汉字水平非常高，100%达到文字读写能力的最高等级；普通话的听力水平高于表达能力，大众传媒从业人员调查对象中完全能听懂普通话的占比为 85.0%，能熟练交谈且没有任何障碍的占比为 75.0%。此外，大众传媒从业人员调查对象还具备一定的傣语听说能力、新傣文读写能力；英文读写能力在中等及以上等级水平的大众传媒从业人员调查对象，也超过了半数。

表 3-22　景洪市贸易口岸大众传媒从业人员的语言听力水平（单位：%）

语言	完全能听懂	基本能听懂	能听懂一些日常用语	基本听不懂	完全听不懂
本地汉语方言	95.0	0	0	0	5.0
普通话	85.0	15.0	0	0	0
傣语	35.0	0	30.0	5.0	30.0
哈尼语	0	0	5.0	5.0	90.0
英语	0	0	10.0	70.0	20.0

表 3-23　景洪市贸易口岸大众传媒从业人员的语言表达能力（单位：%）

语言	能熟练交谈，没有任何障碍	能熟练交谈，个别时候有障碍	基本能交谈	会说一些日常用语	基本不会说
本地汉语方言	90.0	0	0	0	10.0
普通话	75.0	20.0	5.0	0	0
傣语	40.0	0	0	15.0	45.0

续表

语言	能熟练交谈，没有任何障碍	能熟练交谈，个别时候有障碍	基本能交谈	会说一些日常用语	基本不会说
哈尼语	0	5.0	0	5.0	90.0
英语	0	15.0	15.0	35.0	35.0

表 3-24　景洪市贸易口岸大众传媒从业人员的文字阅读能力（单位：%）

文字	能读书看报	能看懂家信或简单文章	认识一些常用字（词）	基本看不懂	完全看不懂
规范汉字	100.0	0	0	0	0
繁体字	40.0	40.0	10.0	10.0	0
新傣文	35.0	0	0	10.0	55.0
英文	0	35.0	35.0	15.0	15.0

表 3-25　景洪市贸易口岸大众传媒从业人员的文字写作能力（单位：%）

文字	能写文章或其他作品	能写家信或简单文章	会写一些常用字（词）	基本不会写	完全不会写
规范汉字	100.0	0	0	0	0
繁体字	5.0	15.0	45.0	20.0	15.0
新傣文	20.0	15.0	0	5.0	60.0
英文	0	30.0	35.0	15.0	20.0

同时，本书作者采用目标式分层抽样的调查方法，对景洪市贸易口岸以下调查对象进行了访谈，并获得如下调查数据。

第一，景洪市贸易口岸大众传媒从业人员调查对象表示，当地媒体工作人员以普通话和规范汉字为主要工作语言的占 69.7%，同时还使用本地汉语方言（占比为 27.3%）、少数民族语言（占比为 9.7%）。90.0%的媒体工作人员调查对象选择普通话和规范汉字制作新闻资讯类节目，10.0%的媒体工作人员调查对象选择傣语和新傣文制作生活服务、娱乐休闲、社会科教类节目。

第二，景洪市贸易口岸受众调查对象表示，当地大众传媒从业人员能够根据特定的语境，灵活选择不同类型的语言进行信息传播，适时进行语码转换。普通群众则通常使用普通话或本地汉语方言接受媒体工作人员的采访。

第三，景洪市贸易口岸机关工作人员、市区汉族群众调查对象表示，当地大众传媒从业人员以普通话为工作语言的占 75.0%。

第四，景洪市贸易口岸市郊区傣族群众调查对象在接受本书作者访谈时表示，当地大众传媒从业人员以傣语为工作语言的占 30.0%。

（三）景洪市贸易口岸受众对大众传媒语言文字的态度

关于广播电视节目的语言文字态度，调查数据显示：第一，景洪市贸易口岸的受众调查对象对少数民族语言广播电视节目的知晓度为 92.0%，收听（看）过少数民族语言广播电视节目的占 79.2%；受众调查对象对少数民族文字报刊书籍的知晓度为 75.7%，见（看）过少数民族文字报刊书籍的占 70.4%。第二，景洪市贸易口岸大多数受众调查对象喜欢收看（听）普通话的广播电视节目（栏目），对本地汉语方言广播电视节目（栏目）有一定的需求，但年纪较大的少数民族群众调查对象听不懂也不会讲汉语，少数民族语言广播电视节目（栏目）便成为他们了解新闻信息的重要途径。如表 3-26 所示，景洪市贸易口岸受众对普通话广播电视节目的需求量是最大的，有部分受众希望广播电视台多制作一些傣语、哈尼语的节目，对本地汉语方言类的广播电视节目也有一定的需求。

表 3-26　景洪市贸易口岸受众对广播电视节目语言文字的需求【多选】（单位：%）

所占比例	语言					文字		
	本地汉语方言	普通话	傣语	哈尼语	其他	规范汉字	繁体字	新傣文
个案百分比	15.9	65.7	27.5	7.6	5.2	86.7	4.7	18.9

关于报刊书籍的语言文字态度，调查数据显示：景洪市贸易口岸受众调查对象在阅读报刊书籍时，选择阅读规范汉字的个案百分比为 65.7%（响应百分比为 63.5%），选择阅读新傣文的个案百分比为 13.5%（响应百分比为 13.0%），有部分群众调查对象没有阅读报刊书籍的习惯（个案百分比为 21.4%，响应百分比为 20.8%）。同时，受众调查对象也希望有关单位及部门能多出版一些规范汉字的报刊书籍，对新傣文报刊书籍也有一定的需求量。

此外，景洪市贸易口岸的受众调查对象了解新闻的途径是多样化的，个案百分比的总计达到了 184.9%，其中：受众了解新闻的主要途径是电视（个案百分比为 90.1%，响应百分比为 48.7%）和广播（个案百分比为 30.4%，响应百分比为 16.4%），其次是手机（个案百分比为 17.8%，响应百分比为 9.6%）和计算机（个案百分比为 16.0%，响应百分比为 8.6%）；在人际交往中，受众主要是通过亲朋好友（个案百分比为 10.8%，响应百分比为 5.9%）和家人（个案百分比为 9.6%，响应百分比为 5.2%）了解到新闻的。这体现出景洪市贸易口岸受众调查对象对大众传媒语言传播的媒介类型持有一种多元化的需求态度。

四、景洪市贸易口岸公共服务领域语言生活调查

在景洪市贸易口岸，公共服务行业是其窗口，代表了城市的形象。本章有关景洪市贸易口岸公共服务领域的语言生活调查，主要是从服务业人员的语言文字能力、顾客的语言选择，以及公共服务设施的文字使用情况等方面进行的。

（一）景洪市贸易口岸公共服务领域从业人员的语言文字能力

1. 景洪市贸易口岸服务业人员的语言听说能力

如表 3-27 所示，景洪市贸易口岸服务业调查对象完全能听懂本地汉语方言的占比是最高的，为 94.3%，其次是普通话，占比为 83.0%。有 52.8%的服务业调查对象完全能听懂傣语，有 78.3%的服务业调查对象完全听不懂哈尼语。景洪市贸易口岸的服务业调查对象中，无人完全能听懂英语，英语听力在中等及以上水平的占 25.4%，完全听不懂英语的占比较高，为 55.7%。

表 3-27　景洪市贸易口岸服务业人员的语言听力水平（单位：%）

语言	完全能听懂	基本能听懂	能听懂一些日常用语	基本听不懂	完全听不懂
本地汉语方言	94.3	5.7	0	0	0
普通话	83.0	11.3	4.7	0	1.0
傣语	52.8	5.7	13.2	9.4	18.9
哈尼语	1.9	0	5.7	14.1	78.3
英语	0	4.6	20.8	18.9	55.7

如表 3-28 所示，景洪市贸易口岸服务业调查对象能使用本地汉语方言熟练交谈且没有任何障碍的，所占比例最高；其次，有 51.9%的服务业调查对象能

使用普通话熟练交谈且没有任何障碍。这说明当地服务业调查对象的汉语表达能力比较好。少数民族语言表达能力方面，有48.2%的服务业调查对象能使用傣语熟练交谈且没有任何障碍，有28.3%的服务业调查对象表示基本不会说；有84.0%的服务业调查对象基本不会说哈尼语。另外，服务业调查对象中无人能使用英语熟练交谈且没有任何障碍，有25.5%的服务业调查对象会说一些英语的日常用语。

表3-28 景洪市贸易口岸服务业人员的语言表达能力（单位：%）

语言	能熟练交谈，没有任何障碍	能熟练交谈，个别时候有障碍	基本能交谈	会说一些日常用语	基本不会说
本地汉语方言	74.5	18.9	1.9	0.9	3.8
普通话	51.9	20.8	15.1	4.7	7.5
傣语	48.2	6.6	7.5	9.4	28.3
哈尼语	1.9	0	2.8	11.3	84.0
英语	0	1.9	3.8	25.5	68.8

2. 景洪市贸易口岸服务业人员的文字读写能力

如表3-29所示，景洪市贸易口岸服务业调查对象中，有71.8%的能使用规范汉字读书看报，有9.4%的完全看不懂规范汉字；服务业调查对象的繁体字阅读能力，在各等级中均有分布，能使用繁体字读书看报的占16.0%。少数民族文字阅读能力方面，有92.5%的服务业调查对象表示完全看不懂新傣文，能使用新傣文读书看报的占1.9%。英文阅读能力方面，服务业调查对象中无人能使用英文读书看报，有60.4%的调查对象表示完全看不懂英文。

表3-29 景洪市贸易口岸服务业人员的文字阅读能力（单位：%）

文字	能读书看报	能看懂家信或简单文章	认识一些常用字（词）	基本看不懂	完全看不懂
规范汉字	71.8	9.4	4.7	4.7	9.4
繁体字	16.0	8.5	22.6	14.2	38.7
新傣文	1.9	0.9	1.9	2.8	92.5
英文	0	9.4	17.0	13.2	60.4

如表 3-30 所示，景洪市贸易口岸有 54.7%的服务业调查对象能使用规范汉字写文章或其他作品，有 17.0%的服务业调查对象会写一些常用的繁体字。有 93.4%的服务业调查对象表示完全不会写新傣文。服务业调查对象的英文写作能力主要分布在中等及以下水平，完全不会写的占比最高。

表 3-30 景洪市贸易口岸服务业人员的文字写作能力（单位：%）

文字	能写文章或其他作品	能写家信或简单文章	会写一些常用字（词）	基本不会写	完全不会写
规范汉字	54.7	18.9	9.4	3.8	13.2
繁体字	6.5	3.8	17.0	20.8	51.9
新傣文	0	1.0	2.8	2.8	93.4
英文	0.9	3.8	19.8	12.3	63.2

3. 景洪市贸易口岸服务业人员的语用能力

调查数据显示，景洪市贸易口岸的服务业调查对象，在工作时会使用到各种语言：使用本地汉语方言的占比为 62.2%；使用普通话和傣语的占比较为接近，分别为 39.6%和 30.6%；哈尼语使用频率较低，所占比例为 2.0%。景洪市贸易口岸很多服务业调查对象在访谈中表示，自己会根据顾客所使用的语言来选择工作语言。

（二）景洪市贸易口岸公共服务领域顾客的语言选择情况

根据公共服务领域的交际场景，本部分划分出七种交际场景类型，分别是医院看病、商场（超市）购物、集贸市场买菜、乘坐交通工具、银行邮局办理业务、外出就餐和休闲娱乐。前三种场景为重点调查的交际场景，因为它们属于人们日常生活中使用频率最高、使用范围最广的交际场景，各年龄段、各民族和不同性别的顾客都会涉及。

如表 3-31 所示，景洪市贸易口岸的顾客调查对象在各类交际场景中，使用频率最高的是本地汉语方言，其中占比最高的是在集贸市场买菜，为 72.9%。普通话使用频率最高的交际场景是在银行邮局办理业务，其次是乘坐交通工具和外出就餐，由此可见当地公共服务领域推广和普及普通话的基本成效。傣语主要是调查对象在集贸市场买菜时使用，哈尼语主要是调查对象在外出就餐和休闲娱乐中使用，这与当地少数民族餐饮服务行业的发展具有一定的关系。

表 3-31 景洪市贸易口岸顾客在不同语境中的语言选择【多选】（单位：%）

交际场景	本地汉语方言	普通话	傣语	哈尼语
医院看病	70.5	18.6	24.3	0.2
商场（超市）购物	70.4	20.2	27.0	0.2
集贸市场买菜	72.9	11.0	34.4	0.5
乘坐交通工具	63.4	37.4	7.0	0.5
银行邮局办理业务	56.7	47.3	8.0	0
外出就餐	68.6	36.2	12.4	1.6
休闲娱乐	71.5	30.1	15.6	1.6

（三）景洪市贸易口岸公共服务设施的文字使用情况

1. 景洪市贸易口岸门牌、店名、指示牌和单位挂牌的文字使用情况

《西双版纳州人民政府办公室关于广告、门牌、交通道路指示牌等规范使用傣汉两种文字的通知》（简称《通知》）中指出，要对全州所有广告、门牌以及交通道路指示牌等进行清理整顿。《通知》要求："在这次清理整顿工作中，所有的广告、门牌、交通道路指示牌等都必须用傣、汉两种文字书写，并各占一半比例；如用三种文字书写，则各占三分之一。凡是不符合上述要求的都必须清理整顿，按要求重新制作。"①

据此，本书作者对景洪市宣慰大道的主要街道进行了单位挂牌、店名、门牌、指示牌文字使用情况的调查。调查地点从勐泐大道与宣慰大道交汇口的景洪市公安局开始，到勐海路与宣慰大道交汇口的环岛结束。调查内容从以下六个方面进行：①使用规范汉字和新傣文的；②使用规范汉字、新傣文和拼音的；③使用规范汉字、新傣文和英文的；④使用规范汉字和英文的；⑤使用规范汉字和拼音的；⑥使用规范汉字的。根据《通知》要求，单位挂牌、店名、门牌、指示牌文字使用情况为①和③的，是符合要求的。

① 西双版纳傣族自治州人民政府. 西双版纳州人民政府办公室关于广告、门牌、交通道路指示牌等规范使用傣汉两种文字的通知（西政办发〔2006〕75 号）. https://www.xsbn.gov.cn/192.news.detail.dhtml?news_id=21502. 2006-07-12.

如表 3-32 所示，本次调查符合《通知》要求的单位挂牌有 37 个，占单位挂牌总数的 90.2%；符合《通知》要求的店名有 68 个，占店名总数的 70.8%；符合《通知》要求的门牌为 100.0%；符合《通知》要求的指示牌有 4 个，占指示牌总数的 44.4%。由此可见，门牌和单位挂牌的文字使用比较符合《通知》的要求。另外，本次调查显示，景洪市贸易口岸单位挂牌、店名、门牌、指示牌使用规范汉字的情况比较好，仅出现了 1 个错别字。

表 3-32　景洪市贸易口岸单位挂牌、店名、门牌、指示牌的用字情况（单位：个）

类型	单位挂牌	店名	门牌	指示牌
规范汉字和新傣文	32	60	10	3
规范汉字、新傣文和拼音	0	1	0	0
规范汉字、新傣文和英文	5	8	0	1
规范汉字和英文	3	10	0	2
规范汉字和拼音	0	1	0	0
规范汉字	1	16	0	3
合计	41	96	10	9

2. 景洪市贸易口岸旅游景区的文字使用情况

本章以西双版纳热带花卉园、西双版纳勐泐文化旅游区的文字使用情况为例，对景洪市贸易口岸旅游景区的文字使用情况进行了调查。

热带花卉园的景区指示牌主要由规范汉字和英文构成，部分景区的简介为规范汉字，整个园区的文字使用都比较规范。勐泐文化旅游区的指示牌主要由规范汉字、新傣文和英文构成，景区简介也主要是这三种文字，只是英文翻译的规范性还有待提高。

五、景洪市贸易口岸公众交际领域语言生活调查

公众交际领域语言生活是指一个国家或者地区大多数人的语言文字使用情况。通常，国家层面的公众交际，一般使用的是国家通用语言文字，即普通话和规范汉字。

本书在调查景洪市贸易口岸公众交际领域语言生活时，主要是从婚丧活动、民族节庆、广场休闲娱乐、民间比赛、寺庙宗教活动等交际场景，以及亲属、朋

友和陌生人等交际对象的角度展开的。

（一）景洪市贸易口岸公众在不同语境中的语言选择情况

如表 3-33 所示，从交际场景来看，景洪市贸易口岸公众调查对象使用频率最高的是本地汉语方言，普通话多用于婚丧活动、广场休闲娱乐、民间比赛等交际场景，少数民族语言多用于民族节庆、寺庙宗教活动、婚丧活动等交际场景中。从交际对象来看，景洪市贸易口岸公众调查对象使用本地汉语方言的范围比较广，使用频率也比较高；在与陌生人交流时，普通话在婚丧活动、民族节庆、广场休闲娱乐、民间比赛等交际场景中的使用频率比较高，只有在寺庙宗教活动中的使用频率略低一些；少数民族语言通常用于亲属、朋友之间的各类交际场景活动中。

表 3-33　景洪市贸易口岸公众在不同语境中的语言选择【多选】（单位：%）

交际场景	交际对象	本地汉语方言	普通话	傣语	哈尼语
婚丧活动	亲属	60.1	9.1	25.5	3.9
	朋友	68.3	16.3	21.1	3.1
	陌生人	54.5	48.7	5.8	0.9
民族节庆	亲属	58.5	11.1	28.6	5.1
	朋友	70.8	16.4	26.5	4.0
	陌生人	56.8	41.9	10.1	2.2
广场休闲娱乐	亲属	66.4	13.1	21.8	3.1
	朋友	71.2	19.7	19.2	1.7
	陌生人	57.1	47.3	6.6	0.4
民间比赛	亲属	58.1	17.5	24.9	3.5
	朋友	65.1	22.3	21.9	1.8
	陌生人	53.8	45.7	9.9	1.3
寺庙宗教活动	亲属	49.8	9.4	28.9	4.3
	朋友	60.7	15.5	26.9	4.1
	陌生人	48.4	35.6	13.6	2.4

（二）景洪市贸易口岸公众在不同语境中的文字选择情况

如表 3-34 所示，景洪市贸易口岸公众交际领域所使用的文字主要是规范汉字。

新傣文在不同交际场景中的使用频率从高到低依次是寺庙宗教活动、民族节庆、民间比赛、婚丧活动和广场休闲娱乐。在各类交际场景中，调查对象文字使用的倾向性基本一致，只是英文、繁体字的使用场景相对有限。

表 3-34　景洪市贸易口岸公众在不同语境中的文字选择【多选】（单位：%）

交际场景	规范汉字	繁体字	新傣文	英文
婚丧活动	95.1	1.3	17.9	0
民族节庆	93.7	0.9	25.2	1.4
广场休闲娱乐	96.0	1.8	16.1	1.3
民间比赛	95.0	0.9	21.0	0
寺庙宗教活动	82.6	1.8	31.5	0

六、景洪市贸易口岸日常交际领域语言生活调查

日常交际领域语言生活是指人们在日常生活中使用语言文字的具体情况。在日常交际领域，语用主体的语言文字能力属于重要因素，因为人们在日常交际中往往倾向于选择和使用本人最熟悉的语言文字。鉴于傣族、汉族是景洪市贸易口岸的两种主要民族，故本书将其作为景洪市贸易口岸日常交际领域语言生活调查的重点。

（一）景洪市贸易口岸日常交际领域汉族的语言文字能力

1. 景洪市贸易口岸汉族的语言听说能力

如表 3-35 所示，景洪市贸易口岸汉族调查对象的汉语听力普遍较好，基本分布在完全能听懂、基本能听懂这两个等级，尤其是完全能听懂这一等级。傣语的听力水平主要分布在能听懂一些日常用语及以下等级，完全听不懂的占 46.0%。哈尼语的听力水平也是主要分布在基本听不懂及以下等级，完全听不懂的占比为 70.8%，调查对象中无人完全能听懂哈尼语。至于英语的听力水平，主要集中于能听懂一些日常用语及以下等级，没有完全能听懂英语的调查对象。

表 3-35　景洪市贸易口岸汉族的语言听力水平（单位：%）

语言	完全能听懂	基本能听懂	能听懂一些日常用语	基本听不懂	完全听不懂
本地汉语方言	94.7	5.3	0	0	0
普通话	95.6	2.6	0.9	0.9	0

续表

语言	完全能听懂	基本能听懂	能听懂一些日常用语	基本听不懂	完全听不懂
傣语	1.8	6.1	25.7	20.4	46.0
哈尼语	0	2.7	7.0	19.5	70.8
英语	0	6.3	34.5	32.7	26.5

如表 3-36 所示，景洪市贸易口岸汉族调查对象的本地汉语方言、普通话的表达能力普遍较好，能够使用普通话熟练交谈且没有任何障碍的占比为 67.3%。少数民族语言表达能力方面，基本不会说哈尼语的所占比例最高（占比为 81.4%），其次是傣语，占比为 63.7%，调查对象中也没有人能够使用傣语、哈尼语熟练交谈且没有任何障碍。在调查对象中，基本不会说英语的汉族群众占 37.2%，接近 1/2 的汉族群众的英语表达能力表现为会说一些日常用语，但无人能使用英语熟练交谈且没有任何障碍。

表 3-36　景洪市贸易口岸汉族的语言表达能力（单位：%）

语言	能熟练交谈，没有任何障碍	能熟练交谈，个别时候有障碍	基本能交谈	会说一些日常用语	基本不会说
本地汉语方言	85.8	8.8	1.8	0	3.6
普通话	67.3	21.2	8.1	1.7	1.7
傣语	0	2.7	4.4	29.2	63.7
哈尼语	0	0.9	3.5	14.2	81.4
英语	0	4.4	9.7	48.7	37.2

2. 景洪市贸易口岸汉族的文字读写能力

如表 3-37 所示，景洪市贸易口岸汉族调查对象规范汉字的阅读能力较好，能使用规范汉字读书看报的达到了 93.8%，繁体字的阅读能力在各能力等级中倾向于均衡分布。绝大多数汉族调查对象完全看不懂新傣文。调查对象的英文阅读能力主要是大体均衡地分布在认识一些常用字（词）、基本看不懂、完全看不懂这三个等级上。

表 3-37 景洪市贸易口岸汉族的文字阅读能力（单位：%）

文字	能读书看报	能看懂家信或简单文章	认识一些常用字（词）	基本看不懂	完全看不懂
规范汉字	93.8	2.7	0.9	1.7	0.9
繁体字	16.8	19.5	24.8	21.2	17.7
新傣文	0	0	0	9.7	90.3
英文	4.4	11.5	24.8	29.2	30.1

如表 3-38 所示，在景洪市贸易口岸，有 81.4%的汉族调查对象能使用规范汉字写文章或其他作品，完全不会写的仅占 0.9%，繁体字的写作能力主要分布在中等及以下水平。绝大部分的汉族调查对象完全不会写新傣文。汉族调查对象的英文写作水平主要集中在中等及以下水平，完全不会写的占比最高，为 32.7%。

表 3-38 景洪市贸易口岸汉族的文字写作能力（单位：%）

文字	能写文章或其他作品	能写家信或简单文章	会写一些常用字（词）	基本不会写	完全不会写
规范汉字	81.4	10.6	5.3	1.8	0.9
繁体字	3.5	6.2	29.2	31.9	29.2
新傣文	0	0	0.9	3.5	95.6
英文	3.5	13.3	23.1	27.4	32.7

3. 景洪市贸易口岸汉族的语用能力

本部分区分出景洪市贸易口岸日常生活领域中常见的四类交际角色关系，即长辈对晚辈、晚辈对长辈、同辈和主人对客人，设计了本地汉语方言、本地汉语方言和普通话共用、普通话、傣语、哈尼语、英语和其他语言等七个语码选择类型，以期系统描述景洪市贸易口岸的汉族调查对象是如何在不同语境中进行语码选择的，从而揭示其语用能力。

如表 3-39 所示，景洪市贸易口岸汉族调查对象在日常交际中，主要使用本地汉语方言；当汉族调查对象面对家庭成员以外的交际对象时，本地汉语方言使用频率有所下降，单独使用普通话、同时使用本地汉语方言和普通话的占比逐步上升，其中单独使用普通话的占比普遍都要高于同时使用本地汉语方言和普通话的占比，尤其是当汉族调查对象处于主客话语交际角色关系中的时候，与州外游客、国外游客和陌生人使用普通话进行交际的调查对象占比均超过了 53.0%。

表 3-39　景洪市贸易口岸汉族在不同语境中的语言选择（单位：%）

交际角色		本地汉语方言	本地汉语方言和普通话共用	普通话	傣语	哈尼语	英语	其他语言
长辈对晚辈	父母对儿子	94.1	2.0	2.9	0	0	0	1.0
	爷爷奶奶对孙子	94.9	1.0	3.1	0	0	0	1.0
	公婆对儿媳	93.5	2.2	2.2	0	1.1	0	1.0
晚辈对长辈	儿子对父母	93.1	2.0	3.9	0	0	0	1.0
	孙子对爷爷奶奶	93.9	1.0	3.1	0	1.0	0	1.0
	儿媳对公婆	93.5	2.2	3.3	0	0	0	1.0
	女婿对岳父母	93.7	1.1	4.2	0	0	0	1.0
同辈	父母亲之间	91.2	2.0	3.9	0	0	0	2.9
	爷爷奶奶之间	90.8	2.0	3.1	0	0	0	4.1
主人对客人	对本族客人	86.3	2.9	4.9	2.0	0	0	3.9
	对非本族客人	83.0	1.0	13.0	0	1.0	0	2.0
	对本族领导干部	78.1	5.2	12.5	2.1	0	0	2.1
	对非本族领导干部	74.7	5.3	20.0	0	0	0	0
	对本族老师	75.3	5.2	16.5	1.0	0	0	2.0
	对非本族老师	71.1	6.2	21.6	0	0	0	1.1
	对州内游客	51.0	8.0	41.0	0	0	0	0
	对州外游客	25.0	6.0	69.0	0	0	0	0
	对国外游客	25.6	6.7	53.3	0	0	13.3	1.1
	对陌生人	35.4	10.4	53.1	0	0	1.0	0.1

同时，本书作者在景洪市贸易口岸进行调查访谈和现场观察时发现，很多汉族调查对象都会根据交际对象所使用的语言，适时调整自己的交际语言：如果交际对象使用汉语方言，那么调查对象就会使用汉语方言；如果交际对象使用普通话，那么调查对象就会做出相应的调整。但语码转换的前提是，语用主体必须具备相应的语言能力，比如有的汉族调查对象不会说普通话，即使交际对象说的是

普通话，他也只会使用汉语方言与之进行交谈。

（二）景洪市贸易口岸日常交际领域傣族的语言文字能力

1. 景洪市贸易口岸傣族的语言听说能力

如表 3-40 所示，在所调查的各类语言的听力水平中，景洪市贸易口岸傣族调查对象的傣语听力水平是最好的。有 70.9%的傣族调查对象表示完全能听懂本地汉语方言，有 62.1%的傣族调查对象表示完全能听懂普通话。傣族调查对象完全听不懂哈尼语的占比为 94.1%，所占比例高于汉族调查对象的相应选择，能听懂哈尼语一些日常用语的占比却低于汉族调查对象的相应选择。相比较而言，傣族调查对象的英语听力水平低于汉族调查对象，汉族调查对象能听懂英语一些日常用语的占比为 34.5%，但傣族调查对象仅为 11.5%。

表 3-40　景洪市贸易口岸傣族的语言听力水平（单位：%）

语言	完全能听懂	基本能听懂	能听懂一些日常用语	基本听不懂	完全听不懂
本地汉语方言	70.9	19.4	5.6	2.6	1.5
普通话	62.1	19.1	9.4	3.8	5.6
傣语	91.8	4.3	2.1	1.3	0.5
哈尼语	0	0.5	2.3	3.1	94.1
英语	0.3	3.8	11.5	9.9	74.5

如表 3-41 所示，景洪市贸易口岸傣族调查对象的本地汉语方言能力高于普通话，基本不会说普通话的傣族调查对象占 20.1%。傣族调查对象的傣语表达能力普遍较好，能熟练交谈且没有任何障碍的占比为 87.5%。绝大多数傣族调查对象基本不会说哈尼语。大部分傣族调查对象基本不会说英语，只有 13.1%的傣族调查对象会说英语的一些日常用语。

表 3-41　景洪市贸易口岸傣族的语言表达能力（单位：%）

语言	能熟练交谈，没有任何障碍	能熟练交谈，个别时候有障碍	基本能交谈	会说一些日常用语	基本不会说
本地汉语方言	56.4	23.2	11.5	4.6	4.3
普通话	34.7	19.4	14.8	11.0	20.1
傣语	87.5	6.6	3.1	1.5	1.3

续表

语言	能熟练交谈，没有任何障碍	能熟练交谈，个别时候有障碍	基本能交谈	会说一些日常用语	基本不会说
哈尼语	0	0.8	0.2	3.1	95.9
英语	0	1.5	3.8	13.1	81.6

2. 景洪市贸易口岸傣族的文字读写能力

如表 3-42 所示，在景洪市贸易口岸，44.5%的傣族调查对象可以使用规范汉字读书看报，但也有 23.0%的傣族调查对象完全看不懂规范汉字；有 56.4%的傣族调查对象完全看不懂繁体字。绝大部分的傣族调查对象看不懂新傣文，能使用新傣文读书看报的只有 5.6%。有 77.3%的傣族调查对象完全看不懂英文，英文读写能力在中上等级水平的只有 5.1%。

表 3-42　景洪市贸易口岸傣族的文字阅读能力（单位：%）

文字	能读书看报	能看懂家信或简单文章	认识一些常用字（词）	基本看不懂	完全看不懂
规范汉字	44.5	11.5	12.8	8.2	23.0
繁体字	15.6	6.1	12.0	9.9	56.4
新傣文	5.6	1.0	1.5	1.8	90.1
英文	0.5	4.6	8.7	8.9	77.3

如表 3-43 所示，景洪市贸易口岸能使用规范汉字写文章或者其他作品的傣族调查对象不多，所占比例为 31.1%；65.1%的傣族调查对象完全不会写繁体字。90.8%的傣族调查对象完全不会写新傣文。77.8%的傣族调查对象完全不会写英文。

表 3-43　景洪市贸易口岸傣族的文字写作能力（单位：%）

文字	能写文章或其他作品	能写家信或简单文章	会写一些常用字（词）	基本不会写	完全不会写
规范汉字	31.1	18.1	15.8	7.7	27.3
繁体字	7.3	7.7	12.0	7.9	65.1
新傣文	2.6	2.8	2.3	1.5	90.8
英文	0.3	3.8	8.7	9.4	77.8

3. 景洪市贸易口岸傣族的语言选择

如表 3-44，景洪市贸易口岸傣族调查对象的日常交际主要使用傣语，兼用本地汉语方言；特定语境中会使用普通话，尤其是当交际对象变更为非本族人员、外地游客和陌生人时，普通话的使用频率就会有所上升。

调查及访谈显示，在面对不同的交际对象时，很多傣族调查对象往往都是遇到汉族就讲汉语，遇到傣族就讲傣语，前提是语用主体具备相应的语言能力。例如，有的傣族调查对象不会讲也不太听得懂普通话，但能够说本地汉语方言。当他与说普通话的交际对象交流时，自己也只会使用本地汉语方言。但如果交际对象是傣族，那么大部分傣族调查对象都会使用傣语进行交流。此外，在景洪市贸易口岸一些少数民族村寨中，部分哈尼族、布朗族群众会使用傣语，他们也会选择和使用傣语跟傣族进行交流，但这种情况多见于 60 岁左右的调查对象，青少年一般还是习惯于选择汉语作为不同民族之间的交际工具。

就总体情况来看，景洪市贸易口岸傣族调查对象的日常交际存在多语多言的现象。

表 3-44　景洪市贸易口岸傣族在不同语境中的语言选择（单位：%）

交际角色		本地汉语方言	普通话	傣语	英语	多语	多言	多语多言	其他语言
长辈对晚辈	父母对儿子	10.6	0.9	80.5	0	7.4	0.3	0.3	0
	爷爷奶奶对孙子	18.4	0	73.7	0	6.6	0	1.3	0
	公婆对儿媳	30.9	0	61.8	0	7.3	0	0	0
晚辈对长辈	儿子对父母	9.5	0.5	84.5	0	4.5	0	0.5	0.5
	孙子对爷爷奶奶	24.3	0	68.9	0	6.8	0	0	0
	儿媳对公婆	25.3	0	65.7	0	7.5	1.5	0	0
	女婿对岳父母	20.8	0	63.6	0	15.6	0	0	0
同辈	父母亲之间	15.0	1.4	78.2	0	4.8	0.3	0.3	0
	爷爷奶奶之间	16.0	0	78.7	0	4.0	1.3	0	0
主人对客人	对本族客人	14.3	0	75.3	0	10.4	0	0	0
	对非本族客人	77.3	5.3	5.3	0	2.7	6.7	1.4	1.3
	对本族领导干部	21.3	5.3	60.0	0	12.0	1.4	0	0
	对非本族领导干部	71.6	9.5	4.0	0	4.0	9.5	0	1.4

续表

交际角色		本地汉语方言	普通话	傣语	英语	多语	多言	多语多言	其他语言
主人对客人	对本族老师	24.0	4.0	52.0	0	12.0	1.3	6.7	0
	对非本族老师	65.8	15.8	1.3	0	1.3	13.2	1.3	1.3
	对州内游客	51.3	34.3	0	0	2.6	10.5	1.3	0
	对州外游客	12.0	78.7	1.3	0	1.3	6.7	0	0
	对国外游客	16.4	59.0	1.6	8.3	9.8	4.9	0	0
	对陌生人	29.6	52.1	2.8	0	2.8	9.9	2.8	0

第三节　关累口岸领域语言生活状况

在关累口岸的调查对象中，汉族占 23.6%，傣族占 30.1%，哈尼族占 41.1%，其他少数民族占 5.2%，其中，汉族调查对象中有出生地非本地人员 71 人，少数民族调查对象中有出生地非本地人员 16 人。这些出生地非本地的调查对象，由于长期居住本地，不但能根据交际对象、交际场景等语境因素，灵活转换语码，而且在其汉语方言的使用过程中呈现出融入本地汉语方言的特点。这种多民族杂居所导致的多语多言的语言生活状态，正是关累口岸领域语言生活所特有的格局。

一、关累口岸官方工作领域语言生活调查

调查显示，在关累口岸官方工作领域，公务员调查对象使用频率最高的工作语言是本地汉语方言，少数民族语言的使用频率比较低。本部分主要围绕公务员自身的语言文字能力和来访人员的语言使用情况两个方面进行说明。

（一）关累口岸官方工作领域公务员的语言文字能力

关累口岸公务员的语言文字能力，主要包括语言的听说能力、文字的读写能力，以及由此形成的语用能力。

1. 关累口岸公务员的语言听说能力

如表 3-45 所示，语言听力方面：关累口岸公务员调查对象的本地汉语方言、普通话的听力良好；少数民族语言的听力比较弱，少数公务员调查对象能听懂少

数民族语言的一些日常用语；公务员调查对象所掌握的哈尼语听力，要比傣语的水平高；调查对象中，无人能完全听懂英语，能听懂英语的一些日常用语的占比较低。

表 3-45 关累口岸公务员的语言听力水平（单位：%）

语言	完全能听懂	基本能听懂	能听懂一些日常用语	基本听不懂	完全听不懂
本地汉语方言	100.0	0	0	0	0
普通话	84.0	16.0	0	0	0
傣语	4.0	0	4.0	40.0	52.0
哈尼语	12.0	20.0	20.0	8.0	40.0
英语	0	0	7.4	25.9	66.7

如表 3-46 所示，语言表达能力方面：关累口岸公务员调查对象均能使用本地汉语方言进行熟练交谈且没有任何障碍，其次是普通话，有超过半数的调查对象能使用普通话熟练交谈且没有任何障碍。公务员调查对象所掌握的哈尼语表达能力，要比傣语的水平高。无人能使用英语进行熟练交谈。

表 3-46 关累口岸公务员的语言表达能力（单位：%）

语言	能熟练交谈，没有任何障碍	能熟练交谈，个别时候有障碍	基本能交谈	会说一些日常用语	基本不会说
本地汉语方言	100.0	0	0	0	0
普通话	52.0	12.0	32.0	0	4.0
傣语	4.0	0	4.0	40.0	52.0
哈尼语	12.0	20.0	20.0	8.0	40.0
英语	0	0	0	20.0	80.0

2. 关累口岸公务员的文字读写能力

如表 3-47 所示，关累口岸的公务员调查对象具有很强的规范汉字阅读能力，大部分公务员调查对象看不懂少数民族文字，少数公务员调查对象具备一定的英文阅读能力。

表 3-47　关累口岸公务员的文字阅读能力（单位：%）

文字	能读书看报	能看懂家信或简单文章	认识一些常用字（词）	基本看不懂	完全看不懂
规范汉字	100.0	0	0	0	0
新傣文	0	4.0	0	8	88.0
老傣文	0	0	0	0	100.0
英文	0	4.0	12.0	12.0	72.0

如表 3-48 所示，关累口岸公务员调查对象的规范汉字写作能力普遍很强，但少数民族文字、英文的写作能力都比较薄弱。

表 3-48　关累口岸公务员的文字写作能力（单位：%）

文字	能写文章或其他作品	能写家信或简单文章	会写一些常用字（词）	基本不会写	完全不会写
规范汉字	88.0	12.0	0	0	0
新傣文	0	0	0	4.0	96.0
老傣文	0	0	0	0	100.0
英文	0	0	0	12.0	88.0

3. 关累口岸公务员的语用能力

关累口岸公务员调查对象的语用能力主要表现为：语用主体在各类交际场景中，面对不同的交际对象，开展各种交际话题时，所选择和使用的语言情况。根据关累口岸语言生活的实际，本部分将交际场景大体区分为公众场合、家庭活动、婚丧活动、民族节庆、广场休闲、民间比赛、民族宗教等七种类型，并据此调查语用主体使用本地汉语方言、普通话、傣语和哈尼语的具体情况。

如表 3-49 所示，关累口岸公务员调查对象在各类交际场景中，使用频率较高的是本地汉语方言，普通话主要运用于除公众场合、家庭活动以外的交际场景，且交际对象多为陌生人，这与关累口岸外来人员较多以及所使用的语言较为复杂具有一定的关系。在家庭活动中，关累口岸的公务员调查对象所选择和使用的语言与交际对象保持一致。

表 3-49 关累口岸公务员在不同语境中的语言选择【多选】（单位：%）

语境		本地汉语方言	普通话	傣语	哈尼语
公众场合	集贸市场	81.7	0	0	6.5
	超市商店	87.1	0	0	0
	医院	87.1	0	0	0
	银行	87.1	0	0	0
	餐饮	87.1	0	0	0
家庭活动	亲朋好友聚会	80.6	0	0	9.7
	爷爷奶奶	64.5	0	0	19.4
	父母	67.7	0	0	22.6
	子女	67.8	0	0	12.9
	配偶	82.5	0	0	18.2
婚丧活动	亲属	85.2	0	0	22.2
	朋友	92.6	0	0	18.5
	陌生人	92.6	33.3	0	0
民族节庆	亲属	81.5	3.77	0	18.5
	朋友	92.6	0	0	11.1
	陌生人	96.3	29.6	0	0
广场休闲	亲属	81.5	3.7	0	14.8
	朋友	92.6	0	0	7.4
	陌生人	96.3	29.6	0	0
民间比赛	亲属	88.9	0	0	11.1
	朋友	96.3	0	0	14.8
	陌生人	88.9	29.6	0	7.4
民族宗教	亲属	88.9	0	0	11.1
	朋友	92.6	0	0	7.4
	陌生人	88.9	29.6	0	11.1

（二）关累口岸官方工作领域来访人员的语言选择

调查显示，关累口岸官方工作领域中，73.4%的来访（含办事）人员使用本地汉语方言，其次是普通话，占比为 14.2%。选择使用傣语、哈尼语进行交流的占比较低，分别为 6.2%和 4.2%。但就总体情况而言，关累口岸官方工作领域的公务员调查对象都能够根据交际对象所使用的语言，在自己具备该语言能力的前提下，选择来访人员所使用的语言与之进行交际。

二、关累口岸文化教育领域语言生活调查

（一）关累口岸文化教育领域师生的语言文字能力

1. 关累口岸师生的语言听说能力

如表 3-50、表 3-51 所示，关累口岸师生调查对象的语言听力，占比最高的是普通话和本地汉语方言；部分师生调查对象具备一定的傣语、哈尼语的听力水平，且哈尼语的听力水平整体上要高于傣语的听力水平；教师调查对象的英语水平主要分布在中等及以下水平，大部分学生调查对象的英语听力水平较低。

表 3-50 关累口岸教师的语言听力水平（单位：%）

语言	完全能听懂	基本能听懂	能听懂一些日常用语	基本听不懂	完全听不懂
本地汉语方言	100.0	0	0	0	0
普通话	100.0	0	0	0	0
傣语	10.0	0	10.0	50.0	30.0
哈尼语	50.0	0	10.0	20.0	20.0
英语	0	0	33.3	33.3	33.4

表 3-51 关累口岸学生的语言听力水平（单位：%）

语言	完全能听懂	基本能听懂	能听懂一些日常用语	基本听不懂	完全听不懂
本地汉语方言	93.3	6.7	0	0	0
普通话	82.2	17.8	0	0	0
傣语	37.8	0	4.4	0	57.8
哈尼语	35.6	8.9	6.7	2.1	46.7
英语	0	2.2	17.8	8.9	71.1

如表 3-52、表 3-53 所示，关累口岸师生调查对象的汉语表达能力普遍很好，

且教师调查对象的水平高于学生调查对象，100%的教师调查对象能使用本地汉语方言、普通话熟练交谈且没有任何障碍，但能使用少数民族语言熟练交谈且没有任何障碍的教师调查对象不多；师生调查对象中均无人能使用英语熟练交谈且没有任何障碍，大部分师生调查对象基本不会说英语。

表 3-52 关累口岸教师的语言表达能力（单位：%）

语言	能熟练交谈，没有任何障碍	能熟练交谈，个别时候有障碍	基本能交谈	会说一些日常用语	基本不会说
本地汉语方言	100.0	0	0	0	0
普通话	100.0	0	0	0	0
傣语	10.0	0	10.0	30.0	50.0
哈尼语	50.0	10.0	0	10.0	30.0
英语	0	0	0	20.0	80.0

表 3-53 关累口岸学生的语言表达能力（单位：%）

语言	能熟练交谈，没有任何障碍	能熟练交谈，个别时候有障碍	基本能交谈	会说一些日常用语	基本不会说
本地汉语方言	66.7	15.6	8.9	4.4	4.4
普通话	26.7	33.3	24.4	11.2	4.4
傣语	37.8	0	0	4.4	57.8
哈尼语	35.6	2.2	6.7	4.4	51.1
英语	0	0	4.4	20.0	75.6

2. 关累口岸师生的文字读写能力

如表 3-54 所示，关累口岸教师调查对象的规范汉字阅读能力很强，但绝大部分教师调查对象完全看不懂少数民族文字；70.0%的教师调查对象表示完全看不懂英文，只有 10.0%的教师调查对象表示认识英文的一些常用字（词）。

表 3-54 关累口岸教师的文字阅读能力（单位：%）

文字	能读书看报	能看懂家信或简单文章	认识一些常用字（词）	基本看不懂	完全看不懂
规范汉字	100.0	0	0	0	0
新傣文	0	0	0	10	90.0

续表

文字	能读书看报	能看懂家信或简单文章	认识一些常用字（词）	基本看不懂	完全看不懂
老傣文	0	0	0	10	90.0
英文	0	0	10.0	20.0	70.0

如表3-55所示，超过半数的学生调查对象具有中上等级的规范汉字阅读能力，少数民族文字和英文的阅读能力则普遍较弱，尤其是少数民族文字的阅读能力。

表 3-55　关累口岸学生的文字阅读能力（单位：%）

文字	能读书看报	能看懂家信或简单文章	认识一些常用字（词）	基本看不懂	完全看不懂
规范汉字	66.7	22.2	11.1	0	0
新傣文	0	2.2	2.2	0	95.6
老傣文	0	2.2	0	2.2	95.6
英文	0	6.7	13.3	4.4	75.6

如表3-56所示，教师调查对象使用规范汉字的能力水平很高，但完全不会写少数民族文字；只有少数教师调查对象会写一些英文的常用字（词），大部分教师调查对象则完全不会写英文。

表 3-56　关累口岸教师的文字写作能力（单位：%）

文字	能写文章或其他作品	能写家信或简单文章	会写一些常用字（词）	基本不会写	完全不会写
规范汉字	100.0	0	0	0	0
新傣文	0	0	0	0	100.0
老傣文	0	0	0	0	100.0
英文	0	0	10.0	20.0	70.0

如表3-57所示，关累口岸绝大多数学生调查对象的规范汉字写作能力处于中等及以上水平；完全不会写少数民族文字的学生调查对象所占比例较高；学生调查对象的英文写作能力不高，有77.8%的调查对象表示完全不会写。

表 3-57　关累口岸学生的文字写作能力（单位：%）

文字	能写文章或其他作品	能写家信或简单文章	会写一些常用字（词）	基本不会写	完全不会写
规范汉字	40.0	44.4	15.6	0	0
新傣文	0	0	2.2	0	97.8
老傣文	0	0	0	2.2	97.8
英文	0	2.2	15.6	4.4	77.8

3. 关累口岸师生的语用能力

本部分设定了课堂教学（学习）、课后交际两个交际场景，区分出同事、学生两类交际对象，划分了工作（学习）、非工作（非学习）两种交际话题，并据此描述关累口岸的师生在日常工作中的语言选择和使用的情况。

如表 3-58 所示，在课堂教学中，教师调查对象使用普通话的频率最高，但也有少数调查对象会使用本地汉语方言。在课后交际中，教师与同事交流工作内容时，大多数调查对象使用普通话，部分调查对象则会使用本地汉语方言；教师与同事交流非工作内容时，绝大多数调查对象都会选择使用本地汉语方言，使用普通话的调查对象相对要少一些。超过半数的教师调查对象，在与学生进行课后交际时会使用普通话，选择本地汉语方言进行交流的调查对象具有一定的占比。值得注意的是，所有交际场景中均无教师调查对象选择使用少数民族语言进行交际。

表 3-58　关累口岸教师在不同语境中的语言选择【多选】（单位：%）

语言	课堂教学（学习）	课后交际			
	教师教学用语	教师与同事交流工作内容	教师与学生交流学习内容	教师与同事交流非工作内容	教师与学生交流非学习内容
本地汉语方言	10.0	40.0	40.0	90.0	30.0
普通话	100.0	80.0	70.0	40.0	60.0
傣语	0	0	0	0	0
哈尼语	0	0	0	0	0

如表 3-59 所示，学生调查对象在各类交际场景中，使用频率最高的都是本地汉语方言，其次是普通话。调查对象在课后交际中，关于学习内容的交流，学生

与教师使用普通话的占比要高于与同学的交流；关于非学习内容的交流，学生与教师使用普通话的占比也高于与同学的交流。学生调查对象交流学习内容时，选择使用少数民族语言的比较少；学生之间交流非学习内容时，选择使用少数民族语言的占比有所增加，且使用哈尼语的调查对象多于使用傣语的调查对象。

表 3-59　关累口岸学生在不同语境中的语言选择【多选】（单位：%）

语言	课堂学习	课后交际			
	学生之间交流学习	学生与教师交流学习内容	学生与学生交流学习内容	学生与教师交流非学习内容	学生与学生交流非学习内容
本地汉语方言	55.6	60.0	71.1	64.4	82.2
普通话	42.2	40.0	26.7	31.1	15.6
傣语	0	2.2	4.4	0	11.1
哈尼语	2.2	0	2.2	2.2	15.6

（二）关累口岸群众对文化教育领域的语言需求

关累口岸群众调查对象对幼儿园、小学教育教学用语的需求，在一定程度上反映了边疆多民族边境地区家长对孩子语言学习（习得）的目标期望。

调查结果显示：关累口岸调查对象中，希望教师使用普通话教学的占 61.8%；希望教师同时运用普通话、少数民族语言进行教学的占 19.9%；希望教师同时运用普通话、英语进行教学的占 9.2%；希望教师使用本地汉语方言和少数民族语言进行教学的占 3.3%。上述数据反映了当地群众对学前教育、小学教育阶段教师良好语言应用能力的需求。

参考《中国语言文字使用情况调查资料》[①]相关数据：全国、云南省对小学教师教学用语为普通话的期望分别为 94.6%、91.7%，期望小学教师教学用语为少数民族语言的分别为 2.6%、6.9%。对比上述调查数据大体可以看出：关累口岸群众对教师在教学工作中使用普通话的期望，低于全国、云南省的水平；对教师使用普通话和少数民族语言进行双语教学的期望则相对要高一些。这与关累口岸独特的地理位置等因素具有一定的关系。

① 此处按照保留调查数据小数点后一位的原则，对原书中的数据进行了四舍五入。原书数据见：中国语言文字使用情况调查领导小组办公室. 2006. 中国语言文字使用情况调查资料. 北京：语文出版社：91.

三、关累口岸大众传媒领域语言生活调查

关累口岸的受众主要是通过勐腊县广播电视台、景洪市融媒体中心、西双版纳广播电视台、《西双版纳报》等接触到大众传媒的。景洪市融媒体中心、西双版纳广播电视台、《西双版纳报》的语言文字使用情况，已在本章第二节中进行说明。本部分主要对勐腊县广播电视台及其工作人员从大众传媒领域语言文字使用情况、大众传媒从业人员语言文字使用情况、受众对大众传媒语言文字的态度等方面进行调查。

（一）关累口岸大众传媒领域语言文字使用情况

勐腊县广播电视台有《勐腊新闻》节目，时长 15 分钟，分为汉语新闻节目（每周一、三、五）和傣语新闻节目（每周二、四、六），傣语新闻节目为汉语新闻节目的翻译。《勐腊新闻》覆盖整个勐腊县，信息来源为本台采集完成。

调查显示：关累口岸受众主要是通过普通话来了解本地广播新闻的，具体占比为 66.1%，其次是傣语，占比为 24.2%。本地电视新闻的了解途径则不同，通过傣语了解本地电视新闻的占比最高，为 89.9%，普通话则仅占 4.9%。关累口岸 100%的受众调查对象都是通过规范汉字接触到本地纸媒的新闻报道的。此外，通过普通话和规范汉字了解到本地网络新闻报道的受众调查对象所占比例最高，为 99.6%。由此可见，关累口岸大众传媒领域的普通话、规范汉字的使用频率比较高。根据调查访谈结果，当地部分受众调查对象对少数民族语言文字的媒体语言也有一定的需求。

（二）关累口岸大众传媒从业人员语言文字使用情况

如表 3-60～表 3-63 所示，关累口岸大众传媒从业人员的普通话、规范汉字的能力水平非常高。少数民族语言文字的掌握程度也要高于普通群众，具体表现为：少数民族语言的听力水平、表达能力主要分布在中等及以上水平，少数民族文字的阅读能力要高于写作能力。

调查及访谈显示，勐腊县广播电视台的从业人员，为兼顾当地广大受众尤其是少数民族受众的需求，日常工作语言主要是普通话、本地汉语方言，傣语的使用占有一定的比例，较少使用哈尼语；规范汉字的使用比例较高，新傣文和老傣文的使用也占有一定的比例。此外，大众传媒从业人员在进行新闻采访时，也会

根据语境，尤其是采访对象所使用的语言，适时进行语码转换。

表 3-60　关累口岸大众传媒从业人员的语言听力水平（单位：%）

语言	完全能听懂	基本能听懂	能听懂一些日常用语	基本听不懂	完全听不懂
本地汉语方言	100.0	0	0	0	0
普通话	100.0	0	0	0	0
傣语	40.0	20.0	20.0	0	20.0
哈尼语	13.3	26.7	26.7	0	33.3
英语	0	0	40	0	60

表 3-61　关累口岸大众传媒从业人员的语言表达能力（单位：%）

语言	能熟练交谈，没有任何障碍	能熟练交谈，个别时候有障碍	基本能交谈	会说一些日常用语	基本不会说
本地汉语方言	33.3	66.7	0	0	0
普通话	100.0	0	0	0	0
傣语	40.0	20.0	20.0	0	20.0
哈尼语	13.3	26.7	26.7	0	33.3
英语	0	0	0	40.0	60.0

表 3-62　关累口岸大众传媒从业人员的文字阅读能力（单位：%）

文字	能读书看报	能看懂家信或简单文章	认识一些常用字（词）	基本看不懂	完全看不懂
规范汉字	100.0	0	0	0	0
新傣文	46.8	26.6	0	0	26.6
老傣文	46.8	26.6	0	0	26.6
英文	0	0	40	60	0

表 3-63　关累口岸大众传媒从业人员的文字写作能力（单位：%）

文字	能写文章或其他作品	能写家信或简单文章	会写一些常用字（词）	基本不会写	完全不会写
规范汉字	100.0	0	0	0	0
新傣文	26.7	0	0	0	73.3
老傣文	26.7	0	0	0	73.3
英文	0	0	40.0	40.0	20.0

（三）关累口岸受众对大众传媒语言文字的态度

在关累口岸，大部分群众（包括少数民族村寨）家里都有电视、计算机，很多人都配有智能手机，加之少数民族村寨所固有的生活方式，形成了关累口岸受众了解新闻的多样化途径。调查数据显示：当地受众调查对象了解新闻的主要途径是人际传播，通过家人了解新闻的占比为 78.4%；其次是手机和网络，所占比例分别为 29.2%、21.6%。通过电视了解新闻的受众调查对象占 11.2%，高于广播作为了解新闻传播途径的占比。

调查数据还显示，关累口岸受众调查对象最喜欢收看的电视节目是新闻（占比为 80.7%）和电视剧（占比为 15.7%）。其中，收看中央电视台新闻节目的占 67.6%，收看云南广播电视台新闻节目和西双版纳广播电视台新闻节目的所占比例相同（14.0%），收看勐腊县广播电视台新闻节目的占 2.8%。

如表 3-64 所示，关累口岸受众调查对象对使用普通话、汉语方言、规范汉字的新闻节目的理解度较高，对英语及英文新闻节目的理解度是最低的。少数民族语言新闻节目的受众大多为少数民族群众。

表 3-64　关累口岸受众对新闻语言及文字的理解程度（单位：%）

程度	傣语	新傣文	老傣文	哈尼语	普通话	规范汉字	汉语方言	英语及英文
完全能理解	22.9	3.6	0.4	24.1	59.8	48.6	50.2	0
能理解	2.0	2.8	0.8	10.4	29.3	24.5	30.5	0
基本能理解	8	5.6	2.4	13.3	7.7	18.9	17.7	0
不能理解	67.1	88.0	96.4	52.2	3.2	8.0	1.6	100.0

1. 关累口岸受众对大众传媒语言文字的喜爱程度

调查访谈显示，年纪稍大的少数民族调查对象既听不懂汉语也不会讲汉语，少数民族语言的广播电视节目便成了他们了解新闻和外界的重要途径。

如表 3-65 所示，关累口岸受众调查对象对大众传媒语言文字的喜爱程度，占比最高的是普通话和规范汉字，喜爱少数民族语言文字的受众占比也不容忽视，但以中老年调查对象居多。对于大众传媒使用英语及英文，当地受众持开放态度，很多调查对象表示：英语及英文在未来的生活中、与境外人员的交流过程中，其地位和作用会日益凸显。

表 3-65　关累口岸受众对大众传媒语言文字的喜爱程度（单位：%）

程度	傣语	新傣文	老傣文	哈尼语	普通话	规范汉字	汉语方言	英语及英文
非常喜欢	11.7	11.3	10.9	8.5	44.0	43.5	3.6	0
喜欢	11.3	11.3	10.9	21.9	44.0	44.8	25.4	2.4
一般	55.6	56.9	57.8	53.4	11.6	11.3	69.4	79.5
讨厌	21.0	20.1	20.2	15.8	0.4	0.4	1.6	17.7
非常讨厌	0.4	0.4	0.2	0.4	0	0	0	0.4

2. 关累口岸受众对大众传媒语言文字的情感诉求

调查数据显示：关累口岸的各民族群众思想观念较为开明，对新鲜事物的接受能力强，受众收听（看）广播电视节目几乎不受语言文字的限制。调查对象中，表示愿意长期收听（看）普通话及规范汉字的受众调查对象占比最高，分别为 73.8%和 65.7%，其次是傣语和哈尼语，占比分别为 14.4%和 17.2%。这些数据都反映了关累口岸受众调查对象对本民族语言文化传播和发展趋势的一种期望。

此外，通过调查访谈得知，关累口岸的受众调查对象还希望大众传媒多制作一些规范汉字的报刊，对傣文报刊也有一定的需求量。

四、关累口岸公共服务领域语言生活调查

关累口岸公共服务领域语言生活调查，主要是从服务行业人员的语言文字能力、顾客的语言选择，以及公共服务设施的文字使用情况等方面进行的。

（一）关累口岸公共服务领域从业人员的语言文字能力

1. 关累口岸服务业人员的语言听说能力

如表 3-66 所示，88.9%的服务业调查对象完全能听懂普通话，73.0%的服务业调查对象完全能听懂本地汉语方言。这说明，关累口岸公共服务领域从业人员的汉语听力水平较高，尤其是普通话，这与居住此地的外地流动人口较多具有一定的关系。但是，完全能听懂傣语的只有 6.3%，完全能听懂哈尼语的占 11.1%，完

全听不懂傣语和哈尼语的占比均超过半数。关累口岸的服务业调查对象中，无人能完全听懂英语，有11.1%的调查对象能听懂英语的一些日常用语。

表3-66 关累口岸服务业人员的语言听力水平（单位：%）

语言	完全能听懂	基本能听懂	能听懂一些日常用语	基本听不懂	完全听不懂
本地汉语方言	73.0	20.6	3.2	0	3.2
普通话	88.9	7.9	3.2	0	0
傣语	6.3	1.6	17.5	7.9	66.7
哈尼语	11.1	7.9	11.1	3.2	66.7
英语	0	0	11.1	6.4	82.5

如表3-67所示，关累口岸公共服务领域从业人员的本地汉语方言、普通话表达能力主要分布于中等及以上水平，且本地汉语方言表达能力相对高于普通话表达能力。值得注意的是，关累口岸外来人口比较多，故有31.7%的调查对象基本不会说本地汉语方言，远高于基本不会说普通话的调查对象的占比。高水平的傣语、哈尼语表达者所占比例不高。基本不会说英语的调查对象占了绝大多数。

表3-67 关累口岸服务业人员的语言表达能力（单位：%）

语言	能熟练交谈，没有任何障碍	能熟练交谈，个别时候有障碍	基本能交谈	会说一些日常用语	基本不会说
本地汉语方言	39.7	4.8	17.5	6.3	31.7
普通话	25.4	31.7	28.7	7.9	6.3
傣语	6.3	1.6	0	11.1	81.0
哈尼语	11.1	3.2	0	11.1	74.6
英语	0	0	1.6	7.9	90.5

2. 关累口岸服务业人员的文字读写能力

如表3-68所示，关累口岸有76.2%的服务业调查对象能使用规范汉字读书看报，7.9%的调查对象完全看不懂规范汉字；无人能够使用老傣文读书看报和看懂家信或简单文章，但有少数服务业调查对象能使用新傣文读书看报和看懂家信或简单文章；无人能使用英文读书看报，87.3%的服务业调查对象表示完全看不懂英文。

表 3-68 关累口岸服务业人员的文字阅读能力（单位：%）

文字	能读书看报	能看懂家信或简单文章	认识一些常用字（词）	基本看不懂	完全看不懂
规范汉字	76.2	12.7	3.2	0	7.9
新傣文	1.6	1.6	0	0	96.8
老傣文	0	0	0	0	100.0
英文	0	1.6	7.9	3.2	87.3

如表 3-69 所示，关累口岸服务业调查对象的规范汉字写作能力较好，完全不会写的仅占 7.9%。极少数调查对象能够使用新傣文、英文写家信或简单文章，且英文的写作能力总体上要略高于新傣文的写作能力。调查对象中，无人具备老傣文的写作能力。

表 3-69 关累口岸服务业人员的文字写作能力（单位：%）

文字	能写文章或其他作品	能写家信或简单文章	会写一些常用字（词）	基本不会写	完全不会写
规范汉字	31.7	50.9	9.5	0	7.9
新傣文	0	1.6	0	0	98.4
老傣文	0	0	0	0	100.0
英文	0	1.6	7.9	3.2	87.3

3. 关累口岸服务业人员的语用能力

调查及访谈显示：关累口岸公共服务领域从业人员的日常工作语言呈现出多语多言的特点，除傣语、哈尼语外，其他语言均有所涉及。很多调查对象都表示，自己会根据顾客所使用的语言来选择服务语言，但使用本地汉语方言的频率相对要高一些，占比为 80.9%，而普通话的使用占比则为 27.0%。

（二）关累口岸公共服务领域顾客的语言选择情况

根据关累口岸公共服务领域语言生活实际，以及当地群众日常生活中使用频率最高、使用范围最广的交际场景，本部分重点划分出五种交际场景类型来对公共服务领域顾客的语言选择情况进行调查，分别是集贸市场买菜、商场（超市）购物、医院看病、银行办理业务、餐饮娱乐。

如表 3-70 所示，关累口岸的顾客在各类交际场景中，使用频率最高的是本地汉语方言；普通话在各交际场景中的使用频率，分布相对均衡，其中以银行办理业务时使用普通话的频率为最高。需要注意的是，在五类交际场景中，均存在不同程度的双语（言）使用现象，只是所占比例不高。

表 3-70 关累口岸顾客不同语境中的语言选择（单位：%）

交际场景	本地汉语方言	普通话	傣语	哈尼语	本地汉语方言和哈尼语	本地汉语方言和普通话	本地汉语方言和傣语
集贸市场买菜	77.5	6.5	5.7	4.2	3.9	0.3	1.9
商场（超市）购物	78.4	7.8	5.2	3.6	3.3	0.7	1.0
医院看病	81.0	7.8	5.2	2.6	2.0	0.7	0.7
银行办理业务	79.8	9.8	5.2	2.9	1.6	0.7	0
餐饮娱乐	82.3	6.9	5.9	2.6	1.3	0.7	0.3

（三）关累口岸公共服务设施的文字使用情况

通过对关累口岸主干街道的店名、指示牌和单位挂牌等的文字使用情况的实地调查，本部分将关累口岸公共服务设施的文字使用情况划分为十种类型：①使用规范汉字和傣文的；②使用规范汉字、傣文和拼音的；③使用规范汉字、傣文和英文的；④使用规范汉字和英文的；⑤使用规范汉字和拼音的；⑥使用规范汉字的；⑦使用规范汉字、傣文、拼音和数字的；⑧使用规范汉字、傣文和数字的；⑨使用规范汉字、傣文、英文和数字的；⑩使用规范汉字和数字的。其中，数字指的是牌匾上有的电话号码、门牌号数等。根据《西双版纳州人民政府办公室关于广告、门牌、交通道路指示牌等规范使用傣汉两种文字的通知》[①]，使用情况为①、③、⑧的符合规范。

① 西双版纳傣族自治州人民政府. 西双版纳州人民政府办公室关于广告、门牌、交通道路指示牌等规范使用傣汉两种文字的通知（西政办发〔2006〕75 号）. https://www.xsbn.gov.cn/192.news.detail.dhtml?news_id=21502. 2006-07-12.

如表 3-71 所示，关累口岸符合规范的单位挂牌 2 个，占 22.2%；符合规范的店名有 28 个，占 57.1%；符合规范的指示牌有 2 个，占 20.0%。由此可见，关累口岸店名的文字规范程度较高。另外，本次调查在单位挂牌、店名、指示牌中没有发现错别字，说明其使用规范汉字的情况比较好。

表 3-71　关累口岸单位挂牌、店名和指示牌的用字情况（单位：个）

类型	单位挂牌	店名	指示牌
规范汉字和傣文	0	6	2
规范汉字、傣文和拼音	0	0	0
规范汉字、傣文和英文	2	9	0
规范汉字和英文	2	3	1
规范汉字和拼音	0	2	1
规范汉字	5	6	3
规范汉字、傣文、拼音和数字	0	1	0
规范汉字、傣文和数字	0	13	0
规范汉字、傣文、英文和数字	0	3	0
规范汉字和数字	0	6	3
合计	9	49	10

五、关累口岸公众交际领域语言生活调查

关累口岸公众交际领域语言生活，主要涉及的是婚丧活动、民族节庆、广场休闲娱乐、民间比赛、寺庙宗教活动等交际场景，以及亲属、朋友和陌生人等交际对象的语言生活实态。

（一）关累口岸公众在不同语境中的语言选择情况

如表 3-72 所示，关累口岸公众调查对象在婚丧活动、民族节庆、广场休闲娱乐、民间比赛、寺庙宗教活动等交际场景中，与亲属、朋友交流时，本地汉语方言和少数民族语言的使用频率较高；与陌生人交流时，本地汉语方言和普通话的使用频率比较高，少数民族语言的使用频率则呈现出下降趋势。

表 3-72 关累口岸公众在不同语境中的语言选择【多选】（单位：%）

交际场景	交际对象	本地汉语方言	普通话	傣语	哈尼语
婚丧活动	亲属	38.5	1.0	29.4	36.3
	朋友	74.2	6.9	28.1	31.0
	陌生人	79.4	28.8	8.5	7.2
民族节庆	亲属	37.9	1.6	29.7	35.6
	朋友	74.5	6.9	27.5	30.4
	陌生人	79.4	28.8	8.5	7.2
广场休闲娱乐	亲属	38.5	2.3	29.1	35.6
	朋友	37.1	7.5	27.5	30.4
	陌生人	79.7	28.1	8.5	7.8
民间比赛	亲属	39.1	2.0	29.2	34.4
	朋友	74.4	7.2	27.5	30.2
	陌生人	79.3	28.5	8.5	7.9
寺庙宗教活动	亲属	38.1	1.6	29.5	35.4
	朋友	73.5	7.2	27.9	30.5
	陌生人	79.7	27.5	8.9	8.2

除上述交际场景外，本书作者还对关累口岸公众交际领域中的其他活动，如村寨内部或村寨之间组织的集体活动、政府及工作人员在公众场所组织的宣讲活动等，进行了调查及访谈。结果显示：调查对象在面对亲属时，也是本地汉语方言和少数民族语言的使用频率较高；面对朋友时，本地汉语方言使用频率增幅较大，而少数民族语言的使用频率则保持相对稳定；面对陌生人时，调查对象使用普通话的频率呈上升态势。

（二）关累口岸公众在不同语境中的文字选择情况

如表 3-73 所示，在关累口岸公众交际领域中，绝大多数调查对象普遍认为，去政府办事时、公共场所中最方便的指示牌均为规范汉字，而家庭最常用的文字也是规范汉字。公众交际领域中使用少数民族文字，则主要是为了方便特定民族的群众，但由于掌握少数民族文字的群众不多，故少数民族调查对象对本民族文字在公众交际领域中的功能评价并不高。

表 3-73　关累口岸公众在不同语境中的文字选择情况（单位：%）

类型	规范汉字	繁体字	傣文
政府办事时最方便的指示牌	96.9	0	3.1
公共场所中最方便的指示牌	97.1	0.7	2.2
家庭最常用的文字	95.6	1.2	3.2

六、关累口岸日常交际领域语言生活调查

在日常交际领域的语言生活中，语用主体往往倾向于选择和使用本人最熟悉的语言文字。因此，日常交际领域的语言生活状况，能够真实地反映出人们的语言能力及水平。鉴于汉族、傣族、哈尼族是关累口岸的主要民族，故本部分重点对其语言文字能力进行描述。

（一）关累口岸日常交际领域汉族的语言文字能力

1. 关累口岸汉族的语言听说能力

如表 3-74 所示，关累口岸汉族调查对象的汉语听力普遍较好，尤其是普通话的听力水平明显高于本地汉语方言和其他民族语言。大多数汉族调查对象完全听不懂傣语、哈尼语和英语，少数民族语言和英语的听力水平主要分布在中等及以下水平。

表 3-74　关累口岸汉族的语言听力水平（单位：%）

语言	完全能听懂	基本能听懂	能听懂一些常用语	基本听不懂	完全听不懂
本地汉语方言	74.0	20.5	1.4	0	4.1
普通话	90.4	8.2	1.4	0	0
傣语	0	2.7	15.1	8.2	74.0
哈尼语	0	5.5	11.0	5.5	78.0
英语	0	1.4	15.1	9.5	74.0

如表 3-75 所示，关累口岸汉族调查对象的本地汉语方言表达能力普遍较好，这与关累口岸外地流动人口较多有关，79.5%的汉族调查对象能使用本地汉语方言

熟练交谈且没有任何障碍，能使用普通话熟练交谈且没有任何障碍或个别时候有障碍的，合计占比为 64.4%。汉族调查对象中，无人能使用傣语、哈尼语、英语熟练交谈且没有任何障碍，80%以上的汉族调查对象表示基本不会说傣语、哈尼语和英语，少数民族语言和英语的表达能力主要分布在中等及以下水平。

表 3-75 关累口岸汉族的语言表达能力（单位：%）

语言	能熟练交谈，没有任何障碍	能熟练交谈，个别时候有障碍	基本能交谈	会说一些日常用语	基本不会说
本地汉语方言	79.5	4.1	8.2	8.2	0
普通话	35.6	28.8	19.1	11.0	5.5
傣语	0	1.4	1.4	11.0	86.2
哈尼语	0	1.5	2.7	6.8	89.0
英语	0	0	2.7	13.7	83.6

2. 关累口岸汉族的文字读写能力

如表 3-76 所示，关累口岸汉族调查对象的规范汉字阅读能力比较好，能读书看报的占 76.7%，能看懂家信或简单文章的占 16.4%。汉族调查对象中，完全看不懂新傣文、老傣文的为 100.0%。关累口岸的汉族调查对象，英文阅读能力基本分布在中下等级水平，完全看不懂的占 79.5%。

表 3-76 关累口岸汉族的文字阅读能力（单位：%）

文字	能读书看报	能看懂家信或简单文章	认识一些常用字（词）	基本看不懂	完全看不懂
规范汉字	76.7	16.4	1.4	1.4	4.1
新傣文	0	0	0	0	100.0
老傣文	0	0	0	0	100.0
英文	0	2.7	13.7	4.1	79.5

如表 3-77 所示，关累口岸汉族的文字写作能力中，等级水平最高的是规范汉字，能使用规范汉字写文章或其他作品的汉族调查对象占 38.4%，50.6%的汉族调查对象能写家信或简单文章，但所有汉族调查对象都完全不会写少数民族文字，英文写作能力也主要是分布在中等及以下等级水平，完全不会写的占 79.5%。

表 3-77　关累口岸汉族的文字写作能力（单位：%）

文字	能写文章或其他作品	能写家信或简单文章	会写一些常用字（词）	基本不会写	完全不会写
规范汉字	38.4	50.6	5.5	1.4	4.1
新傣文	0	0	0	0	100.0
老傣文	0	0	0	0	100.0
英文	0	2.7	13.7	4.1	79.5

3. 关累口岸汉族的语言选择

本部分主要是围绕调查对象与亲朋好友聚会、与家庭成员交流时最常用的语言，对关累口岸汉族的语言选择进行调查的。

如表 3-78 所示，关累口岸的汉族调查对象在日常生活中主要是以本地汉语方言、普通话为交际工具，且本地汉语方言的使用频率要远远高于普通话，存在双言现象；多语现象主要是出现在亲朋好友聚会这一交际场景中，同时，亲朋好友聚会所选择和使用的语言情况，也是关累口岸汉族调查对象在不同交际语境中语言选择状况最复杂的一种类型。

表 3-78　关累口岸汉族在不同语境中的语言选择（单位：%）

交际对象		本地汉语方言	普通话	傣语	哈尼语
亲朋好友聚会		83.1	12.1	2.4	2.4
家庭内部	与爷爷奶奶交流	96.3	3.7	0	0
	与父母交流	97.1	2.9	0	0
	与子女交流	87.7	10.5	1.8	0
	与配偶交流	89.9	8.4	1.7	0

调查访谈显示，关累口岸的大多数汉族调查对象都会根据交际对象所使用的语言进行语码选择，即如果交际对象使用本地汉语方言，那么调查对象就会配合对方，也使用本地汉语方言，前提是调查对象具备相应的语言能力，如果调查对象不具备该种语言能力，那么也只能选择自己熟悉且交际对象基本能够理解的语言进行交际。

（二）关累口岸日常交际领域傣族的语言文字能力

1. 关累口岸傣族的语言听说能力

如表 3-79 所示，关累口岸的傣族调查对象，其傣语听力基本分布在中等及以上水平，完全能听懂的占比为 97.8%。大部分傣族调查对象完全能听懂、基本能听懂本地汉语方言和普通话。76.3%的傣族调查对象完全听不懂哈尼语，哈尼语的听力水平与汉族调查对象的哈尼语听力水平大体相近。关累口岸傣族调查对象的英语听力水平要比汉族调查对象弱一些，汉族调查对象中能听懂英语一些日常用语的占比为 15.1%，但傣族调查对象仅有 4.3%。

表 3-79 关累口岸傣族的语言听力水平（单位：%）

语言	完全能听懂	基本能听懂	能听懂一些日常用语	基本听不懂	完全听不懂
本地汉语方言	68.8	16.1	7.5	5.4	2.2
普通话	41.8	28.0	10.8	1.1	18.3
傣语	97.8	1.1	0	0	1.1
哈尼语	3.2	3.2	10.8	6.5	76.3
英语	1.1	0	4.3	1.1	93.5

如表 3-80 所示，关累口岸傣族调查对象的本地汉语方言表达能力强于普通话表达能力，基本不会说本地汉语方言的占比为 6.5%，而基本不会说普通话的占比则为 36.6%。傣族调查对象中，傣语的表达能力都普遍很好，大部分傣族调查对象基本不会说哈尼语、英语，基本不会说英语的傣族调查对象占比最高，为 93.5%。

表 3-80 关累口岸傣族的语言表达能力（单位：%）

语言	能熟练交谈，没有任何障碍	能熟练交谈，个别时候有障碍	基本能交谈	会说一些日常用语	基本不会说
本地汉语方言	46.1	23.7	17.2	6.5	6.5
普通话	12.9	10.8	20.4	19.3	36.6
傣语	97.8	0	1.1	0	1.1
哈尼语	1.2	2.2	2.2	12.9	81.5
英语	0	0	1.1	5.4	93.5

2. 关累口岸傣族的文字读写能力

如表 3-81 所示，在关累口岸的调查对象中，超过半数的傣族调查对象的规范汉字阅读能力处于中等及以上水平，但也有 34.4%的傣族调查对象完全看不懂规范汉字。大部分傣族调查对象完全看不懂新傣文、老傣文，只有少数傣族调查对象的新傣文、老傣文阅读能力水平较高。有一些年轻的傣族调查对象能够使用英文阅读，但总体而言，傣族调查对象的英文阅读能力水平不高。

表 3-81 关累口岸傣族的文字阅读能力（单位：%）

文字	能读书看报	能看懂家信或简单文章	认识一些常用字（词）	基本看不懂	完全看不懂
规范汉字	22.6	14.0	20.4	8.6	34.4
新傣文	6.5	3.2	1.1	2.2	87.0
老傣文	6.5	3.2	1.1	2.2	87.0
英文	0	3.2	1.1	2.2	93.5

如表 3-82 所示，关累口岸能使用规范汉字写文章或其他作品的傣族调查对象不多，基本不会写和完全不会写的占比合计接近 50%。大多数傣族调查对象完全不会写新傣文、老傣文和英文。

表 3-82 关累口岸傣族的文字写作能力（单位：%）

文字	能写文章或其他作品	能写家信或简单文章	会写一些常用字（词）	基本不会写	完全不会写
规范汉字	16.1	9.7	30.1	8.6	35.5
新傣文	5.4	2.2	1.1	1.1	90.2
老傣文	6.5	0	2.2	2.2	89.1
英文	0	1.1	2.2	2.2	94.5

3. 关累口岸傣族的语言选择

如表 3-83 所示，关累口岸傣族调查对象的日常交际以傣语为主，兼用本地汉语方言，普通话、哈尼语的使用频率都比较低。这一方面反映出当地傣族的语言生活存在多语现象，另一方面也说明其语言生活中存在一定程度的双言现象，体现出关累口岸的傣族调查对象已经具备了一定的语码转换能力。

表 3-83 关累口岸傣族在不同语境中的语言选择（单位：%）

交际对象		本地汉语方言	普通话	傣语	哈尼语
亲朋好友聚会		20.4	1.0	77.6	1.0
家庭内部	与爷爷奶奶交流	9.8	0	88.2	2
	与父母交流	7.3	0	91.5	1.2
	与子女交流	15.2	2.8	80.5	1.5
	与配偶交流	17.4	0	78.0	4.6

（三）关累口岸日常交际领域哈尼族的语言文字能力

1. 关累口岸哈尼族的语言听说能力

如表 3-84 所示，绝大多数哈尼族调查对象完全能听懂或基本能听懂哈尼语、本地汉语方言、普通话，完全听不懂哈尼语的调查对象占 2.4%，完全听不懂本地汉语方言的调查对象占 0.8%，完全听不懂普通话的调查对象占 3.3%。相比较而言，关累口岸哈尼族调查对象的英语听力水平低于汉族调查对象，但高于傣族调查对象，能听懂英语一些日常用语的哈尼族调查对象占 10.0%，而汉族、傣族调查对象中能听懂英语一些日常用语的占比分别为 15.1%、4.3%。

表 3-84 关累口岸哈尼族的语言听力水平（单位：%）

语言	完全能听懂	基本能听懂	能听懂一些日常用语	基本听不懂	完全听不懂
本地汉语方言	81.1	10.7	4.1	3.3	0.8
普通话	65.6	23.0	5.7	2.4	3.3
傣语	0	1.7	7.5	14.2	76.6
哈尼语	86.0	5.8	5.0	0.8	2.4
英语	0	0	10.0	9.2	80.8

如表 3-85 所示，关累口岸哈尼族群众的本地汉语方言表达能力强于普通话，基本不会说普通话的哈尼族调查对象占 23.3%。哈尼族调查对象的哈尼语表达能力较好，处于中等及以上水平的占 95%。大部分哈尼族调查对象基本不会说傣语和英语。

表 3-85　关累口岸哈尼族的语言表达能力（单位：%）

语言	能熟练交谈，没有任何障碍	能熟练交谈，个别时候有障碍	基本能交谈	会说一些日常用语	基本不会说
本地汉语方言	63.1	11.5	13.1	4.9	7.4
普通话	18.3	14.2	30.0	14.2	23.3
傣语	0.8	0	2.5	11.7	85.0
哈尼语	89.2	3.3	2.5	4.2	0.8
英语	0	0	1.7	9.3	89.0

2. 关累口岸哈尼族的文字读写能力

如表 3-86 所示，在关累口岸，70.5%的哈尼族能够使用规范汉字读书看报、看懂家信或简单文章，但也有 18.9%的哈尼族完全看不懂规范汉字。绝大多数的哈尼族调查对象完全看不懂新傣文、老傣文和英文，有 6.5%的哈尼族调查对象认识英文的一些常用字（词）。

表 3-86　关累口岸哈尼族的文字阅读能力（单位：%）

文字	能读书看报	能看懂家信或简单文章	认识一些常用字（词）	基本看不懂	完全看不懂
规范汉字	52.5	18.0	9.0	1.6	18.9
新傣文	0	0.8	0	3.3	95.9
老傣文	0	0.8	0	1.7	97.5
英文	0	1.5	6.5	6.5	85.5

如表 3-87 所示，关累口岸能使用规范汉字写文章或其他作品、能写家信或简单文章的哈尼族调查对象合计占比为 59.7%。绝大多数的哈尼族调查对象完全不会写新傣文、老傣文、哈尼文和英文，有 6.7%的哈尼族调查对象会写一些英文的常用字（词）。

表 3-87　关累口岸哈尼族的文字写作能力（单位：%）

文字	能写文章或其他作品	能写家信或简单文章	会写一些常用字（词）	基本不会写	完全不会写
规范汉字	26.6	33.1	13.7	4.8	21.8
新傣文	0	0	0	1.6	98.4

续表

文字	能写文章或其他作品	能写家信或简单文章	会写一些常用字（词）	基本不会写	完全不会写
老傣文	0	0	0	0.8	99.2
英文	0	0	6.7	8.3	85.0

3. 关累口岸哈尼族的语言选择

如表 3-88 所示，关累口岸哈尼族调查对象的日常交际以哈尼语为主，兼用本地汉语方言，普通话的使用频率极低，完全不使用傣语。

表 3-88　关累口岸哈尼族在不同语境中的语言选择（单位：%）

交际对象		本地汉语方言	普通话	傣语	哈尼语
亲朋好友聚会		36.3	0.6	0	63.1
家庭内部	与爷爷奶奶交流	22.6	0	0	77.4
	与父母交流	16.9	0	0	83.1
	与子女交流	38.2	0	0	61.8
	与配偶交流	34.5	0	0	65.5

调查及访谈显示，关累口岸的哈尼族调查对象大多能根据交际对象所使用的语言，灵活调整自己的语言或方言，前提是掌握对方的交际语言。在关累口岸的一些村寨或公共服务领域、公众交际领域，也有其他民族会使用哈尼语，这与关累口岸居住有较多的哈尼族群众有关，但哈尼族中的青少年主要还是使用汉语作为不同民族之间的交际工具。

第四节　边境地区新闻语言传播个案研究——以关累口岸为例

新闻语言是新闻媒体传播者通过传播媒介向受众传播新近发生事实时使用的语言。作为语言生活的重要组成部分，新闻语言及其传播不仅与国家形象建构、国家安全防御关系密切，而且还在特定地区的民族团结、社会稳定和经济发展中具有重要的地位和作用，同时还会影响到媒体自身的发展、广大受众的言语行为。

据此，本节立足关累口岸独特的地理位置，以个案研究的形式，对西双版纳边境地区新闻语言传播的构成要素及基本形态进行调查和描述，以期为政府及有关部门制定新闻语言相关的政策法规、充实学术界关于多民族边境口岸地区国家形象的构建研究、丰富多民族边境口岸地区居民的新闻语言生活等，提供一定的理论思考和实践对策。

一、关累口岸新闻语言的传播者与接受者

所谓传播，是指在传播者和接受者之间进行的一种互动。当然，这种互动有时是单向的，有时是双向的。对于新闻语言传播而言，传播者和接受者共同构成了新闻语言的传播主体。

（一）关累口岸的新闻语言传播者

传播者，是传播过程中信息的发送者、发出者，如报社、杂志社、电台、电视台、通讯社及其记者、编辑、发行人等。在新闻语言的传播过程中，传播者作为“把关人”，决定着新闻信息传播的语言形式、传播渠道、传播时间等，它不仅决定着新闻语言对受众所产生的传播效果，而且还在新闻语言传播过程中具有一定的控制性，对整个媒介环境和新闻语言生活具有重要的影响。

1. 关累口岸新闻语言传播者的类型及特点

新闻语言传播者，是对新闻语言进行传送的一方，是新闻语言的制定者与发送者。在大众传播中，新闻语言传播者会根据特定语境的需求，按照新闻语言传播的基本原则，选择合适的词语、句子、语篇等表达手段，以及符号、图片等非语言符号，以期客观、真实、有效地传播新近发生的新闻信息。一般说来，新闻语言传播者可分为两类：一是机构传播者，即报社、杂志社、电台、电视台、通讯社、网站等；二是个体传播者，即记者、编辑、发行人等。据此，本书作者对关累口岸的上述两类新闻语言传播者进行了调查。

（1）关累口岸机构传播者及其特点

作为机构的新闻语言传播者，既是媒介内容的生产者，也是新闻语言的生产者。关累口岸的新闻语言传播机构，包括传统媒体（如《西双版纳报》、西双版纳广播电视台、勐腊县广播电视台等）和新媒体（如西双版纳新闻网、西双版纳傣族自治州人民政府官网、勐腊县人民政府官网等），在新闻语言的传播活动中，

一方面处于相互平等的工作平台，另一方面也存在彼此竞争的工作关系，从而使新闻语言传播呈现出了多样化的局面。

首先，关累口岸的新闻语言传播具有多种渠道。在关累口岸，《西双版纳报》（规范汉字版）和《西双版纳报》（傣文版）深受当地群众喜爱，订阅量日益增加，读者传阅度日益广泛。广播电视是关累口岸乃至整个西双版纳傣族自治州普及范围最广的新闻语言传播媒体。与此同时，网络也日益成为人民群众接受新闻语言的一种传播渠道。手机作为个人新闻媒体终端设备的功能也逐渐增强，手机读报、手机视频等已走进当地受众（包括少数民族村寨居民）的新闻语言生活。

其次，关累口岸的新闻语言传播机构在新闻传播的话语信息、言语形式方面具有多样性。就新闻传播的话语信息类型而言，当地受众可以适时接收到本地、州内外和国际方面的新闻信息，包括政治、经济、文化、社会、娱乐、军事和农业等方面的内容。就新闻传播的言语形式来说，当地受众可以及时接收到普通话和规范汉字、傣语和傣文、哈尼语、英语和英文等类型的新闻信息，且不同媒体的新闻语言均有其各自的语言运用特点及风格基调。

例如：传播范围覆盖整个勐腊县的勐腊县广播电视台的《勐腊新闻》，新闻内容均为本台采集完成。从新闻话语信息及数量来看，《勐腊新闻》每期节目大约有 8～10 条新闻信息，内容以政府工作信息为主，会议、政府活动等新闻话语信息约占 70%～80%，其余 20%～30%的新闻话语主要是农业信息等。从新闻传播的言语形式来看，《勐腊新闻》每周按照固定的时间，区分为普通话新闻节目和傣语新闻节目两种类型：每周一、三、五为普通话新闻节目，每周二、四、六为傣语新闻节目（主要是对汉语新闻节目进行翻译后所形成的新闻信息的二次传播）。普通话的《勐腊新闻》配有同期字幕，为规范汉字；傣语的《勐腊新闻》无字幕。

最后，从管理体制上看，关累口岸的新闻语言传播机构，州级单位归口中国共产党西双版纳傣族自治州委员会宣传部（简称西双版纳州委宣传部）管理和领导，县级单位归口中国共产党勐腊县委员会宣传部（简称勐腊县委宣传部）管理。关于新闻语言传播方面，根据西双版纳州委宣传部对外公布的基本职能及主要工作，大致涉及以下领域：指导协调州级各新闻单位工作；负责州内新闻单位、州外新闻单位分支机构和记者站等的监督管理；统筹指导协调全州互联网宣传和信息内容管理工作，以及数字新媒体的建设与管理；统筹协调、组织开展全州新闻发布工作，指导协调州级各部门和各县市的新闻发布工作；受州委委托，会同州委组织部管理新闻、文化、出版、社会科学研究和互联网信息等方面州级宣传文化单位的领导干部，负责有关重要宣传舆论阵地和重要岗位领导干部的管理等。[①]勐腊县委宣传部关于新闻语言传播的基本职能及主要工作的具体内容，只是在管辖范围上有所区分。[②]而归口西双版纳州委宣传部领导的西双版纳傣族自治州广播电视局，根据其对外公布的基本职能及主要工作，则主要负责贯彻党的宣传方针政策，拟订全州广播电视、网络视听节目服务管理的政策措施并组织实施，组织实施广播电视、网络视听节目服务管理的行业标准并监督检查，拟订全州广播电视事业发展规划并组织实施，指导、协调、推动全州广播电视领域产业发展，推进全州广播电视与新媒体新技术新业态融合发展等[③]。

（2）关累口岸个体传播者及其特点

关于个体传播者，本节主要是对勐腊县广播电视台的 15 名新闻媒体工作者进行了调查。

从年龄分布及构成来看，勐腊县广播电视台 20～29 岁、40～49 岁的新闻媒体工作者所占比例最高，均为 40.0%，30～39 岁的新闻媒体工作者所占比例为 20.0%。15 名调查对象中，有女性 9 人（占比为 60.0%），男性 6 人（占比为 40.0%）；汉族 7 人（占比为 46.7%），傣族 6 人（占比为 40.0%），哈尼族 2 人（占比为 13.3%）。

从学历分布及构成来看，勐腊县广播电视台大学本科学历者所占比例为 33.3%，大学专科学历者所占比例为 60%，初中学历者所占比例为 6.7%，可见其学历层次比较高。关于调查对象所学专业，本书作者在调查现场通过访谈 13 人得知：7 人为行政管理专业，4 人为计算机及应用专业，1 人为小学教育专业，1 人为傣汉双语教育专业。

就从事新闻工作时间而言，勐腊县广播电视台从事新闻媒体工作时间在 1～

① 西双版纳傣族自治州人民政府. 中国共产党西双版纳傣族自治州委员会宣传部 2021 年预算公开说明. https://www.xsbn.gov.cn/czj/93679.news.detail.dhtml?news_id=2168639. 2021-03-26.

② 勐腊县人民政府. 中国共产党勐腊县委员会宣传部机关 2021 年预算公开说明. https://www.ynml.gov.cn/czj/17079.news.detail.dhtml?news_id=1214559. 2021-06-08.

③ 西双版纳傣族自治州人民政府. 西双版纳傣族自治州广播电视局职能配置、内设机构. https://www.xsbn.gov.cn/wtgdj/60326.news.detail.dhtml?news_id=2170908. 2020-01-17.

10 年的，所占比例为 40%；从事新闻媒体工作时间在 11～20 年的，所占比例为 33.3%；从事新闻媒体工作时间在 21～30 年的，所占比例为 26.7%。由此可知，勐腊县广播电视台工作人员从事新闻媒体工作已有一定的时间，对新闻语言传播具有相应的组织、协调和监控能力。

如表 3-89 所示，勐腊县广播电视台大多数新闻媒体工作者热爱本职工作，对所承担的岗位具有良好的情感态度，对该台今后的可持续发展具有较好的保障作用。

表 3-89 勐腊县广播电视台新闻媒体工作人员对工作的热爱程度（单位：%）

程度	非常热爱	热爱	一般	讨厌	非常讨厌
所占比例	13.3	53.3	6.7	20	6.7

如表 3-90 所示，勐腊县广播电视台新闻媒体工作人员的日常工作语言，使用频率最高的是本地汉语方言，占比为 53.4%；其次是普通话，占比为 33.3%；有 13.3%的调查对象表示，本人的日常工作语言为傣语。勐腊县广播电视台新闻媒体工作人员的日常工作文字主要是规范汉字，所占比例为 73.3%；有 26.7%的调查对象表示，自己的日常工作文字是新傣文。这一方面与该台新闻媒体工作人员的民族成分分布有关，汉族工作人员居多，未能熟练掌握少数民族语言文字，另一方面则与新闻节目的性质、傣族受众较多等因素有关。

表 3-90 勐腊县广播电视台新闻媒体工作人员日常工作语言文字（单位：%）

类型	语言			文字	
	普通话	本地汉语方言	傣语	规范汉字	新傣文
所占比例	33.3	53.4	13.3	73.3	26.7

关于勐腊县广播电视台新闻媒体工作人员外出采访常用语言，调查及访谈结果显示：66.7%的调查对象选择使用本地汉语方言，33.3%的调查对象表示会使用普通话。这一调查结果，与勐腊县广播电视台新闻媒体工作人员的日常工作语言使用频率大体相同。

综上所述，关累口岸个体新闻语言传播者的特点可归纳为：①新闻语言传播者的数量较少，尤其是缺乏相关专业的高学历新闻媒体工作者；②少数民族新闻语言传播者，尤其是傣语新闻媒体工作者占有一定的比例；③大多数个体新闻语言传播者热爱本职工作，在长期的一线工作中积累了一定的新闻语言传播工作经验。

2. 关累口岸新闻语言传播者的角色定位

（1）一般角色分析

关累口岸传播者的一般角色可以从传送者角色和宣传者角色两个方面进行分析。

一是传送者角色，即向受众迅速、大量传递和传送新闻话语信息的角色。关累口岸所能接触的包括《勐腊新闻》在内的新闻语言传播媒体，其最大的特点就是，内容主要涉及政治、经济以及政府各部门的信息，多为新近发生的新闻，时效性较强，以正面报道和宣传国家、政府形象为主。受众除了收看勐腊县广播电视台的节目外，还能收听西双版纳广播电视台的汉语新闻节目和少数民族语言新闻节目，极大地满足了群众对新闻信息的需求。此外，《西双版纳报》通过规范汉字版、傣文版，有效拓展了当地新闻语言的传播空间。

二是宣传者的角色，即将其所获取、采编的新闻话语信息，由“把关人”进行层层把关，最终通过新闻媒介进行传播。在关累口岸，《勐腊新闻》所传播的话语信息有 70%～80%涉及党和国家、政府工作，其余话语信息基本为与当地群众生活相关的社会新闻。这不仅体现了新闻媒体作为党和人民喉舌的作用，而且也通过话语信息的设置发挥了新闻媒体的舆论引导作用。

（2）特殊角色分析

由于受到独特地理位置的影响，关累口岸的新闻语言传播者还扮演着民族文化传播者、国家形象塑造者等特殊角色。例如，《西双版纳报》有新傣文、老傣文版，西双版纳广播电台有傣语、哈尼语的新闻节目。这在一定的程度上满足了关累口岸广大受众对新闻语言及其所包含的文化信息、国家信息和国际信息的需求。

（二）关累口岸的新闻语言接受者

新闻语言接受者也就是新闻语言传播的受众。调查和分析关累口岸的新闻语言接受者，可以获得媒介受众个体的自然情况和媒介接触基本情况。

1. 新闻语言接受者的结构分析

（1）基本的自然情况

关累口岸和关累、坝荷、帕沙 3 个村寨共有 250 人参与本次问卷调查。本书作者共发放250份问卷，回收250份，有效问卷250份。

关于民族成分，关累口岸的调查对象以哈尼族为主，占 43.6%，主要分布在坝荷村和帕沙村；汉族、傣族（主要分布在关累村）所占比例略低，分别为23.2%、25.6%；其他少数民族所占比例为7.6%，大多数是外来人口嫁入当地的。

关于受教育程度，关累口岸的调查对象总体受教育程度有待提高：没有上过学的占13.6%，小学学历者占31.6%，初中学历者占22.4%，高中学历者占4.8%，中专、大专学历者占22.0%，本科学历者占5.6%。

关于职业分布，关累口岸的调查对象中，农业生产人员占41.2%，国家机关、党群组织、企业、事业单位工作人员占24.0%，商业、服务业人员占8.8%，其他职业人员占8.8%，不便分类的其他从业人员（主要是学生）占17.2%。

（2）媒介接触的情况

调查及访谈显示，关累口岸100%的调查对象都是有接触新闻媒介经验的，属于当地新闻语言传播过程中的一员，只不过在这其中存在着接受新闻语言时所使用的媒体类别、频率以及意识的差别。

关于媒介接触的频率，如表3-91所示：第一，关累口岸的新闻语言接受者，传统媒体（广播、电视、报刊）的接触使用频率总体上高于新媒体（网络、手机）的接触使用频率，其中电视的接触使用频率最高，每天必看电视的受众占90.8%，没有从来都不看电视的受众。第二，传统媒体中，除电视外，广播、报刊的接触使用频率较低。其中：广播的接触使用频率最低，每天收听广播的调查对象仅占1.2%；有 39.6%的调查对象有阅读报刊的习惯。第三，调查对象都有媒介接触使用习惯，不管是传统媒体还是新媒体，他们每天都会接触到一种或多种媒体，以满足自己的需要。第四，网络、手机等新媒体在关累口岸有所发展，在人们生活中的使用频率日益提高。有 54.4%的调查对象有接触网络的经历，其中每天都会接触和使用网络的占25.2%；有9.6%的调查对象从不接触和使用手机，而每天接触和使用手机的调查对象所占比例为68.8%。

表3-91 关累口岸受众接触和使用媒体的情况（单位：%）

使用情况	广播	电视	报刊	网络	手机
每天必看（听）	1.2	90.8	5.2	25.2	68.8
每周4～5次	4.0	4.2	3.2	13.2	16.0

续表

使用情况	广播	电视	报刊	网络	手机
每周 2～3 次	6.0	4.0	16.0	10.4	4.0
每周 1 次	10.0	1.0	15.2	5.6	1.6
从来都不看（听）	78.8	0	60.4	45.6	9.6

调查发现，电视受众在年龄段方面的人数占比差别不大，而报刊、广播的受众人数在各个年龄段都不多。30 岁以下的年轻人使用手机的频率最高，但主要是用于打电话、发短信等，很多调查对象会使用手机查阅新闻、天气等信息，这说明手机从通信工具向传播媒介的转型是具有一定的潜力的。网络媒体在各年龄段调查对象中的使用人数不多，主要还是年轻人。

关于媒介接触的目的，如表 3-92 所示，关累口岸的调查对象接触和使用媒体的目的具有多样化的特点。了解新闻实事是调查对象接触和使用各类媒体的主要目的，其中以电视所占比例为最高。调查对象使用各类媒体的主要目的各不相同：以广播、电视、报刊为主的传统媒体，受众的接触目的是了解新闻实事，而以网络、手机为主的新媒体，受众的接触目的则为休闲娱乐、打发时间和其他（如玩游戏、发短信等）。不管是传统媒体还是新媒体，调查对象都很少以学习语言文字为目的去接触和使用这些媒体。

表 3-92　关累口岸受众接触和使用媒体的目的【多选】（单位：%）

目的	广播	电视	报刊	网络	手机
了解新闻实事	19.2	98.0	39.6	47.6	66.4
学习和增长知识	5.6	53.6	14.0	9.6	3.0
休闲娱乐、打发时间	14.8	47.2	27.2	52.8	72.4
学习语言文字	0	17.6	2.0	1.6	1.2
其他	0.4	2.8	2.0	36.4	67.6

关于媒介接触的类型，根据调查及访谈结果：关累口岸调查对象对媒体节目类型的喜爱是多样化的，新闻节目、电视剧、电影，以及综艺类、资讯类（如天气预报等）、音乐类、体育类、访谈类、科教类、曲艺类等节目类型均有不同程度的涉及。最受调查对象喜爱的是新闻节目，占比为 80.4%；其次是电视剧，占

比为 69.6%；喜爱电影和综艺类节目的调查对象占比相同，均为 42.8%；喜爱收看（听）科教类节目和曲艺类节目的调查对象不多，占比分别为 8.4%和 3.2%。此外，还有 13.2%的调查对象对媒体节目类型无明显选择倾向，表示“有什么节目就看什么节目”。

2. 新闻语言接受者的行为分析

关累口岸新闻语言接受者的行为分析，主要是从新闻语言的接触途径、接触频率、接触类型等方面进行的。

（1）新闻语言的接触途径

如表 3-93 所示，关累口岸调查对象了解新闻语言的途径较多，但最主要的途径还是家人、亲戚朋友和电视；新闻媒体是当地受众接受新闻语言的重要渠道，包括网络、手机、报刊等；受众很少通过广播、领导干部了解新闻语言。由此可见，在新闻语言的传播中，受众倾向于选择电视，而且新媒体的选用率也高于传统媒体（除电视外）。

表 3-93 关累口岸受众接触新闻语言的途径【多选】（单位：%）

途径	所占比例	途径	所占比例
家人	78.8	广播	7.6
亲戚朋友	65.6	电视	59.2
领导干部	5.6	网络	42.8
报刊	21.2	手机	31.2

关于新闻语言传播媒体的可信度，如表 3-94 所示，关累口岸调查对象认为，电视、报刊等传统媒体的可信度总体上高于网络、手机等新媒体的可信度；电视新闻语言的可信度最高，网络新闻媒体的可信度最低；还有部分调查对象无法判断新闻媒体的可信度。值得注意的是，广播新闻语言的可信度，跟当地收听广播的人员数量较少有关。

表 3-94 关累口岸受众对新闻语言传播媒体的可信度评价（单位：%）

媒体	可信度最高	可信度最低	媒体	可信度最高	可信度最低
报刊	13.2	0.4	网络	0.4	44.4
广播	0	1.2	手机	0.8	15.2
电视	61.2	0.4	无法判断	24.4	38.4

（2）新闻语言的接触频率

表 3-95 显示，关累口岸受众接触新闻语言的行为习惯各不相同：接触广播新闻语言的受众人数较少，82.4%的受众表示从不收听广播新闻节目；55.2%的受众每天都会接触到电视新闻语言；63.2%的受众选择不看报刊新闻语言。不难看出，受众接触新闻语言频率最高的还是电视，人们接触各类媒体传播的新闻语言的频率是不平衡的。

表 3-95　关累口岸受众接触媒体新闻语言的频率（单位：%）

类型	每天必看（听）	每周 4～5 次	每周 2～3 次	每周 1 次	从来都不看（听）
广播	1.6	1.2	6.4	8.4	82.4
电视	55.2	16.1	18.5	8.1	2.1
报刊	4.0	3.6	10.4	18.8	63.2

如表 3-96 所示，关累口岸绝大多数调查对象每天都会接触到新闻语言，且与个人需要和喜好有关：43.2%的受众每天接触新闻语言的时间在半小时左右，28.8%的调查对象每天接触新闻语言的时间在 1 小时以上。

表 3-96　关累口岸受众每天接触新闻语言的时长（单位：%）

时长	3 小时以上	2～3 小时	1～2 小时	0.5～1 小时	从来不收看（听）
所占比例	10.4	16.0	28.8	43.2	1.6

（3）新闻语言的接触类型

从新闻语言的内容上看，关累口岸调查对象对新闻语言内容的类型选择是多样化的：喜欢收看（听）社会新闻语言内容的受众占比最高，为 80.8%；其次是政治新闻语言内容，占比为 65.2%；经济、科教和体育新闻语言内容的收看（听）率较为接近，分别为 28.4%、22.4%和 22.0%；农业类新闻语言内容的收看（听）率最低，所占比例为 14.4%。

从新闻语言的形式上看，关累口岸调查对象能接触到的新闻语言，主要是通过大众传播媒体完成的，包括广播、电视、网络和报刊，有 99.2%的调查对象表示自己能够接触到普通话和规范汉字的新闻语言，有 14.8%的调查对象表示会接触到英语和英文的电视新闻语言。少数民族语言文字的新闻语言的接触情况如表 3-97 所示。

表 3-97 关累口岸受众所能接触的新闻语言文字类型【多选】（单位：%）

语言文字	广播	电视	网络	报刊
傣语	24.0	89.2	0.4	—
新傣文	—	89.2	0	33.2
老傣文	—	3.2	0	0.4
哈尼语	18.4	68.4	0	—

注：广播只涉及声音（语言），所以无文字；报刊只涉及文字，所以就没有语音（语言）的问题。

关于接触各类语言文字新闻语言的频率，如表 3-98 所示，关累口岸调查对象的个性差异较大：70.0%的调查对象表示自己接受频率最高的是普通话和规范汉字的新闻；1/2 左右的调查对象表示自己从不接触少数民族语言文字的新闻语言；84.4%的调查对象表示从不接触英语及英文的新闻语言。这与当地群众日常高频使用的语言文字类型具有较强的相关性。

表 3-98 关累口岸受众接触各类语言文字新闻语言的频率（单位：%）

频率	傣语及傣文	哈尼语	普通话及规范汉字	本地汉语方言	英语及英文
经常	16.0	17.2	70.0	4.4	2.4
一般	5.6	10.4	21.2	32.8	0.8
偶尔	22.0	23.2	7.2	57.2	12.4
从不	56.4	49.2	1.6	5.6	84.4

3. 新闻语言接受者的特点

从关累口岸新闻语言接受者的自然构成看，受众分布具有广泛性、复杂性的特点。少数民族受众人数较多，具有一定数量的跨境民族，民族成分和文化环境具有一定的差异性。新闻语言的传播者很难做到照顾到所有受众群体的需求。

从新闻语言接受者的行为看，关累口岸新闻语言接受者是具有主动性的受众，能够主动参与新闻语言的传播活动，并能根据个体因素进行新闻语言的选择，新闻语言的接受具有目的性。调查及访谈结果显示：电视新闻节目是当地受众收看频率最高的节目类型，其中有 67.6%的调查对象会收看中央电视台的新闻节目（主要是《新闻联播》），而选择收看云南广播电视台、西双版纳广播电视台新闻节目的调查对象，则占比相同，均为 14.0%。报刊新闻的受众面较为有限，有 16.4%的调查对象会阅读《云南日报》，有 10.4%的调查对象会阅读《人民日报》，有 4.0%的调查对象会阅读《西双版纳报》。关于调查对象对新闻语言信息的选择性，关注国内新闻语言信息的占 46.4%，关注本地新闻语言信息的占 34.0%，关注国际新闻语言信息的占 17.6%；调查对象最为关注的是社会新闻语言信息，其次是政治、经济、娱乐等的新闻语言信息。同时，关累口岸的调查对象接触新闻语言传播的时间多为闲暇时间段，如吃饭、休息等。

此外，本书作者在调查中还发现：关累口岸的少数民族家庭中，爷爷、奶奶辈多不具备汉语听说能力，只具备本民族语言能力；父辈上过学但文化程度不高，有一定的汉语听说能力，但能力水平低于本民族语言；孩子一般是家庭中文化程度最高的成员，普通话和规范汉字的掌握程度较好，但本民族语言能力及水平均不如长辈。但在家庭内部，所有成员每天收看的都是相同的电视新闻节目，如中央电视台的《新闻联播》等，虽然大家对新闻语言信息的理解程度并不相同，但仍然热衷于讨论热点信息、感兴趣的信息。如前所述，关累口岸调查对象接触新闻语言的途径主要是家人和亲戚朋友，当询问调查对象“你一般相信谁说的新闻语言信息”时，很多人都会回答“丈夫”“孩子”“村委会主任”等。显然，关累口岸的调查对象在新闻语言传播中形成了一种“自我诠释”“自我传播”的特点。

二、关累口岸新闻语言的信息传播

新闻语言的信息传播，主要涉及新闻语言信息的形式和内容两个方面。新闻语言信息的形式主要包括语音、词汇和语法等要素，内容则主要包括信息量和信息质的问题。

（一）关累口岸新闻语言信息的形式

从形式上看，新闻语言信息主要是依靠语音、词汇、语法等语言结构要素进行传播的。

1. 新闻语言的语音规范状况

如表 3-99 所示，关累口岸有 60.0%的新闻语言传播者认为，本地新闻媒体工作者的日常工作语言在语音表达方面是规范的；有 33.3%的新闻语言传播者认为，本地电视台的新闻语言（含普通话和少数民族语言）在语音表达方面是规范的，有 40.0%的调查对象则认为语音规范度一般。

表 3-99　勐腊县广播电视台工作人员对新闻语言语音规范度的评价（单位：%）

类型	非常规范	规范	一般	不够规范	不规范
本地新闻工作语言语音规范度	6.7	60.0	20.0	13.3	0
本地电视台的新闻语音规范度	26.7	33.3	40.0	0	0

从新闻语言接受者的角度看，如表 3-100 所示，关累口岸受众对本地电视新闻语言语音规范度的评价，与表 3-99 相比，持“非常规范”“规范”评价态度的占比略高；而受众对对本地电视新闻语言语音满意度的评价，如表 3-101 所示，总体持满意态度。

表 3-100　关累口岸新闻语言接受者对本地电视新闻语言语音规范度的评价（单位：%）

程度	非常规范	规范	一般	不够规范	不规范	不知道
所占比例	25.6	45.2	13.2	4.0	1.2	10.8

表 3-101　关累口岸新闻语言接受者对本地电视新闻语言语音满意度的评价（单位：%）

程度	非常满意	满意	一般	不够满意	不满意	不知道
所占比例	26.0	46.4	13.2	3.6	0.4	10.4

2. 新闻语言的词汇规范状况

如表 3-102 所示，关累口岸新闻语言传播者对本地新闻媒体工作者日常工作语言、本地电视台新闻语言中词汇规范度的评价，总体是比较高的。

表 3-102　勐腊县广播电视台工作人员对新闻语言词汇规范度的评价（单位：%）

类型	非常规范	规范	一般	不够规范	不规范
本地新闻工作语言词汇规范度	6.7	60.0	26.7	6.6	0
本地电视台的新闻词汇规范度	40.0	20.0	40.0	0	0

对于关累口岸的新闻语言接受者来说，如表 3-103 所示，受众对本地电视新闻语言的词汇规范度表示满意，也有一些受众认为词汇规范度一般或还需要进一步提高，因为他们在观看电视新闻节目时，注意到新闻播音员和出境记者有时会

出现词语表达方面的错误，或使用受众难以理解的词语等。但就总体情况来看，如表 3-104 所示，受众对本地电视新闻语言的词汇规范度持满意态度。

表 3-103　关累口岸新闻语言接受者对本地电视新闻语言词汇规范度的评价（单位：%）

程度	非常规范	规范	一般	不够规范	不规范	不知道
所占比例	24.8	45.6	14.8	4.0	0.4	10.4

表 3-104　关累口岸新闻语言接受者对本地电视新闻语言词汇满意度的评价（单位：%）

程度	非常满意	满意	一般	不够满意	不满意	不知道
所占比例	26.4	48.0	12.0	2.8	0.4	10.4

3. 新闻语言的语法规范状况

如表 3-105 所示，关累口岸新闻语言传播者对本地新闻媒体工作者日常工作语言、本地电视台新闻语言的语法规范度评价，总体较高。

表 3-105　勐腊县广播电视台工作人员对新闻语言语法规范度的评价（单位：%）

类型	非常规范	规范	一般	不够规范	不规范
本地新闻工作语言语法规范度	6.7	66.6	20.0	6.7	0
本地电视台的新闻语法规范度	40.0	26.7	33.3	0	0

如表 3-106、表 3-107 所示，关累口岸的新闻语言接受者大多对本地电视新闻语言的语法规范度评价较好，满意度也比较高。

表 3-106　关累口岸受众对本地电视新闻语言语法规范度的评价（单位：%）

程度	非常规范	规范	一般	不够规范	不规范	不知道
所占比例	26.0	46.4	12.8	4.0	0.4	10.4

表 3-107　关累口岸受众对本地电视新闻语言语法满意度的评价（单位：%）

程度	非常满意	满意	一般	不够满意	不满意	不知道
所占比例	25.2	47.6	13.2	2.8	0.4	10.8

此外，本书作者在关累口岸调查期间，对《西双版纳报》《西双版纳新闻》《勐腊新闻》及相关网站的新闻语言进行了随机抽查，其新闻语言的句型、句式都

符合报道语体的特点，遣词造句都比较规范。

（二）关累口岸新闻语言信息的内容

从内容方面看，新闻语言信息主要包括新闻语言的信息量、信息质等方面。

1. 新闻语言的信息量

新闻语言是对新近发生的事实进行报道时所采用的语言，是新闻事实传播的载体。对于新闻语言传播者而言，有效的新闻语言的生产、传播必须能够满足受众对话语信息的需求，避免话语信息的冗余和不足。

如表 3-108 所示，关累口岸的受众大多认为，本地新闻语言的信息量比较充足，能够满足需要；新闻语言信息也比较有价值，有实质性的内容。

表 3-108　关累口岸受众对新闻语言信息量的评价（单位：%）

信息量	非常充足	充足	一般	较少	无实质性内容	没注意此问题
所占比例	12.4	28.4	25.2	16.8	2.0	15.2

2. 新闻语言的信息质

衡量新闻语言的信息质，主要是看其在传播过程中产生的效果。关累口岸传播的新闻语言信息一般都是新近发生的事实，由新闻传播者通过筛选、制作而成。例如，西双版纳新闻网每天都会进行更新，只要有重大的新闻发生，都会第一时间刊登出来；勐腊县广播电视台每隔一天更新一期新闻节目，每一期新闻节目都是勐腊县两天内发生的具有重要性的新闻。调查数据及访谈显示：关累口岸有 1/2 左右的受众调查对象认为，他们所接受到的新闻语言信息对其日常生活、社会文化生活、经济生活具有影响，反映了当地新闻语言信息质的有效状况。

三、关累口岸新闻语言的传播媒体

（一）关累口岸新闻语言传播媒体的类型

关累口岸的新闻语言传播媒体是多样化的，总体格局是广播、电视、报刊等传统媒体和网络、手机等新媒体共同发展。

1. 关累口岸的传统媒体

关累口岸的大众媒体主要有《西双版纳报》、西双版纳广播电视台、勐腊县广播电视台等。

《西双版纳报》是中国共产党西双版纳傣族自治州委员会机关报，分为规范汉字版和傣文版。1957 年 3 月 4 日，《西双版纳报》的前身——傣文版的《消息》报诞生（四开版，每周一期），结束了傣族人民世代只能在绵纸或贝叶上记事刻字的历史。1958 年 1 月 1 日，傣文、规范汉字两种文字版的《消息》报正式出版，由邮局发行，并由周刊改为每五日一刊；同年 2 月，又由五日刊改为三日刊；同年 10 月，《消息》报正式更名为《西双版纳报》。1994 年年底，《西双版纳报》规范汉字版从每周二刊增为每周三刊。2003 年 1 月 1 日，《西双版纳报》规范汉字版和傣文版同时改扩为对开报。现在，《西双版纳报》规范汉字版每周出版三期，傣文版每周出版一期。2004 年，《西双版纳科技报》划并《西双版纳报》，并更名为《科技月刊》，每月出版一期。2005 年，根据广大读者的要求和报社自身新闻改革的需要，西双版纳报社每周增出一期《傣乡周末》，设有“民生周刊”“文化周刊”“生活周刊”“社会周刊”等栏目。2006 年，西双版纳报社本着“在传承中发展，在巩固中革新，在加强中改进”的原则，在抓好“第一媒体”和“第四媒体”建设的同时，对《西双版纳报》规范汉字版和傣文版进行了改版创新。改版后的《西双版纳报》，形式上更加美观大方，内容上更加贴近实际、贴近生活、贴近群众。[①]

西双版纳广播电视台[②]于 2012 年 12 月由原西双版纳人民广播电台、西双版纳电视台合并而成。西双版纳人民广播电台建成开播于 1978 年 4 月，是云南省第一座地、州（市）级广播电台，初建时使用普通话和傣语播音，1981 年 10 月增加哈尼语广播。西双版纳电视台于 1990 年 7 月正式成立并开播。目前，西双版纳广播电视台共开办有 2 个广播频道和 2 个电视频道。2 个广播频道为综合广播（调频 FM101.4 兆赫）、傣语哈尼语综合广播（调频 FM90.6 兆赫）；2 个电视频道为新闻综合频道（版纳一套 BNTV-1）、公共频道（版纳二套 BNTV-2）。截止到 2019 年度，广播、电视综合覆盖率均为 99.2%，少数民族广播、电视覆盖率均为 58.9%。

西双版纳广播电视台综合广播有自办节目 10 档（其中，新闻资讯类节目 4

---

① 王晨至. 与时代同进 与人民同行——《西双版纳报》50 年发展综述. http://www.bndaily.com/c/2017-03-01/56075.shtml. 2017-03-01.

② 西双版纳广播电视台的基本情况，由西双版纳广播电视台在本书作者调研期间提供，特此致谢。

档，专题服务类节目5档，综艺益智类节目1档），引进节目11档（其中，新闻资讯类节目2档，专题服务类节目3档，综艺益智类节目5档，普法类节目1档）。综合广播（调频FM101.4兆赫）使用普通话播音，每天6:25开始播音，24:21播音结束；日均制作节目3小时22分钟，日均播出9小时26分钟；引进（转播）节目每日播出量5小时30分钟，占全天播音量的30.7%。西双版纳广播电视台傣语哈尼语综合广播（调频FM90.6兆赫）有自办的傣语节目11档（其中，傣语新闻资讯类节目4档，傣语专题服务类节目4档，傣语综艺益智类节目3档），哈尼语节目9档（其中，哈尼语新闻资讯类节目4档，哈尼语专题服务类节目3档，哈尼语综艺益智类节目2档），无引进节目。傣语哈尼语综合广播（调频FM90.6兆赫）使用少数民族语言播音，每天6:25开始播音，24:31播音结束；日均制作傣语节目3小时51分钟，日均播出11小时43分钟；日均制作哈尼语节目1小时44分钟，日均播出4小时56分钟。

西双版纳广播电视台新闻综合频道（版纳一套 BNTV-1）使用普通话播音，每天8:27开机，24:20关机，全天播音时间为15小时53分钟。该频道共开办节目11档，其中，自办节目6档（含新闻资讯类节目4档，专题服务类节目2档），引进节目4档，转播节目1档（即央视《新闻联播》）。版纳一套BNTV-1日均制作节目32.157分钟，日均播出194.099分钟；日均播出引进节目492分钟；日转播节目30分钟。西双版纳广播电视台公共频道（版纳二套BNTV-2）每天8:28开机，24:00关机，全天播音时间为15小时32分钟。该频道共开办节目16档，其中：自办节目13档，使用少数民族语言播音，设有傣语、哈尼语的《西双版纳新闻》，傣语、哈尼语译制的《新闻联播》，傣语、哈尼语的《西双版纳警方》等新闻资讯类节目，以及专题服务类《学傣语》、综艺益智类《咚吧嚓》、译制电影类《傣语电影》和《哈尼语电影》等少数民族语言电视节目；引进节目3档，即中国旅游、电视剧、动画片。版纳二套BNTV-2日均制作节目1小时29分钟，日均播出4小时6分钟；日均播出引进节目8小时。

勐腊县广播电视台成立于20世纪90年代。电视台的自制新闻节目使用两种新闻语言播出，一是普通话新闻（每周一、三、五播出），二是傣语新闻（每周二、四、六播出），傣语新闻是对汉语新闻的翻译；星期天的新闻节目为《一周要闻》。勐腊县广播电视台自制新闻节目时长15分钟，内容以该县政府工作新闻信息为主，也有该县农村新闻信息；普通话新闻有同期声字幕，傣语新闻则无字幕。多年来，勐腊县广播电视台严格按照省、州广播电视新闻节目标准和要求，通过自办节目《勐腊新闻》，努力把握新闻语言传播的舆论导向，如2018年（截止到2018年10月）共完成《勐腊新闻》汉语播出167组，傣语播出128组，总播出稿件1098条，其中扶贫稿件播出154条，“脱贫攻坚”专栏44期，“提升人居环境、建美好家园”专栏4期，“改革开放40年”专栏4期，“新时代新气象新作为”稿件10条[①]；2020年结合该县重点工作，在《勐腊新闻》栏目里开设了“新冠肺炎疫情防控专题报道”“扶贫专栏”“两会专题报道”“种茶毁林专项整治报道”“扫黑除恶专项行动报道”“创建卫生城市”等栏目，并在第一时间推出专题报道或主题报道[②]。

2. **关累口岸的新媒体**

关累口岸的新媒体主要有网站、手机读报、微信公众号等。

《西双版纳报》于2001年4月建立了新闻网站“西双版纳新闻网”，设有要闻精选、傣乡金融、绿宝石、时政综合、科技・财经、法治西双版纳、平安西双版纳、党建专刊、公告公示、三农周刊等栏目。网站有规范汉字、新傣文、老傣文三种文字呈现方式，多角度、全方位地将西双版纳的政治、经济、文化、社会事业等信息，通过网络快捷地传播给广大网民。同时，为了方便广大移动用户阅读新闻，西双版纳利用中国移动西双版纳分公司的短信、彩信、手机无线上网平台，与新华社云南分社、中国移动西双版纳分公司合作，创办了西双版纳傣族自治州本地化信息资讯服务的权威产品——“手机传媒”业务，读者通过短信新闻“新华快讯版纳版”、彩信新闻和手机上网等方式，即能及时阅读到《西双版纳报》发布的新闻信息。[③]近年来，西双版纳报社还开通了微信公众号“西双版纳报”，设官方发布、微阅读、综合服务三个大专栏，官方发布有“时政快报”“傣语读报”等内容，微阅读包括“汉文报”“新傣文报”“老傣文报”“朝花夕拾”“畅游贝叶文化”等栏目，综合服务包括“景区动态”“视频”等版块。

---

① 勐腊县人民政府. 勐腊县广播电视台2018年度部门决算公开报告. https://www.ynml.gov.cn/333.news.detail.dhtml?news_id=29319. 2019-10-25.

② 勐腊县人民政府. 勐腊县融媒体中心2021年预算公开说明. https://www.ynml.gov.cn/czj/17079.news.detail.dhtml?news_id=1214660. 2021-06-08.

③ 王晨至. 与时代同进 与人民同行——《西双版纳报》50年发展综述. http://www.bndaily.com/c/2017-03-01/56075.shtml. 2017-03-01.

此外，关累口岸的受众还能接触到以下新闻网站：一是西双版纳傣族自治州人民政府官网，有政府信息公开、政务服务、政民互动、概况信息、州政府等功能模块。网站使用规范汉字，以服务政府、公开政府信息、加大人民群众与政府的联系为主，以服务公众为中心，以社会需求为导向，能够及时、准确地发布各类政务信息，梳理、整合各类公共服务事项；同时，通过稳步开展政府与公众的互动交流，扩大双方的沟通，便于公众知情、参与和监督政府各项工作。网站有专人进行维护，新闻信息较多，稿件既有网站工作人员自己采写的，也有转载的新闻信息。二是勐腊县人民政府官网，有公示公告、新闻动态、综合信息、机构职能、政民互动、政务服务、政府信息公开等功能模块。网站使用规范汉字，在注重向社会公开政府政务的同时，也注重与民众的互动沟通。网站“新闻动态”能够及时更新新闻信息，内容包括政务要闻、乡镇动态和部门动态，让民众能够第一时间了解县内发生的重大事件的动态。网站新闻信息或由专人采编而成，或转摘其他新闻媒体的新闻消息。目前，西双版纳傣族自治州人民政府官网、勐腊县人民政府官网均设有微信公众号，服务受众新闻语言信息的功能得到了进一步的拓展。

近年来，西双版纳广播电视台积极投身媒体融合发展，不断探索融合发展路径，大力发展新媒体业务，建立了自己的APP“版纳手机台”和网站“西双版纳广播电视网”，注册推广微信公众号“西双版纳手机台”和抖音号“西双版纳广播电视台”，其中微信公众号“西双版纳手机台”关注量人数超5.6万人，抖音关注人数达3.9万人。[①]勐腊县广播电视台也经资源整合，于2019年3月更名为勐腊县融媒体中心，是中共勐腊县委直属的广播电视事业管理单位（正科级）。目前，勐腊县融媒体中心依托勐腊电视台、“勐腊发布”微信公众号、“纯翠勐腊”APP、“勐腊发布”抖音号等形成了崭新的全媒体矩阵。截止到2020年12月23日，“勐腊发布”微信公众号共推送信息1150余条，粉丝量为92 810人；“勐腊发布”抖音号发布作品95条，粉丝量为4.1万人；“纯翠勐腊”APP下载量为4.5万次，共发布信息3000条，访问量726 677次，转发量273 764次，评论285 725次。其中，阅读量“10W+”视频类原创作品10个。[②]

① 西双版纳广播电视台的基本情况，由西双版纳广播电视台在本书作者调研期间提供，特此致谢。

② 勐腊县人民政府. 勐腊县融媒体中心2021年预算公开说明. https://www.ynml.gov.cn/czj/17079.news.detail.dhtml?news_id=1214660. 2021-06-08.

当前，关累口岸的传统媒体与新兴媒体优势互补、此长彼长的态势日益凸显，新闻语言传播工作呈现出了一番新景象。

（二）关累口岸新闻语言传播媒体的特点

1. 新闻语言传播媒体具有多样性

调查显示，关累口岸存在着不同形式的新闻语言传播媒体，包括广播、电视、报刊等大众媒体和网络、手机等新媒体，这些传播媒体已进入千家万户，影响着人们的语言生活。

2. 新闻语言传播媒体发展不平衡

关累口岸新闻语言传播媒体的发展现状具有不平衡性，主要表现为：除电视外的传统媒体新闻语言收听（看）率较低。关累口岸的受众主要通过家人、亲戚朋友、电视接触到新闻语言。调查对象在访谈中表示：村寨受众教育文化水平有限，新闻报刊来源受限，除学校、医院等单位有统一订购新闻报刊外，个人基本不订购新闻报刊；本地受众多认为收音机已经被淘汰，很少有家庭购买与之相关的收听设备，也很少有人使用手机等收听广播新闻；年轻一代受教育文化程度较高，多通过网络、手机等接触到新闻语言。

3. 网络新闻语言缺乏一定的原创性

关累口岸的网络新闻语言因受到工作人员有限、日常工作任务繁重等因素的影响，转载类的新闻语言较多。例如，西双版纳新闻网主要是依靠《西双版纳报》发布新闻信息，新闻语言的内容和形式基本与《西双版纳报》一致。同时，西双版纳新闻网新闻视频较少，与受众在新闻语言方面的交流互动也相对要低一些。勐腊县广播电视台工作人员在接受本书作者访谈时表示，台里也想做哈尼语新闻节目，但受到人力、物力、财力等方面的限制，这一想法难以实现。另据本书作者调查得知：截至 2021 年 7 月，勐腊县融媒体中心的编制为 25 人，但目前在编人员只有 22 人，工作任务繁重，工作压力也很大。

4. 少数民族新闻语言有所发展

关累口岸现已开设了一些少数民族语言的新闻节目，但由于技术、人员等因素的限制，少数民族语言新闻节目发展较为缓慢，还不能完全满足本地少数民族受众对新闻语言的需求。本书作者在调查及访谈中了解到，西双版纳广播电视台哈尼语部现有员工15人，除了要承担新闻、专题、文艺的采、编、译、播等常规工作外，还要承担电影、科教片、广播剧的译制工作，面临着节目多、人员少、人员老化、新人进不来、任务重的局面，现有的栏目也没有办法做大做强。西双版纳广播电视台傣语部也有类似的情况。傣语部现有员工14人，其中：在职12人，聘用2人；播音员10人，编辑4人。所有工作人员都要参与傣语部所负责的新闻翻译工作。

四、关累口岸新闻语言的传播效果

（一）关累口岸新闻语言传播的直接影响

关累口岸的大部分少数民族受众调查对象都是出生地为本地且长期居住于本地的居民，与外界的接触和交流也不是很多。因此，新闻语言是他们了解、认知外面世界的一个重要途径。在接触各类媒体新闻语言时，他们不仅了解到了各类新闻事件信息，而且还对普通话、本地汉语方言等产生了浓厚的兴趣。如表3-109所示，关累口岸受众认为，新闻语言对其日常生活、社会文化生活、经济生活具有影响，只是影响程度有所不同，其中以对其社会文化生活影响较为显著。这些影响都相应地反映在了受众的心理、态度和行为上，并使之发生了相应的变化。例如，当地很多少数民族调查对象都没有出过远门，也没有到过云南省省会城市昆明，但通过云南卫视的《都市条形码》《大口马牙》等新闻语言节目，对昆明话产生了浓厚的兴趣，希望自己的孩子将来也能够到昆明学习昆明话。

表3-109　关累口岸受众对本地新闻话语信息影响力（日常生活）的评价（单位：%）

类型	影响很大	有一些影响	偶尔有影响	没有影响	不知道
日常生活	13.2	24.8	23.6	33.2	5.2
社会文化生活	15.2	22.0	26.4	31.6	4.8
经济生活	13.6	20.0	27.2	33.2	6.0

（二）关累口岸新闻语言传播的长远影响

在关累口岸，不同的新闻语言传播媒体交织重叠，通过不断更新的新闻话语信息，以地域特色鲜明的媒介环境传播各类信息，从而发挥了建构社会文化、疏导社会心理、对社会进行间接管理等功能。这种功能就是其长远影响。

第一，新闻语言传播能够增强受众对其他民族的认知。关累口岸是一个边疆多民族聚居的地区，在本地媒介环境中，不同族群的文化通过新闻语言传播进入媒介环境，使广大受众在充满地域特色、文化差异性的媒介环境中，以新闻语言为载体接触并了解到不同民族的文化和生活，在提高受众对其他民族认知的同时，还增进各民族之间的交流，促使受众在借鉴和吸收其他民族的文化过程中，增进彼此之间的感情，促成相互之间的尊重，有助于各民族形成和谐、稳定的民族关系。

第二，新闻语言传播能够为受众提供正确的价值标准，规范受众的言语行为。大众新闻传播媒体通过新闻语言及其对国家方针、政策和重大事件等的报道，可以让受众从中认识和了解到政治活动的程序、违反法律法规所形成的后果等；通过传播社会公众伦理道德及行为规范方面的话语信息，可以让受众养成适应各类语境的得体言语行为。例如，电视新闻语言传播中，经常会出现某一新闻人物的正面报道，其思想观念和言语行为就是传播者利用新闻语言所要传播的主流意识形态及价值取向标准。受众受此影响便能够在社会交往中准确把握自己的言语行为及其规范。

第三，新闻语言传播能够对受众进行正确的舆论导向。由于受到特殊的地理位置、民族成分等因素的影响，关累口岸的新闻语言传播在实现正确的舆论引导、规范受众的行为方面承担着重要的责任。例如，本书作者在当地一户人家调查时，看到全家人正在收看中央电视台新闻频道，涉及干部严重违纪违法被查处的新闻话语信息时，全家人展开了热烈讨论：“国家查贪官了，好现象啊”“对呀，这些人只知道贪污，不为老百姓办事情”“怎么可以贪那么多钱呢”“我倒是不敢，害怕被抓起来关进监牢”等等。可见，新闻语言传播的信息内容不仅引导了受众的舆论，同时也向受众传达了一定的价值观念，并在长期作用下规范着受众的行为。

第四章　西双版纳边境地区民族语言生态环境

语言生态环境是制约语言生存发展、功能实现的自然环境、社会环境、文化环境等的动态集合，是语言在与各种语境因素相互依存、彼此作用的过程中生成的。均衡的语言生态环境表现为各类语言文字在个人、社会、民族、国家的使用过程中所形成的一种互补共生关系。它是构建和谐语言生活的基本条件，在保护语言资源、维护语言活力等方面具有重要的意义。在西双版纳边境地区，打洛口岸、磨憨口岸、景洪港、西双版纳机场等具有独特的地理位置、悠久的边贸历史、众多的跨境少数民族、类型繁多的语言文字，从而形成了当地特色鲜明的民族语言生态环境。

第一节　西双版纳边境地区跨境少数民族语言生态环境

一、西双版纳边境地区跨境少数民族语言生态环境的特点

（一）本民族语言文字使用频率不均衡

1. 打洛口岸的情况及表现

调查及访谈显示，打洛口岸的跨境傣族、哈尼族、布朗族调查对象，母语均为本民族语言且听说能力都很强，各年龄段调查对象均能熟练使用母语与本民族人员进行交谈，呈现出全民使用母语的特点。

由于受到受教育程度的影响，打洛口岸一些跨境少数民族调查对象没有上过学，规范汉字的掌握情况不好，本民族文字的使用频率也比较低。傣族男子按照民族民俗虽有在寺庙学习老傣文的生活经历，但随着社会、时代的发展，进入寺庙学习和生活的傣族男子人数有所下降，掌握老傣文的人数也相应地随之减少。

在跨境傣族调查对象中，如前文表 2-13 所示，有 41.7%、45.4%的 6～15 岁调查对象完全看不懂新傣文、老傣文，有 38.5%、46.4%的 16～40 岁调查对象完全看不懂新傣文、老傣文，有 15.8%、13.0%的 41 岁及以上调查对象完全看不懂新傣文、老傣文；如前文表 2-14 所示，有 45.5%、50.0%的 6～15 岁调查对象完全不会写新傣文、老傣文，有 50.0%、62.1%的 16～40 岁调查对象完全不会写新傣文、老傣文，有 15.8%、18.2%的 41 岁及以上调查对象完全不会写新傣文、老傣文。如前文表 2-15、表 2-17 所示，有少数跨境哈尼族、布朗族调查对象认识新傣文、老傣文的一些常用字（词）。

2. 磨憨口岸的情况及表现

如前文表 2-61～表 2-64 所示，磨憨口岸各年龄段的跨境傣族、哈尼族、苗族、瑶族调查对象都能熟练使用母语进行交谈且无任何障碍，母语是村寨内主要的交际工具，呈现出公众交际领域高频使用本民族语言的特点。

由于磨憨口岸跨境少数民族主要从事农业生产，学历水平普遍较低，很多调查对象都没有上过学或小学未毕业，规范汉字和汉语拼音、本民族文字的掌握情况都不太理想。如前文表 2-53、表 2-54 所示，磨憨跨境傣族、哈尼族调查对象掌握本民族文字的情况，与打洛口岸基本一致。如前文表 2-55～表 2-60 所示，跨境哈尼族、苗族、瑶族调查对象普遍不掌握新傣文、老傣文。本书作者现场调查及访谈得知，磨憨口岸的跨境哈尼族、苗族、瑶族调查对象也普遍存在对哈尼文、苗文、瑶文认知度很低的情况，即使知道有哈尼文、苗文、瑶文的，也都基本没有系统学习过。

调查及访谈显示，磨憨口岸大多数跨境少数民族调查对象中，“从不阅读”本地少数民族语言文字报刊书籍的各年龄段调查对象，其所占比例都比较高：跨境傣族各年龄段调查对象的均值占比为 75.4%，跨境哈尼族各年龄段调查对象的均值占比为 99.2%，跨境苗族各年龄段调查对象的均值占比为 88.5%，跨境瑶族各年龄段调查对象的均值占比为 84.3%。

（二）语言文字习得目的明确，学习（习得）途径稳定

1. 打洛口岸的情况及表现

打洛口岸跨境少数民族对母语有很高的忠诚度，对其他民族的语言文字持包容、开放的态度。以跨境傣族调查对象为例，如前文表 2-42 所示，非常热爱、热

爱傣语及新傣文的调查对象合计占比为 81.0%，非常热爱、热爱普通话及规范汉字的调查对象合计占比为 80.6%，对英语及英文持“热爱”“一般”态度的调查对象合计占比为 73.2%；如前文表 2-43、表 2-44 所示，期望傣语、新傣文、老傣文能力达到中等及以上水平的跨境傣族调查对象合计占比分别为 98.0%、90.9%、90.9%，期望普通话、规范汉字、英语、英文能力达到中等及以上水平的跨境傣族调查对象合计占比分别为 93.6%、92.0%、70.7%、90.0%，还有合计占比为 33.3% 的跨境傣族调查对象期望自己的哈尼语能力达到中等及以上水平。

打洛口岸跨境少数民族语言文字学习（习得）途径比较稳定。如前文表 2-34、表 2-35 所示，跨境傣族、哈尼族和布朗族的调查对象主要是通过家人学习（习得）本民族语言；跨境傣族和布朗族的调查对象主要是通过宗教人士学习（习得）傣文，跨境哈尼族调查对象主要是通过同学朋友学习（习得）傣文；跨境傣族、哈尼族和布朗族的调查对象主要是通过学校学习（习得）普通话和规范汉字；跨境傣族、哈尼族和布朗族的调查对象主要是通过同学朋友、学校学习（习得）本地汉语方言。

2. 磨憨口岸的情况及表现

磨憨口岸除了居住着跨境少数民族外，还有部分境内外的流动人口，这就使本地居民与其他民族、外来人口的交流日趋频繁，从而对本地居民学习（习得）其他民族语言提出了要求。如前文表 2-73～表 2-76 所示，磨憨口岸跨境少数民族调查对象学习（习得）少数民族语言文字的目的比较明确，主要是为了同该民族交往。

关于语言文字的学习（习得）途径，如前文表 2-77、表 2-78 所示，磨憨口岸跨境少数民族调查对象也呈现出了高度的一致性和规律性，习得途径都比较稳定。母语（本民族语言）基本都是通过家人学习（习得）的：跨境傣族调查对象占 99.4%，跨境哈尼族调查对象占 98.7%，跨境苗族、瑶族调查对象都是占 97.8%。本地汉语方言主要是通过同学朋友和自学学习（习得）的：跨境傣族调查对象占 43.0%、53.6%，跨境哈尼族调查对象占 54.7%、38.0%，跨境苗族调查对象占 48.9%、31.1%，跨境瑶族调查对象占 56.5%、45.7%。普通话和规范汉字主要是通过学校习得的：跨境傣族调查对象分别占 53.1%和 76.0%，跨境哈尼族调查对象分别占 56.4%和 70.5%，跨境苗族调查对象分别占 62.2%和 64.4%，跨境瑶族调查对象分别占 56.5%

和 67.4%；汉语拼音、英语和英文的学习（习得）途径也基本上都是学校。

（三）语言态度开放，语码转换灵活

1. 打洛口岸的情况及表现

在打洛口岸跨境少数民族中，除部分老人和小孩不懂汉语外，其余调查对象基本都具备汉语的听说能力，尤其是少年、青壮年，呈现出普遍兼用汉语的特点。调查对象兼用其他少数民族语言的情况，主要是跨境布朗族兼用其他民族语言的占比较高，尤其是 41 岁及以上的调查对象。如前文表 2-11 所示，41 岁及以上年龄段的跨境布朗族中，82.0%的调查对象完全和基本能听懂傣语，60.5%的调查对象完全和基本能听懂普通话，83.0%的调查对象完全和基本能听懂本地汉语方言，64.0%的调查对象基本能听懂和能听懂哈尼语的一些日常用语。如前文表 2-21 所示，41 岁及以上年龄段的跨境布朗族中，100%的调查对象在与傣族客人交流时会使用傣语，85.8%的调查对象在与陌生人交流时会使用本地汉语方言。此外，打洛口岸跨境少数民族部分调查对象在日常交际中还会出现几种话混用的情况。以日常交际、公共交际中词汇借用现象为例，跨境傣族调查对象经常借用布朗语词汇的占 1.1%，经常借用本地汉语方言词汇的占 2.1%；跨境哈尼族调查对象经常借用本地汉语方言词汇的占 21.8%；跨境布朗族调查对象经常借用傣语词汇的占 10.6%，经常借用哈尼语词汇的占 2.4%，经常借用本地汉语方言词汇的占 15.4%。

规范汉字方面，使用频率较高的主要是打洛口岸初中及以上学历的跨境少数民族调查对象，繁体字较少使用。英文的使用主要集中于在校学生。现场观察得知，打洛镇主要街道的店名、广告牌、标语、宣传单等都没有使用英文书写的。汉语拼音主要用于现代科技产品和学校教学中，如计算机汉字输入、手机短信编写、教学识字等，日常生活中很少会用到汉语拼音。

2. 磨憨口岸的情况及表现

磨憨口岸的跨境少数民族虽然生活在多语多言的语境中，但一方面对母语有很高的忠诚度，另一方面又希望自己及后代掌握多种语言，以便沟通和交流。大部分跨境少数民族调查对象表示，不希望看到多语（言）变单语（言）的现象，部分跨境哈尼族、苗族和瑶族调查对象还表示想要学习傣文。磨憨口岸跨境少数民族调查对象在使用本民族语言（即母语）时的特点，主要表现在以下几个方面。

首先是本民族语言和本地汉语方言的兼用，一般是少数民族村寨内部使用本民族语言（母语），公共交际领域使用本地汉语方言，但也存在二者混用的情况。调查数据显示：经常借用本地汉语方言词汇的跨境少数民族调查对象中，跨境傣族占 21.0%，跨境哈尼族占 13.2%，跨境苗族占 4.4%，跨境瑶族占 18.4%。调查及访谈显示，本民族语言和本地汉语方言的兼用现象，在磨憨口岸跨境少数民族年轻调查对象中更为突出，他们表示：自己所说的本民族语言，词汇和语法与长辈完全相同的，跨境傣族调查对象占 77.7%，跨境哈尼族调查对象占 49.1%，跨境苗族调查对象占 80.0%，跨境瑶族调查对象占 65.2%；与长辈大部分相同的，跨境傣族调查对象占 21.2%，跨境哈尼族调查对象占 49.6%，跨境苗族调查对象占 16.7%，跨境瑶族调查对象占 26.1%。他们认为，这种现象同跨境少数民族语言与本地汉语方言的相互接触及影响有关。

其次是语言的兼用情况。调查数据显示：磨憨口岸的跨境傣族中，经常借用瑶语词汇的调查对象占 27.4%，经常借用普通话词汇的调查对象占 16.3%，偶尔借用哈尼语词汇的调查对象占 21.4%；跨境哈尼族中，经常借用傣语词汇的调查对象占 28.3%，偶尔借用普通话词汇的占 53.2%；跨境苗族中，经常借用傣语词汇的调查对象占 22.0%，经常借用哈尼语词汇的调查对象占 66.7%，经常借用瑶语词汇的调查对象占 33.3%，偶尔借用普通话词汇的占 21.4%；跨境瑶族中，经常借用傣语词汇的调查对象占25.0%，偶尔借用普通话词汇的调查对象占31.8%。不难看出，傣族是磨憨口岸的主体民族，为了便于与傣族交流沟通，当地其他少数民族都具备程度水平不同的傣语听说能力，如在磨憨口岸纳红村，年龄较长的跨境哈尼族人基本都会讲傣语，部分调查对象还因与克木人联系密切，同时兼用克木语。

最后是母语和境外民族语言的兼用。调查及访谈得知，磨憨口岸纳红村有部分哈尼族是 1973 年从老挝搬迁过来的，村寨内部有很多人会讲老挝语，存在母语和老挝语兼用的情况。其他跨境少数民族村寨中，兼用本民族语言和老挝语的调查对象也有不少。

值得注意的是，磨憨口岸以上三类语言兼用现象并未影响到调查对象本民族语言（即母语）的使用频率和使用范围，母语没有出现衰变的迹象，不同语言及方言和谐共存，语用主体在话语交际中能够根据语境灵活转换语码。

二、西双版纳边境地区跨境少数民族语言生态环境的成因

（一）主观语境因素分析

1. 文化教育因素

（1）打洛口岸的情况及表现

调查及访谈显示，打洛口岸跨境少数民族中，很多学龄儿童的上学意愿不强，41 岁及以上年龄段的调查对象大多都没有接受过正规的学校教育。具体情况如表 4-1 所示。

表 4-1　打洛口岸跨境少数民族学历情况（单位：%）

民族	文盲	脱盲	小学	初中	高中	中专	大专
傣族	15.5	0	41.6	39.4	0.7	1.4	1.4
哈尼族	11.7	1.1	26.7	48.9	5.8	4.7	1.1
布朗族	12.2	1.6	39.3	36.2	3.3	4.1	3.3

打洛口岸现有打洛镇中心小学、打洛中学、友谊学校、边境小学、曼山小学、曼轰小学、星乐幼儿园等学校，课堂教学以普通话为主，有时辅之以本地汉语方言。调查数据显示，在打洛口岸，有 57.3%的跨境傣族调查对象愿意接受普通话教学，有 73.6%的跨境哈尼族调查对象愿意接受普通话教学，有 52.1%的跨境布朗族调查对象愿意接受普通话教学。具有学校教育经历的跨境少数民族调查对象表示，学习汉字困难且不知道如何学习汉字，其中，跨境傣族调查对象占 10.3%，跨境哈尼族调查对象占 2.8%，跨境布朗族调查对象占 14.7%；认为汉字不易书写的，跨境傣族调查对象占 30.8%，跨境哈尼族调查对象占 13.9%，跨境布朗族调查对象占 14.7%；认为汉字笔画难写且容易混淆的，跨境傣族调查对象占 20.5%，跨境哈尼族调查对象占 11.1%，跨境布朗族调查对象占 29.4%；认为汉语拼音拼写规则难掌握的，跨境傣族调查对象占 15.4%，跨境哈尼族调查对象占 11.1%，跨境布朗族调查对象占 14.7%。打洛口岸跨境少数民族调查对象表示，当地没有语言文字培训机构，也不清楚政府是否有相关部门或工作人员负责此事，学习普通话和规范汉字只能去学校。持此观点的调查对象中，跨境傣族调查对象占 15.4%，跨境哈尼族调查对象占 19.4%，跨境布朗族调查对象占 13.6%。一些没有

上过学的跨境少数民族调查对象则表示，没有人教他们识字，其中，跨境傣族调查对象占 7.7%，跨境哈尼族调查对象占 5.6%，跨境布朗族调查对象占 8.8%。上述状况导致了打洛口岸跨境少数民族普通话和规范汉字的能力水平较低，良好的本民族语言（母语）能力水平与之形成了较为鲜明的反差。

关于少数民族文字的学习（习得），打洛口岸跨境傣族男子按照傣族的传统习俗能够在寺庙生活期间学习（习得）傣文，而傣族女子则很少有熟知傣文的。傣族男子在寺庙生活的时间不固定，短则几个月，长达十多年，但时间通常都在小学这一时期。傣族男子一般在进入寺庙生活前就要求开始学习（习得）傣文，在寺庙生活期间除了学习科学文化知识、继承传统文化外，还要跟随“大佛爷”学习老傣文。等到结束寺庙生活“还俗”时，傣族男子一般都能够读写老傣文了。随着国家九年义务教育的开展，接受学校正规教育的适龄儿童人数逐年增多，而当地开设傣文课程的学校很少，学生基本没有机会接触和学习傣文。这在一定程度上影响和制约了当地傣族的傣文读写能力。本书作者在对西双版纳职业技术学院依坚丙副教授进行访谈时得知，该校开设的傣文课程也没有指定的教材，学生上课时所使用的学习材料都是任课教师自己编写的。人们所熟知的贝叶经，一般都是用老傣文书写的，由于老傣文书写复杂，学习难度较大，对人们的学习（习得）难免会形成一定的障碍。

（2）磨憨口岸的情况及表现

磨憨口岸的跨境傣族调查对象、哈尼族调查对象、苗族调查对象和瑶族调查对象受文化教育程度偏低，尤其是 40～59 岁、60 岁及以上年龄段的调查对象文盲居多。调查及访谈发现，一些学龄儿童仍不同程度地存在“不喜欢（愿意）上学”的心理，12 岁以后的学生有在家务农或外出打工的现象。具体数据如表 4-2 所示。

表 4-2　磨憨口岸跨境少数民族学历情况（单位：%）

民族	文盲	小学	初中	高中	中专	大专	本科
傣族	22.1	41.8	22.0	7.4	3.9	0.6	2.2
哈尼族	24.0	26.6	36.0	4.8	3.0	1.3	4.3
苗族	31.8	35.3	28.5	2.2	2.2	0	0
瑶族	31.8	34.0	18.2	11.4	0	2.3	2.3

可以说，受教育程度严重制约了磨憨口岸跨境少数民族调查对象掌握规范汉字、本民族文字的能力和水平。当地跨境少数民族的母语往往是通过家庭成员学习（习得）的，本地汉语方言主要通过同学朋友或者自学学习（习得）的；普通话和规范汉字的学习（习得），如果是受过教育的，学习（习得）途径就是学校，如果是没有上过学的，学习（习得）途径多为大众传媒。

与打洛口岸跨境少数民族相同，磨憨口岸跨境傣族的傣文水平及使用频率也比较低，英文的使用主要限于在校学生；加之当地缺乏相应的语言文字培训机构、少数民族文字的宣传渠道不够畅通，无法满足当地部分少数民族学习本民族和其他民族文字的需求，从而在一定程度上限制了少数民族文字的使用范围和使用频率。

2. 民族认同因素

（1）打洛口岸的情况及表现

语言是民族身份认同的重要识别标志。在不同民族的交往过程中，语言认同不仅表现为某一民族所共同拥有的文化及心理，而且还表现为在该民族内部具有高认同度，而在该民族外部则具有明确区分度。打洛口岸跨境少数民族语言之所以能够保持活力，与其强烈的民族意识和母语认同感是分不开的。很多跨境少数民族调查对象在访谈中表示，自己是少数民族，就应该使用本民族语言，不会说本民族语言就是“忘本”。

在关于本地媒体语言使用情况的调查中，打洛口岸有 11.9%的跨境傣族调查对象、24.4%的跨境布朗族调查对象，希望大众传媒能够使用本民族语言进行信息传播；有 6.3%的跨境傣族调查对象、37.4%的跨境布朗族调查对象，希望大众传媒能够使用普通话进行信息传播；有 2.4%、0.8%的跨境布朗族调查对象表示，大众传媒也可以使用傣语、英语进行信息传播。这在一定程度上反映了调查对象强烈的母语认同感，另一方面也体现了他们包容、开放的语言价值观及言语行为倾向，从而使当地的语言生活呈现出了各民族语言相互交融、平等共处的和谐生存态势，也确保了不同少数民族语言的生命活力。

与此同时，打洛口岸跨境少数民族对汉语的认同度也是比较高的。随着时代、社会、经济、文化等方面的发展，打洛口岸跨境少数民族逐渐认识到汉语在语言生活中的重要性，并开始主动接受和学习汉语。如前文表 2-39 所示，48.3%的跨境傣族调查对象、43.1%的跨境哈尼族调查对象、33.3%的跨境布朗族调查对象认为本地汉语方言的重要性排名第一；30.1%的跨境傣族调查对象、42.5%的跨境哈尼族调查对象、21.1%的跨境布朗族调查对象认为普通话的重要性排名第一。由此可见，打洛口岸跨境少数民族对汉语的认可度是比较高的。

（2）磨憨口岸的情况及表现

磨憨口岸跨境少数民族长期生活在多语多言的环境中，对本民族的历史源流、文化生活、语言思维、心理结构等自然形成了一种特殊的民族情感和自己较为稳定和牢固的本民族意识，即对本民族身份的认同；同时，他们也在与其他民族的交往接触中形成了一定的开放、包容的语言文字态度。于是，语言作为民族身份认同的重要识别标志之一，便成为磨憨口岸跨境傣族、哈尼族、苗族、瑶族调查对象始终坚持将本民族语言作为母语并高频率使用的重要原因，并对汉语保持了高度的认同感。

这在磨憨口岸跨境少数民族调查对象有关本地大众传媒语言文字的诉求中具有一定的反映：希望本地大众传媒使用本民族语言进行信息传播的跨境傣族调查对象、哈尼族调查对象、苗族调查对象、瑶族调查对象分别占54.7%、49.5%、48.6%、48.5%；希望本地大众传媒使用普通话进行信息传播的跨境傣族调查对象、哈尼族调查对象、苗族调查对象、瑶族调查对象分别占44.5%、50.0%、45.8%、45.5%。此外，前文表2-73～表2-76也显示，磨憨口岸跨境少数民族调查对象学习普通话和本地汉语方言，主要是为了同该民族交往；前文表2-81显示，磨憨口岸大部分跨境少数民族认为母语的重要性排名第一，但也有5.0%、4.7%、11.1%、21.7%的跨境傣族调查对象、哈尼族调查对象、苗族调查对象、瑶族调查对象把普通话的重要性排在第一。

（二）客观语境因素分析

1. 自然环境因素分析

（1）打洛口岸的情况及表现

打洛口岸跨境少数民族的居住方式大多为村寨内部同一民族聚居，村寨外部不同民族杂居。村寨内部道路相通，风俗相同，语境稳定，这种高度聚集的居住环境为本民族语言（即母语）的存活创造了条件。因此，无论是家庭生活、见面寒暄、聚会聊天，还是红白喜事、节日庆典、生产劳动，人们使用的都是母语且使用频率非常高。

近年来，打洛口岸大力发展种植业，以橡胶为主要收入的经济作物极大地改善了当地的经济状况，同时交通发展迅速，信息传播渠道也更加通畅了，但当地传统的居住模式并没有发生太大的变化，语言传播环境跟以往相比也变化不大。调查数据显示：跨境傣族调查对象中，6～15 岁的调查对象有 1 人生活在西双版纳傣族自治州外云南省内，1 人生活在周边国家，其余生活在西双版纳傣族自治州内且主要是打洛口岸；16～40 岁的调查对象有 1 人生活在西双版纳傣族自治州外云南省内，1 人生活在周边国家，其余生活在西双版纳傣族自治州内且主要是打洛口岸。跨境哈尼族调查对象中，6～15 岁的调查对象有 1 人生活在周边国家，其余生活在西双版纳傣族自治州内且主要是打洛口岸；16～40 岁的调查对象有 2 人生活在西双版纳傣族自治州外云南省内，2 人生活在外省，1 人生活在周边国家，其余生活在西双版纳傣族自治州内且主要是打洛口岸。跨境布朗族调查对象中，6～15 岁的调查对象有 2 人生活在周边国家，其余生活在西双版纳傣族自治州内且主要是打洛口岸；16～40 岁的调查对象有 1 人生活在外省，1 人生活在周边国家，其余生活在西双版纳傣族自治州内且主要是打洛口岸。所有跨境少数民族 41 岁及以上的调查对象，均生活在西双版纳傣族自治州内且主要是打洛口岸。

同时，打洛口岸各跨境少数民族也很少离开自己居住的村寨，出生地和居住地基本一致。调查数据显示，跨境傣族调查对象常住地分布情况为曼掌占 7.7%、曼厂占 5.6%、曼打火占 14.0%、曼蚌占 72.7%，而出生地分布情况为曼掌占 7.0%、曼厂占 3.5%、曼打火占 13.3%、曼蚌占 68.5%、其他占 7.7%。跨境哈尼族调查对象常住地分布情况为帕左新寨占 25.3%、曼等占 73.6%、种植场占 1.1%，而出生地分布情况为帕左新寨占 18.4%、曼等占 65.5%、种植场占 1.1%、其他占 15.0%。跨境布朗族调查对象常住地分布情况为曼夕下寨占 87.8%、种植场占 12.2%，而出生地分布情况为曼夕下寨占 77.2%、种植场占 7.3%、其他占 15.5%。上述情况，一方面有利于维护跨境少数民族母语（即本民族语言）的活力，另一方面则会出现跨境少数民族兼用汉语或其他少数民族语言的现象，而规范汉字和少数民族文字则因使用需求较小，应用范围也就比较窄，故而跨境少数民族调查对象的文字水平也就不高。

（2）磨憨口岸的情况及表现

在磨憨口岸，跨境傣族、哈尼族、苗族和瑶族基本都是居住在本民族人员聚居的村寨：跨境傣族调查对象常住南嘎的占 35.2%，常住磨整的占 63.1%；跨境哈尼族调查对象常住纳红的占 99.6%；跨境苗族调查对象常住纳龙的占 96.7%；

跨境瑶族调查对象常住回金立的占 15.2%，常住新民的占 80.4%。

在磨憨口岸跨境少数民族村寨中，家家户户之间的距离都比较近，在日常生活及相关语言生活领域使用的都是本民族的语言，母语的习得途径非常稳定。此外，磨憨口岸跨境少数民族喜欢伴山而居，多与本族人、本地其他民族交往，这也是其母语长期保持活力的重要原因；随着交通、信息畅通度的不断提高，他们在商贸、购物、就医等语言生活领域也开始涉及使用其他民族的语言，逐步呈现出开放、包容的语言文字态度。

2. 人际交往因素分析

（1）打洛口岸的情况及表现

打洛口岸跨境少数民族调查对象在语言的选择和使用方面具有很强的共性，即根据交际对象所使用的语言，灵活调整和转换语码；也有调查对象在使用某种民族语言时，由于能力水平有限，会出现临时改换自己熟悉的语言及表达方式的情况。此外，随着新思想、新概念、新事物的不断涌现，语用主体在接触其他民族语言的过程中，会借用一些比本民族语言更为便捷、准确的词汇或表达方式。至于打洛口岸跨境少数民族对规范汉字、汉语拼音、英文的使用，也主要是出于交际的需要：规范汉字主要是用于求学、日常书写等，汉语拼音则主要是用于发手机短信、上网等，英文则主要是用于学习。

（2）磨憨口岸的情况及表现

一方面，磨憨口岸跨境少数民族高度聚居的居住方式，致使其母语忠诚度极高；另一方面，当地还生活着汉族和其他少数民族，以及境内外流动人员，从而形成了多语多言的语言生态环境。磨憨口岸跨境少数民族调查对象表示，他们通常是跟本族人讲本民族语言，跟其他民族交流就会使用普通话和本地汉语方言，如果掌握其他少数民族语言，则还会使用其他少数民族语言进行沟通。如前文表 2-73～表 2-76 所示，磨憨口岸跨境少数民族学习普通话主要是为了同该民族交往。此外，调查对象中具备规范汉字、汉语拼音能力的跨境少数民族，主要是源于手机、计算机、网络等文字信息录入方面的交际需求。

3. 时代背景因素分析

（1）和谐的民族关系

和谐的民族关系是各项民族事业顺利进行的前提，也是和谐语言生活构建的基础。民族关系和谐主要有两种表现形式：一是民族内部关系和谐，即同一民族内部各方面相处和谐；二是民族外部关系和谐，即本民族与其他民族各方面相处和谐。

从民族内部来看，打洛口岸、磨憨口岸的各跨境少数民族传承其母语的基地主要是家庭，家庭成员的语言使用情况会直接影响到下一代的语言选择和语用能力。调查数据显示，磨憨口岸跨境少数民族调查对象都非常愿意将本民族的语言传承下去，因此很多跨境少数民族儿童的母语就是本民族语言，如母语为傣语的跨境傣族调查对象占 99.4%，母语为哈尼语的跨境哈尼族调查对象占 99.1%，母语为苗语的跨境苗族调查对象占 97.8%，母语为瑶语的跨境瑶族调查对象占 97.8%。

从民族外部来看，各民族之间交往密切、友好相处的关系为打洛口岸、磨憨口岸跨境少数民族和谐的语言生活奠定了基础，各民族都能以一种开放、包容的语言态度来学习和使用其他民族的语言。调查访谈得知：打洛口岸跨境少数民族调查对象闲暇时间喜欢探亲访友，不同少数民族村寨的朋友也会聚会休闲，尤其是在民族节庆期间，如曼蚌有一位傣族小伙同曼夕下寨的少女相恋，双方就主要使用本地汉语方言进行交流，有时也会混用傣语和布朗语。又如：磨憨口岸的纳红村与克木人村寨距离较近，纳红村有很多哈尼族人能使用克木语与其进行交流；还有一些跨境少数民族则因商贸往来而具备了一定的老挝语听说能力。

（2）现代化进程的发展

打洛口岸、磨憨口岸地理区位优势明显，旅游资源丰富，经济发展态势良好，现代化进程也比较快。目前，当地的外地人口数呈上升趋势，有经商的、有旅游的等，这就对当地跨境少数民族的交际语言，尤其是普通话和本地汉语方言，提出了新的要求。与此同时，反映新事物、新概念的词语，如家用电器、科学技术、医疗卫生、农业用品等方面的新词新语，也因为少数民族语言词语空缺而出现借用汉语词汇、规范汉字的现象。例如，在打洛口岸，像“地铁”“微博”“微信”等新词新语，选择使用普通话语音表达的跨境傣族、哈尼族、布朗族调查对象分别占 64.1%、75.0%、82.4%，选择使用本地汉语方言语音表达的跨境傣族、哈尼族、布朗族调查对象分别占 30.8%、25.0%、11.8%。又如，在磨憨口岸的南嘎村，一些跨境傣族利用村寨距离口岸较近的地理优势，在家开办饭店，饭店服务员基本都是本村傣族。在此地就餐的外地人很多，老板和服务员都能使用本地汉语方言、普通话与之进行交流。

此外，打洛口岸、磨憨口岸的村委会都配有广播和电视，以前人们都是在农闲时间去村委会收听或观看，现在随着广播电视“村村通”工程的实施，家家户户基本都购买了电视机，可以收看普通话节目和本地的傣语、哈尼语电视节目，而大众传媒也因此成了当地跨境少数民族学习普通话和规范汉字的主要途径。以磨憨口岸为例，如前文表2-77所示，通过大众传媒学习普通话的跨境傣族调查对象占54.7%，跨境哈尼族调查对象占49.6%，跨境苗族调查对象占42.2%，跨境瑶族调查对象占 28.3%。手机在磨憨口岸的跨境少数民族家庭中也很普遍，人们经常使用汉语拼音写手机短信、互发微信；纳红村还有一个网吧，有年轻人常在网吧里上网、聊天、玩游戏等，基本都是使用汉语拼音录入汉字。

（3）语言政策的制定和实施

语言政策是政府对语言文字的地位、发展和使用所作的行政规定，是一定政治的体现，具体体现政府对社会语言问题的态度，是一个国家总政策的一部分。[①]制定并实施语言政策，是为了妥善处理语言之间的关系，使各种语言都能维持活力并服务于社会。

我国是一个多民族国家，语言文字不仅种类繁多，而且使用情况复杂。为了妥善处理汉语与少数民族语言之间、各少数民族语言之间、汉字与少数民族文字之间、各少数民族文字之间的关系，发挥各民族语言文字的功能和作用，确保各民族语言文化的共同繁荣，我国制定了一系列的语言政策。如《中华人民共和国宪法》第四条[②]、《中华人民共和国国家通用语言文字法》第八条[③]规定：“各民族都有使用和发展自己的语言文字的自由。”《中华人民共和国宪法》第十九条规定：“国家推广全国通用的普通话。”[④]《中华人民共和国宪法》第一百二十一条规定：“民族自治地方的自治机关在执行职务的时候，依照本民族自治地方自治条例的规定，使

① 马宏程. 2012. 语言政策比较背景下的双语教育研究. 浙江外国语学院学报，（5）：6-9，19.

② 中华人民共和国中央人民政府. 中华人民共和国宪法. http://www.gov.cn/xinwen/2018-03/22/content_5276319.htm. 2018-03-22.

③ 中华人民共和国中央人民政府. 中华人民共和国国家通用语言文字法. http://www.gov.cn/ziliao/flfg/2005-08/31/content_27920.htm. 2005-08-31.

④ 中华人民共和国中央人民政府. 中华人民共和国宪法. http://www.gov.cn/xinwen/2018-03/22/content_5276319.htm. 2018-03-22.

用当地通用的一种或者几种语言文字。”[①]《国务院实施〈中华人民共和国民族区域自治法〉若干规定》第二十二条规定：“国家鼓励民族自治地方逐步推行少数民族语文和汉语文授课的‘双语教学’，扶持少数民族语文和汉语文教材的研究、开发、编译和出版，支持建立和健全少数民族教材的编译和审查机构，帮助培养通晓少数民族语文和汉语文的教师。”[②]打洛口岸、磨憨口岸的跨境少数民族能在多语多言的语境中依然保持活力，出现全民高频使用母语的情况，同时不同民族的语言文字也能在多语多言的语境中和谐共处、稳定发展，这些都与上述法律法规的制定、颁布和实施是分不开的。但是，西双版纳边境地区宣传和推广国家语言政策的力度还有待提高。本书作者在调查及访谈时发现，打洛口岸、磨憨口岸除跨境傣族调查对象外，其他少数民族的部分调查对象都认为本民族没有文字。

三、西双版纳边境地区跨境少数民族语言生态环境的发展

语言与社会关系密切，通过分析和研究其历史和现状，可探寻其发展变化的历史轨迹，从而预测其未来使用情况和演变趋势，以便据此调整或制定相关的政策和措施，确保语言的活力。根据调查数据及访谈结果，西双版纳边境地区跨境少数民族语言生态环境的发展态势可以从语言和文字及汉语拼音的使用情况两个方面进行分析。

（一）西双版纳边境地区跨境少数民族语言使用情况预测

1. 跨境少数民族母语使用情况预测

打洛口岸、磨憨口岸的跨境少数民族，民族内部关系和谐，母语习得途径稳定，居住方式高度聚居，强烈的民族认同感确保了母语将在未来一定时期内都会保持强有力的语言活力和应用功能。如果跟本族人交际时不使用母语而是使用其他民族语言，他们会感到不自然，甚至是别扭。与此同时，打洛口岸、磨憨口岸独特的地理区位优势，又为其营造了开放、包容的语言文字态度，从而呈现出不同民族语言和谐共生的发展态势。因此，西双版纳边境地区的语言生态环境将呈现出不同民族语言在相互接触中共存共生、取长补短的发展趋势。

---

① 中华人民共和国中央人民政府. 中华人民共和国宪法. http://www.gov.cn/xinwen/2018-03/22/content_5276319.htm. 2018-03-22.

② 中华人民共和国中央人民政府. 国务院实施《中华人民共和国民族区域自治法》若干规定. http://www.gov.cn/zhengce/2020-12/27/content_5573574.htm. 2020-12-27.

以磨憨口岸为例，在家庭内部，孩子首先学习和掌握的是自己本民族的语言，而汉语则是孩子上学以后开始跟外界沟通交流后才逐步掌握的。这就为各少数民族语言的代际传承提供了可能。调查数据显示：80.4%的跨境傣族调查对象、98.7%的跨境哈尼族调查对象、80.0%的跨境苗族调查对象、63.0%的跨境瑶族调查对象表示会继续保持使用本民族的语言；18.4%的跨境傣族调查对象、0.4%的跨境哈尼族调查对象、6.7%的跨境苗族调查对象、28.3%的跨境瑶族调查对象表示会继续保持使用本民族的语言和文字；53.1%的跨境傣族调查对象、54.3%的跨境哈尼族调查对象、52.2%的跨境苗族调查对象、63.0%的跨境瑶族调查对象希望本地幼儿园、小学使用普通话和本民族语言授课；经常收听、收看本地少数民族语言广播电视节目的跨境傣族调查对象、哈尼族调查对象、苗族调查对象、瑶族调查对象的合计占比分别为66.6%、45.8%、45.3%、14.0%。

2. 跨境少数民族汉语使用情况预测

近年来，打洛口岸、磨憨口岸经济发展较快，边境旅游繁荣，境内外人员频繁往来。当地少数民族与外界人员接触和交往的语言工具主要就是普通话和本地汉语方言。各跨境少数民族群众对汉语的重视程度不断提高，愿意主动、自觉地学习汉语，很多家长也希望子女能够较好地掌握普通话，以便日后外出求职或谋求更好的发展。随着广播电视“村村通”工程的实施，普通话广播电视节目更是成为当地群众学习和提高普通话水平的重要途径。本书作者调查期间，打洛镇政府每天早上 7～8 点都会定时播放普通话广播，为当地少数民族学习普通话营造了良好的语境。调查数据显示，打洛口岸只有 41 岁及以上年龄段的较少的调查对象完全不会讲汉语，磨憨口岸只有 60 岁及以上年龄段的调查对象汉语水平略低，其他年龄段调查对象都具备不同程度的汉语听说能力。

以磨憨口岸为例，关于普通话的使用情况：在学校的课堂、课外用语中，与本民族、非本民族人员使用普通话交际的占比平均值，跨境傣族调查对象为21.8%，跨境哈尼族调查对象为18.2%，跨境苗族调查对象为33.7%，跨境瑶族调查对象为 35.6%。最喜欢收听普通话广播电视节目的跨境傣族调查对象、哈尼族调查对象、苗族调查对象、瑶族调查对象分别占47.2%、52.6%、77.3%、70.7%，且对普通话电视节目的喜爱度高于普通话广播节目。希望本地大众传媒多制作普通话广播电视节目的跨境傣族调查对象、哈尼族调查对象、苗族调查对象、瑶族调查对象分别占 34.6%、38.9%、35.6%、32.6%。关于本地汉语方言的使用情况：跨境傣族调查对象、哈尼族调查对象、苗族调查对象、瑶族调查对象，在见面打招呼、聊天、生产劳动、买卖、看病等公众交际领域中，与本民族、非本民族的人员使用本地汉语方言交际的占比平均值，分别为 35.1%、40.5%、29.9%、44.8%；在行政事务、会议主持、传达上级指示和讨论、发言等官方工作领域中，与本民族、非本民族的人员使用本地汉语方言交际的占比平均值，分别为 41.6%、38.6%、41.0%、46.2%；在学校的课堂、课外用语中，与本民族、非本民族的人员使用本地汉语方言交际的占比平均值，分别为 33.2%、32.7%、33.95%、32.8%。此外，在话语交际中经常借用本地汉语方言词汇的跨境傣族调查对象、哈尼族调查对象、苗族调查对象、瑶族调查对象分别占 18.4%、10.3%、3.3%、15.2%；认为自己所用本民族词语和句子跟本民族长辈完全相同的跨境傣族调查对象、哈尼族调查对象、苗族调查对象、瑶族调查对象分别占 77.7%、49.1%、80.0%、65.2%。由此可见，磨憨口岸跨境少数民族的普通话、本地汉语方言的应用能力将持续提高，使用频率也会相应提升，并逐步呈现出使用人数较多、使用范围较广的发展态势。汉语作为各领域语言生活的交际工具，正在引起人们的关注和重视。

（二）西双版纳边境地区跨境少数民族的文字及汉语拼音使用情况预测

1. 跨境少数民族文字使用预测

打洛口岸、磨憨口岸知晓度最高的少数民族文字是傣文，尤其是新傣文，当地文化教育、大众传媒、官方工作、公众交际等领域使用的都是新傣文。部分中青年跨境傣族调查对象了解新傣文，在校学生偶尔也会接触到一点新傣文，但就总体情况而言，推广力度不是很大，掌握情况也并不十分理想，如磨憨口岸跨境傣族调查对象中喜欢阅读新傣文、老傣文报刊的分别占 3.4%、1.1%。老傣文主要应用于宗教领域，目前傣族儿童基本都是按九年义务教育进学校学习，部分青少年只是在学校寒暑假期间进入寺庙跟随僧人学习老傣文，老傣文的学习人数及时间均有所缩减，而磨憨口岸喜欢阅读老傣文报刊的跨境傣族调查对象也仅占 1.1%。

打洛口岸、磨憨口岸的跨境哈尼族、苗族和瑶族调查对象大多认为无本民族文字，在语言生活中主要使用规范汉字。

此外，打洛口岸、磨憨口岸缺乏相应的语言文字培训机构，不能为当地少数民族中期望学习本民族文字或其他民族文字的人群提供学习和培训平台。因此，当地跨境少数民族文字的使用和发展预计在未来一段时间内会呈现出发展缓慢的态势。

2. 跨境少数民族规范汉字和汉语拼音使用预测

规范汉字在打洛口岸、磨憨口岸的发展趋势良好。对于当地跨境少数民族而言，规范汉字已成为其提高文化水平的重要工具。调查对象普遍认为，如果不会汉语和汉字，就不能到外面去打工，就不会有更大的发展，一辈子都走不出村寨。以磨憨口岸为例，喜欢阅读规范汉字报刊的跨境傣族、哈尼族、苗族、瑶族调查对象分别占 66.5%、65.8%、63.3%、65.2%；希望本地大众传媒多出版规范汉字刊物的跨境哈尼族调查对象占 62.4%，跨境苗族调查对象占 57.8%，跨境瑶族调查对象占 52.2%，跨境傣族调查对象占 48.0%。目前，打洛口岸、磨憨口岸各交际领域都普遍使用规范汉字，且人数远远超过了使用本民族文字的人数；学校教育教学用字均为规范汉字，为规范汉字稳定的发展态势创造了条件。

关于汉语拼音使用的发展态势，以磨憨口岸为例，如表 2-87、表 2-89、表 2-91、表 2-93 所示，希望自己精通汉语拼音的跨境傣族调查对象、哈尼族调查对象、苗族调查对象、瑶族调查对象分别占 41.6%、29.6%、39.1%、41.1%，对本人的汉语拼音能力水平有一定的期望。打洛口岸、磨憨口岸的跨境少数民族青少年调查对象，受学校教育的影响，在学习生活、日常交际中也会用到汉语拼音，还有一些中青年家长调查对象在辅导孩子完成作业时也会使用到汉语拼音，从而为汉语拼音在当地的使用和发展提供了条件。

就此而言，打洛口岸、磨憨口岸跨境少数民族规范汉字和汉语拼音的使用会有一定的发展，使用人数会有所增加，使用范围也会适当拓宽。

第二节　西双版纳边境地区领域语言生活生态环境

一、西双版纳边境地区官方工作领域语言生态环境

（一）西双版纳边境地区官方工作领域语言生态环境的特点

1. 公务员的汉语听说能力普遍较强

首先，西双版纳边境地区绝大部分公务员调查对象的普通话听力很强，但普

通话的表达能力低于听力水平，同时本地汉语方言的听说能力明显强于普通话，这与当地语言生活的语用需求是相适应的。其次，西双版纳边境地区精通英语的公务员调查对象极少，大部分调查对象的英语听说能力基本处于中下等级水平。最后，西双版纳边境地区公务员调查对象的少数民族语言能力稍差。如前文表 3-5、表 3-6 所示，景洪市贸易口岸完全能听懂并能熟练使用傣语、哈尼语进行无障碍交谈的公务员调查对象，分别占 24.4%、4.4%；如前文表 3-45、表 3-46 所示，关累口岸完全能听懂并能熟练使用傣语、哈尼语进行无障碍交谈的公务员调查对象分别占 4.0%、12.0%。

2. 公务员的规范汉字能力强于少数民族文字能力

首先，在西双版纳边境地区，绝大部分公务员调查对象的规范汉字读写能力很强，100%的公务员调查对象能使用规范汉字读书看报，大部分调查对象可以使用规范汉字写文章或其他作品，如前文表 3-8、表 3-48 所示，景洪市贸易口岸、关累口岸分别有 95.6%、88.0%的公务员调查对象能使用规范汉字写文章或其他作品。其次，西双版纳边境地区大部分公务员调查对象对繁体字有一定的认知，写作能力主要分布在中等及以下水平。再次，西双版纳边境地区能使用英文读书看报、写文章或其他作品的公务员调查对象很少。如前文表 3-7、表 3-8 所示，在景洪市贸易口岸，能使用英文读书看报、能看懂家信或简单文章的公务员调查对象合计占比为 24.5%，能使用英文写文章或其他作品、写家信或简单文章的公务员调查对象合计占比为 22.2%。在关累口岸，如前文表 3-47、表 3-48 所示，能使用英文读书看报、能看懂家信或简单文章的公务员调查对象合计占比为 4.0%，无人能使用英文写文章或其他作品、写家信或简单文章。最后，大多数公务员调查对象不具备傣文的读写能力，只有少数公务员调查对象可以读写新傣文。

3. 公务员语言文字能力之间的相关性各具特色

根据西双版纳边境地区公务员调查对象语言听说能力数据的相关性分析：语言听说能力之间相关性方面，除景洪市贸易口岸公务员调查对象的普通话、关累口岸公务员调查对象的本地汉语方言外，西双版纳边境地区公务员调查对象其他语言的听力水平与表达能力之间的相关性显著，即听力水平高的语言，其对应语言的表达能力也比较高；文字读写能力相关性方面，除规范汉字及关累口岸公务员调查对象的老傣文外，景洪市贸易口岸公务员调查对象的繁体字、傣文、英文的读写能力之间，关累口岸公务员调查对象的新傣文、英文的读写能力之间，都存在着较强的相关性，即某种文字阅读能力强的公务员调查对象，其该文字的写作能力也很强。

4. 公务员倾向于根据交际对象选择语码

调查及访谈显示，西双版纳边境地区公务员调查对象倾向于根据交际对象选择语码，而且在官方工作领域的各类工作场景中，语码的选择情况基本相同。从景洪市贸易口岸、关累口岸调查数据多重响应分析来看，公务员调查对象在跟同事、来访人员交流时，大多使用本地汉语方言，普通话的使用频率较低，少数民族语言的使用频率极低，但是，当公务员调查对象面对不同交际对象、交流不同话题时，普通话的使用频率就会发生变化。

如前文表 3-9 所示，景洪市贸易口岸公务员调查对象只有在跟同事交流工作时，普通话的使用频率才会有较大幅度的提升，而在跟来访人员进行交流时，各交际场景中普通话的使用频率并没有太大的差别。如前文表 3-49 所示，关累口岸公务员调查对象在跟家庭成员、亲朋好友进行交流时，主要是使用本地汉语方言，哈尼族公务员调查对象在家庭活动中一般使用本民族语言。根据前文关于关累口岸官方工作领域来访人员语言选择的调查结果，88.0%的公务员调查对象也主要使用本地汉语方言与同事进行交流；普通话、傣语，则主要用于公务员调查对象在日常工作中接待来访人员。

5. 公务员与交际对象之间的语言配合度较高

在西双版纳边境地区，公务员使用的语言同交际对象所使用的语言之间，配合度往往比较高。根据前文关于景洪市贸易口岸公务员语用能力的调查，当地公务员调查对象对同事所使用语言的配合度为 68.3%，对来访人员所使用语言的配合度为 51.3%；公务员调查对象在不配合交际对象所使用语言的情况下，选择和使用普通话与同事交流的占 26.8%，选择和使用普通话与来访人员交流的占 41.0%。

此外，本书还对景洪市贸易口岸官方工作领域不同职业来访人员的语言选择情况进行了调查和分析：农业生产人员、办事人员和有关人员及商业、服务业人员，兼用本地汉语方言和普通话，但以本地汉语方言为主；专业技术人员兼用普通话和本地汉语方言，使用普通话进行交际的现象比较突出。具体而言：关于本地汉语方言，农业生产人员在官方工作领域中与公务员进行交际时的使用频率最高，为 67.6%；其次是办事人员和有关人员（占比为 58.8%），以及商业、服务业人员（占比为 58.2%）。关于普通话，来访人员在官方工作领域中与公务员进行交际时，普通话的使用频率相对低于本地汉语方言，其中使用频率最高的是专业技术人员（占比为43.8%），使用频率最低的是农业生产人员（占比为5.0%）。由此可见，景洪市贸易口岸来访人员的语码选择，与本人所从事的职业之间具有显著关系。

（二）西双版纳边境地区官方工作领域语言生态环境成因分析

1. 客观因素分析

一是学校教育的影响。景洪市贸易口岸的公务员调查对象中，具有本科及以上学历的占 60.0%，具有大专学历的占 17.9%；关累口岸的公务员调查对象中，具有本科及以上学历的占 10.0%，具有大专学历的占 75.0%。良好的学历教育，为西双版纳边境地区公务员的汉语、英语听说能力奠定了基础。

二是公务员考录及岗位要求的影响。通常，公务员的入职都会采用规范汉字笔试，进入岗位工作后使用规范汉字的频率较高，这就对其汉语水平和规范汉字能力提出了较高的要求，故西双版纳边境地区公务员规范汉字的读写能力都比较强。本书作者在对西双版纳傣族自治州少数民族研究所相关工作人员进行访谈时得知：西双版纳从 2010 年开始设置傣族、哈尼族等少数民族法官岗位，将报考人员的少数民族语言文字能力作为考录的依据之一，这就从政策上提高了当地少数民族人员学习本民族语言文字的积极性。

三是公众交际语言生活的影响。西双版纳边境地区公务员调查对象具备一定的少数民族语言文字能力，但等级水平不高。这与当地为多民族聚居地区且以傣族、哈尼族为主体民族具有一定的关系。丰富的少数民族语言文化，使得少数民族的一些日常用语渗透到了公务员调查对象的语言当中。如前文表 3-5、表 3-6 所示，景洪市贸易口岸以傣族为主体民族，公务员调查对象的傣语听说能力高于哈尼语听说能力，有 33.3%的公务员调查对象表示完全听不懂傣语，有 44.4%的公务员调查对象表示基本不会说傣语。如前文表 3-45、表 3-46 所示，关累口岸以哈尼族为主体民族，其次是傣族。在当地的公务员调查对象中，哈尼语的听说能力高于傣语的，完全听不懂、基本不会说傣语的公务员调查对象均占 52.0%。

2. 主观因素分析

首先，汉语，尤其是本地汉语方言，是西双版纳边境地区各民族之间最重要的交际工具。在西双版纳边境地区的官方工作领域中，一方面，公务员调查对象和来访人员使用频率最高的是汉语，其中本地汉语方言的使用频率又高于普通话，少数民族语言文字的使用频率较低；另一方面，公务员调查对象和来访人员的本地汉语方言听说能力明显高于普通话。因此，受西双版纳边境地区语用环境的影响，当地官方工作领域的语言生活还是以本地汉语方言为主导，当地公务员调查对象使用普通话的频率不高。

其次，西双版纳边境地区公务员的职业素养使其能够根据交际对象灵活调整语码。由于大部分来访人员使用的是本地汉语方言，所以公务员调查对象在跟来访人员交流时，一般都会主动配合来访人员所使用的语言进行交际，以营造良好的话语交际氛围，为进一步开展工作提供沟通的保障。例如，关累口岸公务员调查对象的日常工作就主要使用的是本地汉语方言和哈尼语，普通话和傣语在特定语境中具备一定的语用功能，如当工作性质较为严肃、交际话题比较正式的时候，公务员调查对象往往会借助普通话来提升其服务公众的良好职业形象。

二、西双版纳边境地区文化教育领域语言生态环境

（一）西双版纳边境地区文化教育领域语言生态环境的特点

1. 教师语言文字能力的特点

语言听说能力方面，首先，西双版纳边境地区教师调查对象的本地汉语方言、普通话的听力水平较高，本地汉语方言的表达能力较强。其次，西双版纳边境地区教师调查对象具有一定的少数民族语言听说能力。如前文表 3-11、表 3-13 所示，景洪市贸易口岸分别有 39.6%、25.0%的教师调查对象的傣语听力水平、表达能力在中等及以上，少数教师调查对象具备哈尼语的一些听说能力。如前文表 3-50、表 3-52 所示，关累口岸有 50.0%的教师调查对象完全能听懂哈尼语、能使用哈尼语熟练交谈且没有任何障碍，有 10.0%的教师调查对象完全能听懂傣语、能使用傣语熟练交谈且没有任何障碍。最后，西双版纳边境地区教师调查对象的英语听力水平主要分布在中等及以下水平，英语听力水平高于口语表达能力。

文字读写能力方面，首先，西双版纳边境地区绝大多数教师调查对象的规范

汉字读写能力很强，高等级水平的人数占比很高。其次，西双版纳边境地区教师调查对象的少数民族文字读写能力不高，部分教师调查对象具备傣文的阅读能力。如前文表 3-15、表 3-17 所示，景洪市贸易口岸傣文阅读、写作能力分布在中等及以上水平的教师调查对象，合计占比分别为 56.3%、45.9%；如前文表 3-54、表 3-56 所示，关累口岸教师调查对象的少数民族文字读写能力，普遍低于景洪市贸易口岸教师调查对象。最后，西双版纳边境地区教师调查对象的英文阅读能力与写作能力大体相当，只是关累口岸教师调查对象的英文读写能力略低于景洪市贸易口岸教师调查对象的英文读写能力。

2. 学生语言文字能力的特点

语言听说能力方面，首先，西双版纳边境地区绝大部分学生调查对象的汉语听力水平很高，尤其是具有高等级普通话听力水平的学生调查对象人数占比很高。学生调查对象本地汉语方言的表达能力很强，普通话的表达能力略低于本地汉语方言。其次，西双版纳边境地区少数民族学生调查对象具有较强的本民族语言（母语）听说能力，略通其他少数民族语言。如前文表 3-12、表 3-14 所示，景洪市贸易口岸完全听不懂、基本不会说傣语的学生调查对象分别占 16.9%、28.9%，完全听不懂、基本不会说哈尼语的学生调查对象分别占 78.4%、86.8%。如前文表 3-51、表 3-53 所示，关累口岸完全听不懂、基本不会说哈尼语的学生调查对象分别占 46.7%、51.1%，完全听不懂、基本不会说傣语的学生调查对象均占 57.8%。最后，西双版纳边境地区学生调查对象的英语听力水平主要分布在完全听不懂、基本不会说的水平，英语表达能力低于英语听力水平。

文字读写能力方面，首先，西双版纳边境地区大部分学生调查对象的汉字阅读能力强于写作能力。如前文表 3-16、表 3-18 和表 3-55、表 3-57 所示，景洪市贸易口岸、关累口岸均有超过 95%的学生调查对象，规范汉字的读写能力分布在中等及以上水平。其次，西双版纳边境地区学生调查对象具备一定水平的傣文读写能力。景洪市贸易口岸分别有超过 20%、10%的学生调查对象的傣文读、写能力分布在中等及以上水平，关累口岸学生调查对象的占比要更低一些。最后，西双版纳边境地区学生调查对象的英文读写能力在各等级水平中均有分布。景洪市贸易口岸有 50%以上的学生调查对象表示看不懂也不会写英文，关累口岸有此类现象的学生调查对象所占比例则要更高一些。

3. **师生语言文字能力之间的相关性**

根据西双版纳边境地区师生语言文字能力数据的相关性分析：语言听说能力方面，景洪市贸易口岸师生调查对象各类语言听说能力之间的相关性显著，相比较而言，教师调查对象的本地汉语方言听说能力之间的相关性稍不显著，学生调查对象的普通话、傣语的听说能力之间的相关性稍不显著；关累口岸教师调查对象的傣语、哈尼语和英语的听说能力之间的相关性显著，而学生调查对象则是各类语言听说能力之间的相关性都显著，相比较而言，学生调查对象的本地汉语方言、普通话听说能力之间的相关性稍不显著。文字读写能力方面，景洪市贸易口岸师生调查对象的各种文字读写能力之间的相关性都比较显著；关累口岸教师调查对象的英文读写能力之间的相关性稍不显著，学生调查对象的规范汉字、新傣文、英文的读写能力之间的相关性显著，老傣文读写能力之间的相关性稍不显著。

4. **师生的语用能力各有所侧重**

调查数据及访谈显示，西双版纳边境地区的教师调查对象倾向于针对交际场景进行语码选择，而学生调查对象则倾向于针对对象、话题进行语码选择。如前文表 3-19、表 3-20、表 3-58、表 3-59 所示，上述特点具体表现为：第一，教师调查对象在课堂教学用语、教师之间课后交流中，使用最多的是普通话，但也会使用到本地汉语方言，只是所占比例略低。教师调查对象在课后与学生交流时，本地汉语方言的使用呈上升趋势，而普通话的选择则呈下降趋势。第二，学生调查对象在课堂、课后与教师交流学习时，使用频率最高的是汉语；课后学生与学生、学生与教师之间的交流，则是本地汉语方言的使用频率较高。掌握少数民族语言的学生调查对象，在各种交际场景中基本上都会使用少数民族语言，故其语用能力在不同语境中的区分度不是很明显。

（二）西双版纳边境地区文化教育领域语言生态环境成因分析

1. **客观因素剖析**

首先，西双版纳边境地区同时具备汉语和少数民族语言听说能力的教师不多。具体情况为：一是西双版纳边境地区以少数民族语言为母语的教师数量较少。调查数据显示，景洪市贸易口岸调查对象中，汉族教师占 62.2%，傣族教师占 13.3%，还有 24.5%的教师为其他少数民族，其中，95.6%的教师调查对象的母语为汉语；关累口岸调查对象中，汉族教师占 10.0%，傣族教师占 10.0%，哈尼族教师占

70.0%，还有10.0%的教师为其他少数民族，其中，30.0%的教师调查对象的母语为汉语，50.0%的教师调查对象的母语为哈尼语。二是西双版纳边境地区双语教师培训的普遍性和系统性不够。西双版纳傣族自治州教育体育局相关工作人员在接受本书作者访谈时表示：近年来，景洪市每年都会邀请世界少数民族语文研究院东亚部的专家为中小学教师开展双语教育专题讲座，但由于受到各种因素的限制，在培训人数、培训内容等方面很难做到普遍性和系统性。关累国门小学相关管理人员也在访谈中表示，当地一些教师认为，只有专门的少数民族学校才需要同时使用到汉语和少数民族语言。三是随着时代和社会的发展，以及本地和外来人口流动的日益频繁，西双版纳边境地区部分青少年的少数民族语言文字能力有所弱化，难免会使少数民族双语师资后备力量受到一定的影响。

其次，西双版纳边境地区部分大中专院校的少数民族语言文字专业毕业生的就业率有所下降，少数民族语言文字专业招生存在生源不足的现象。据西双版纳职业技术学院依丙坚副教授介绍，西双版纳州民族师范学校（现更名为西双版纳职业技术学院）从20世纪80年代开始招收傣语专业的学生，基本上每年都会有一个教学班。2003年，西双版纳职业技术学院开办了五年制大专班，招收中国少数民族语言文化专业学生（含泰语、缅甸语等小语种和傣语）。2005年，因生源问题（仅招收到11人），学院傣语专业未能开班。2009～2010年，学院开始招收傣汉双语三年制中专班。2016～2020年，西双版纳职业技术学院五年制大专班傣语专业恢复招生，每年招收一个教学班，班级人数最少时为24人，最多时为53人。2021年，西双版纳职业技术学院中国少数民族语言文化专业五年制大专班全部停止招生。

再次，西双版纳边境地区学生学习（习得）少数民族语言的途径多元化。以景洪市贸易口岸的傣族调查对象为例，平均有96.1%的各年龄段调查对象是通过家庭学习（习得）傣语的；有13.8%的6～19岁、14.0%的60岁及以上年龄段的傣族调查对象（主要是男性调查对象）则是通过宗教人士学习（习得）傣语和傣文的，这与当地的民俗有关；通过人际交往学习（习得）傣语，相对集中于20～39岁、40～59岁年龄段的调查对象。

近年来，西双版纳傣族自治州加强了少数民族语言文字教育及推广的力度，

《云南省西双版纳傣族自治州民族教育条例》[①]等的颁布及《云南省少数民族教育促进条例》[②]等的实施，都体现了对少数民族语言文字教育的重视。同时，全州各级各类学校以“民族团结进步宣传月”为契机，坚持开展民族团结教育进课堂、民族文化进校园、民族团结教育实践体验等活动，并在全州各级各类学校实施“七个一”工程，即学唱一首民族歌曲、学跳一个民族舞蹈、画一幅民族风情画、讲一个民族英雄故事、唱一首红歌、做一件民族工艺作品、举行一场民族文艺舞蹈表演。教育部门编制了《西双版纳傣语》、《西双版纳老傣文与新傣文对照教材》、零障碍双语教学项目等教学用书和傣文词典、教学参考书提纲。截至 2019 年 8 月，全州开展民汉“双语”学校 75 所，213 个班级，8321 名学生，共有 188 名教师从事民汉“双语”教学兼任工作。其中，开展傣汉“双语双文”教学的学校有 45 所，123 个班级，5314 名学生，有 91 名教师从事兼任傣汉“双语双文”教学工作；开展民汉“双语单文”的学校有 30 所，90 个班级，3007 名学生，有 97 名教师从事兼任民汉“双语单文”教学工作。[③]

最后，西双版纳边境地区的社会经济结构对学生的学习动力具有一定影响。在西双版纳边境地区的调查对象中，从事农业生产的人员占比较高，景洪市贸易口岸占 24.6%，关累口岸占 42.9%。当地农业以水稻、橡胶和蔬菜、水果为主，农民的经济收入来源稳定，收益情况总体良好，尤其是橡胶种植的收益很大。闲适而富足的生活，一方面导致部分调查对象对学校教育的需求度不高，如景洪市贸易口岸的调查对象中，没上过学的占 1.3%，扫盲班的占 0.4%，小学的占 7.7%，初中的占 19.7%；另一方面，则导致一些调查对象缺少一定的职业教育及规划意识，无业人员占有一定的比例。

2. 主观因素剖析

第一，西双版纳边境地区少数民族学生对本民族语言文字具有一定的认同度，但认知态度有所变化。以景洪市贸易口岸为例，关于傣语的情感态度，对傣语持

---

① 西双版纳傣族自治州人民政府. 云南省西双版纳傣族自治州民族教育条例. https://www.xsbn.gov.cn/293.news.detail.dhtml?news_id=20887. 2008-07-10.

② 西双版纳傣族自治州人民政府. 云南省少数民族教育促进条例. https://www.xsbn.gov.cn/xsbnzjyj/38855.news.detail.dhtml?news_id=611487. 2017-09-21.

③ 西双版纳傣族自治州人民政府. 州民宗局对政协西双版纳州十二届三次会议第 12 号关于加强少数民族语言保护和传承提案的答复（西民宗字〔2019〕55 号）. https://www.xsbn.gov.cn/245.news.detail.dhtml?news_id=68123. 2019-08-12.

“非常热爱”“热爱”态度的傣族学生调查对象占71.1%，而傣族非学生调查对象的平均占比则为86.2%；关于傣语的学习（习得）目的，傣族学生调查对象认为占比较高的主要有让人内心有种满足感（占比47.0%）、了解该民族的文化（占比33.7%）、便于升学和找工作（占比33.7%），而傣族非学生调查对象的平均占比较高的则为便于升学和找工作（占比55.2%）、方便与本族人沟通（占比45.8%）、了解该民族的文化（占比44.3%）。在关累口岸，与少数民族（傣族和哈尼族）非学生调查对象相比，少数民族（傣族和哈尼族）学生调查对象对少数民族语言文字的继承和保护持更为积极的态度，方便与本族人沟通（占比100.0%）、了解该民族的文化（占比72.2%）、便于升学和找工作（占比61.1%）是少数民族（傣族和哈尼族）学生调查对象学习（习得）少数民族语言文字的主要目的，而少数民族（傣族和哈尼族）非学生调查对象学习（习得）少数民族语言文字的目的则主要是方便与本族人沟通（占比94.0%）、了解该民族的文化（占比69.7%）、让人内心有种满足感（占比45.9%）。

第二，西双版纳边境地区少数民族学生选择和使用少数民族语言的行为意向有所下降。在景洪市贸易口岸，最喜欢说傣语的傣族学生调查对象占42.6%，而傣族非学生调查对象则占75.7%；最喜欢说普通话的傣族学生调查对象占20.4%，而傣族非学生调查对象则占7.9%；最喜欢说本地汉语方言的傣族学生调查对象占35.2%，而傣族非学生调查对象则占15.9%。在关累口岸，少数民族（傣族和哈尼族）学生调查对象最喜欢说的语言，占比从高到低依次是本地汉语方言（占比41.7%）、哈尼语（占比36.1%）、傣语（占比30.6%），而少数民族（傣族和哈尼族）非学生调查对象则依次是本地汉语方言（占比35.3%）、哈尼语（占比34.4%）、傣语（占比33.0%）。

第三，传统的少数民族语言文字学习（习得）途径对西双版纳边境地区青少年的影响有所下降，家庭和人际交往仍然是当地少数民族语言保持活力的重要学习（习得）途径。以景洪市贸易口岸调查数据及交叉分析为例，各年龄段傣族调查对象学习（习得）傣语的重要途径都是家庭，其中40～59岁年龄段傣族调查对象的占比为94.7%，其余年龄段调查对象的占比均为100.0%；人际交往也是各年龄段傣族调查对象学习（习得）傣语的主要途径，其中40～59岁年龄段傣族调查对象的占比为15.8%，其余年龄段调查对象的占比均占1/4左右。至于傣文的学习（习得），按照当地民俗，宗教人士成为傣族调查对象学习（习得）傣文的主要途径，其次则是家庭。具体而言，有37.5%的60岁及以上、15.8%的40～59岁、5.3%的6～19岁、1.0%的20～39岁的傣族调查对象，以宗教人士为学习（习得）老傣文的途径；有5.3%的40～59岁、2.0%的20～39岁的傣族调查对象，以宗教人士为学习（习得）新傣文的途径。从总体上看，通过学校学习（习得）傣语的6～39岁年龄段傣族调查对象所占比例极低，且无人通过学校学习（习得）傣文；40岁及以上年龄段的傣族调查对象，均无人通过学校学习（习得）傣语和傣文。

三、西双版纳边境地区大众传媒领域语言生态环境

（一）西双版纳边境地区大众传媒语言生态环境的特点

1. 多语多言的语言传播格局已经形成

如前文所述，西双版纳边境地区主要有西双版纳报社、西双版纳广播电视台、景洪市融媒体中心等大众传媒机构，均使用普通话和规范汉字、少数民族语言文字进行传播。例如，西双版纳广播电视台有普通话的新闻类资讯节目4档，日播出149.1分钟，年播出54 421.5分钟；傣语、哈尼语的新闻类资讯节目共8档，日播出127.988分钟，年播出46 715.62分钟。此外，西双版纳广播电视台傣语部还推出了专题服务类节目《学傣语》，日播出16.428分钟，年播出5996.428分钟；在两会、泼水节等重大活动期间进行傣语的现场口播，并会安排人大代表和政协委员进行傣语的专访。[①]可以说，西双版纳边境地区大众传媒领域已形成以普通话、规范汉字为主，同时兼顾傣语、哈尼语和傣文的语言传播格局。

2. 广播电视语言传播的影响力高于纸媒

在西双版纳边境地区，广播电视语言传播的影响力高于纸媒。这与西双版纳边境地区少数民族语言文字传播媒介技术的状况，以及调查对象对大众传媒使用少数民族语言传播的诉求大于文字传播等因素，具有很大的关系。

西双版纳边境地区绝大多数村寨居民的家中都有电视机，能通过各类电视节目接触到不同类型语言文字的传播。在景洪市贸易口岸，调查对象对少数民族语言广播电视节目的知晓度为92.0%，收听（看）过少数民族语言广播电视节目的占79.2%。在关累口岸，有14.4%的调查对象希望能长期收看（听）傣语的广播电视节目，有17.2%的调查对象希望能长期收看（听）哈尼语的广播电视节目；

① 西双版纳广播电视台的基本情况，由西双版纳广播电视台在本书作者调研期间提供，特此致谢。

一些调查对象也在访谈中表示，希望当地大众传媒机构能够多制作一些傣语、哈尼语的影视剧、小品等。但是，景洪市贸易口岸的调查对象对少数民族文字报刊书籍的知晓度则为75.7%，见（看）过少数民族文字报刊书籍的占70.4%。此外，尽管傣文在西双版纳的人民政府网、新闻网和微信公众号等新媒体领域有所使用，但就总体情况而言，使用频率不是很高，使用范围也相对有限，其他少数民族的语言文字就更少了。

3. 大众传媒语言传播形式与各语境因素之间的适应度高

西双版纳边境地区大众传媒领域的语用主体，往往能从尊重、接纳交际对象的角度出发，合理选择语码，力争实现交际双方的互相理解，从而有效协调彼此之间的言语行为。

调查数据显示，西双版纳边境地区大众传媒从业人员调查对象主要以普通话、规范汉字为工作语言，同时兼顾本地汉语方言、少数民族语言。调查对象往往能根据语境的需要，灵活调整语言传播策略，适时进行语码转换：采访机关工作人员和市区汉族群众时，多以普通话为工作语言；采访市郊区少数民族群众时，会适当使用少数民族语言。而西双版纳边境地区的群众则通常使用普通话或本地汉语方言接受媒体采访。这与当地受众对广播电视、报刊所使用的语言文字的喜爱程度是一致的，如景洪市贸易口岸的调查对象中，喜爱普通话、规范汉字的占81.2%，喜爱本地汉语方言的占41.0%，喜爱傣语、傣文的占37.2%，喜爱哈尼语、哈尼文的占 12.8%；关累口岸的调查对象中，喜爱普通话、规范汉字的分别占88.0%、88.3%，喜爱本地汉语方言的占29.0%，喜爱傣语、新傣文、老傣文的分别占23.0%、22.6%、21.8%，喜爱哈尼语和哈尼文的分别占30.4%、31.2%。

4. 大众传媒从业人员的语言文字能力高于普通群众

调查数据显示，西双版纳边境地区大众传媒从业人员调查对象的汉语能力很强，绝大部分调查对象可以熟练使用汉语，且具备很强的语用能力。少数民族语言文字能力方面，西双版纳报社的工作人员具有很强的傣文读写能力；关累口岸的大众传媒从业人员调查对象的傣语、哈尼语能力略高于景洪市贸易口岸的大众传媒从业人员调查对象；关累口岸大众传媒从业人员调查对象中无人熟练掌握哈尼文。与此不同的是，西双版纳边境地区大部分群众将广播电视作为获取新闻的重要途径，部分群众无阅读报刊的习惯，如景洪市贸易口岸就有 20.8%的调查对象无阅读报刊的习惯，但少数民族群众对本民族语言文字的广播电视节目或报刊也具有一定的诉求，如景洪市贸易口岸有 80.0%的傣族调查对象希望大众传媒能多制作一些傣语的广播电视节目，有 55.0%的傣族调查对象希望多制作一些傣文的报刊，总体来说，傣族调查对象对大众传媒使用傣语的诉求大于傣文。

（二）西双版纳边境地区大众传媒语言生态环境成因分析

1. 客观因素剖析

第一，政府部门在维护大众传媒语言生态多样性方面发挥了积极作用。从2010 年起，西双版纳傣族自治州财政每年给予《西双版纳报》一定的补贴，向全州所有傣族村寨的傣族读者免费赠阅傣文报，并在景洪城区的主要公共场所建成多个新型多画面滚动灯箱式阅报栏。西双版纳报社也通过西双版纳傣文新闻网站、微信公众号等的开通，完成了新傣文、老傣文采编系统、音视频平台的建设，形成了融规范汉字、新傣文、老傣文和英文为一体的语言文字传播格局。同时，西双版纳傣族自治州广播电视局于 2012 年推出了以“禁毒防艾”为内容的傣语广播剧《槟榔树下》和哈尼语广播剧《流泪的山风》，得到了西双版纳傣族自治州委、州人民政府的好评和老百姓的青睐。[①]2019 年，西双版纳广播电视台用傣语、哈尼语译制《扫黑除恶专项斗争通告》98 条，插播扫黑除恶标语共 240 条，译制播出《国家安全法》《国家反间谍法》全文；制作完成《同在一片蓝天下》《燃烧的竹篱笆墙》《凤尾竹上的喜鹊》等扶贫攻坚、扫黑除恶、保护非遗等题材的傣语、哈尼语广播剧 10 部。[②]

第二，大众传媒注意在编播环节中保持语言的多样性。各媒体单位在节目和栏目的编排上注意满足广大受众的文化需求，保持语言的多样性。例如，《西双版纳报》（傣文版）从 2003 年 1 月开始，从四开改为对开，发行量逐年增长，订阅率不断上升。2007 年，《西双版纳报》（傣文版）每月增出一期老傣文报，免费赠送州内各大口岸和佛寺，巩固了宣传阵地，加大了对外宣传力度。2010 年，西双版纳报社开始向所有傣族村寨读者免费赠阅傣文报。2012 年，西双版纳人民广播电台、西双版纳电视台合并组建西双版纳广播电视台，实现了广播电视一体

① 西双版纳傣族自治州人民政府. 西双版纳州广播电视局 2012 年工作总结和 2013 年工作安排意见. https://www.xsbn.gov.cn/wtgdj/60329.news.detail.dhtml?news_id=1022614. 2015-09-14.

② 中共西双版纳州委党史研究室. 2020. 西双版纳年鉴（2020）. 昆明：云南科技出版社：345.

化，保持了少数民族语言文字传播的特色。

2. 主观因素剖析

在景洪市贸易口岸，群众对汉语广播电视节目（尤其是普通话广播电视节目）的认同度比较高，部分群众对少数民族语言广播电视节目的喜爱度为一般。据调查，景洪市贸易口岸的傣族调查对象，对傣语傣文广播电视节目的热爱程度，与普通话、规范汉字广播电视节目的热爱程度相当；部分傣族调查对象对哈尼语广播电视节目的喜爱度为一般。而景洪市贸易口岸调查对象对普通话、规范汉字的广播电视节目需求，则高于少数民族语言文字的广播电视节目；关累口岸调查对象的情况也与此相类似。

在关累口岸，如前文表 3-65 所示，受众对大众传媒语言文字的喜爱程度，占比最高的是普通话和规范汉字，但中老年调查对象多喜爱少数民族语言文字，而青少年调查对象对大众传媒使用少数民族语言文字进行传播多持“无所谓”的态度。

四、西双版纳边境地区公共服务语言生态环境

（一）西双版纳边境地区公共服务语言生态环境的特点

1. 服务业人员的语言文字能力基本能适应岗位交际需求

第一，西双版纳边境地区服务业人员的汉语听力水平较强，具备一定的少数民族语言听力。如前文表 3-27 所示，景洪市贸易口岸有分别 94.3%、83.0%的服务业人员调查对象完全能听懂本地汉语方言、普通话，有 52.8%的服务业人员调查对象完全能听懂傣语。如前文表 3-66 所示，关累口岸分别有 73.0%、88.9%的服务业人员调查对象完全能听懂本地汉语方言、普通话，有 11.1%的服务业人员调查对象完全能听懂哈尼语，有 30.1%的调查对象的哈尼语听力分布在中等及以上水平。

第二，西双版纳边境地区服务业人员的汉语口语水平低于听力水平，少数民族语言表达能力与居住地主体民族所用语言有关。如前文表 3-28、表 3-67 所示，景洪市贸易口岸服务业人员调查对象的傣语表达能力明显高于哈尼语，关累口岸服务业人员调查对象的哈尼语表达能力明显高于傣语，而两地服务业人员调查对象的英文表达能力都不高。

第三，西双版纳边境地区服务业人员规范汉字的阅读能力明显高于其他民族

文字，规范汉字的写作能力比阅读能力略低，繁体字读写能力不强。如前文表3-29、表3-30所示，景洪市贸易口岸有超过90%的服务业人员调查对象完全看不懂、完全不会写新傣文，有超过60%的服务业人员调查对象完全看不懂、完全不会写英文。如前文表3-68、表3-69所示，关累口岸有超过90%的服务业人员调查对象完全看不懂、完全不会写新傣文和老傣文，有超过80%的服务业人员调查对象完全看不懂、完全不会写英文。调查结果显示，服务业人员调查对象的各种民族文字读写能力的相关性显著。

第四，西双版纳边境地区服务业人员的语用能力水平不强，如景洪市贸易口岸的服务业人员调查对象中，具备多语语用能力的服务业人员调查对象占14.1%，具备多言语用能力的服务业人员调查对象占 28.8%，具备多语多言语用能力的服务业人员调查对象占6.3%。

2. 公共服务领域顾客能根据交际场景选择和调整语码

如前文表3-31、表3-70所示，在景洪市贸易口岸、关累口岸的公共服务领域中，顾客能够根据自己所处的语境选择特定的语码来完成交际任务。总体而言，顾客对本地汉语方言的使用占据主导地位，其次是普通话和当地主体民族语言：普通话多用于银行邮局办理业务、乘坐交通工具等开放性较强的交际场景；当地主体民族语言则多用于集贸市场买菜、商场（超市）购物等日常消费语境。

3. 公共服务领域规范用字水平仍需进一步提高

近年来，西双版纳傣族自治州贯彻落实语言文字方面的相关法律法规，重视少数民族语言文字的规范使用工作，西双版纳傣族自治州人民政府根据《西双版纳傣族自治州自治条例》的相关规定，先后下发了《西双版纳州人民政府关于加强使用傣文的通告》《关于会标、布标使用傣、汉两种文字的通知》①，以及《西双版纳州人民政府办公室关于广告、门牌、交通道路指示牌等规范使用傣汉两种文字的通知》②等文件，并由当地政府、人大常委会教科文卫委员会、宣传部等牵头，以州公安局、州市场监督管理局、州住房和城乡建设局、州民族宗教事务局、州民政局、州交通运输局、州文化和旅游局、州教育体育局等为成员单位，对公

---

① 我州民族文化事业迈大步. http://www.bndaily.com/c/2004-04-11/10069.shtml. 2004-04-11.

② 西双版纳傣族自治州人民政府. 西双版纳州人民政府办公室关于广告、门牌、交通道路指示牌等规范使用傣汉两种文字的通知（西政办发〔2006〕75 号）. https://www.xsbn.gov.cn/192.news.detail.dhtml?news_id=21502. 2006-07-12.

共服务领域规范用字情况进行检查和整顿。调查结果显示，景洪市贸易口岸公共服务设施中，单位挂牌和门牌用字比较规范，店名和指示牌用字亟待提高，傣文使用不够规范。当地除了西双版纳傣族自治州少数民族语文工作指导委员会、西双版纳报社为主要的傣文翻译单位外，也有一些广告公司开展傣文翻译工作，后者翻译能力有限，会出现拼写不规范的现象。

（二）西双版纳边境地区公共服务语言生态环境成因分析

1. 客观因素剖析

一是西双版纳边境地区公共服务语言生态环境呈现出多样化形态。以景洪市贸易口岸为例，口岸所在地景洪市为西双版纳傣族自治州的州府，旅游业发达，商贸往来频繁，外来服务业人员比较多，本地服务业人员所占比例不高。据景洪市市场监督管理局嘎洒管理所工作人员介绍，该镇以少数民族作为法人主体的经营户并不多，本地人口和外地人口的比例约为1∶5。因此，多民族聚集生活的格局，使得西双版纳边境地区形成了多语多言的公共服务语言生态环境。

此外，调查数据显示，不同服务业人员调查对象的语言能力是呈阶梯状分布的。具有一定规模的单位和银行，如景洪市的星级酒店、大型超市、各大银行等，其从业人员的语言文字使用比较规范，普通话的听说水平都明显比较高，能够根据顾客所使用的语言灵活选择语码完成交际任务。但在一些规模较小的私营企业（如旅馆、药店、杂货店等）中，其从业人员大多为本地汉族或外来人员，普通话的听说水平就相对要低一些；餐厅服务人员一般都是本地或其他地方的傣族，大部分傣语水平较高，可以使用傣语跟顾客交流，但面对使用不同语言的交际对象时，其语用能力就不是很强。

二是西双版纳边境地区公共服务领域的文字治理体系有待完善。景洪市的傣文翻译单位主要是西双版纳傣族自治州少数民族语文工作指导委员会和西双版纳报社，以及一些广告公司的傣文翻译人员，但后者的翻译水平和翻译质量需要提高。《中华人民共和国国家通用语言文字法》第二十二条规定："地方语言文字工作部门和其他有关部门，管理和监督本行政区域内的国家通用语言文字的使用。"[①]第二十三条规定："县级以上各级人民政府工商行政管理部门依法对企业

① 中华人民共和国中央人民政府. 中华人民共和国国家通用语言文字法. http://www.gov.cn/ziliao/flfg/2005-08/31/content_27920.htm. 2005-08-31.

名称、商品名称以及广告的用语用字进行管理和监督。”[①]但当地能评判傣文规范化水平的单位没有执法权限，而具有执法权限的市场监督管理局等部门又很难评判傣文的规范化水平，多部门联合执法往往只能在短期内解决集中整治的问题，较难形成长期有效的语言治理体系。

2. 主观因素剖析

在景洪市贸易口岸公共服务领域，熟练掌握傣语的服务业人员多集中于规模较小的单位，规模较大的医院、超市、商场等掌握少数民族语言的服务业人员较少，本地汉语方言仍然是公共服务领域的主要交际语言。此外，公共服务领域的顾客虽然具有一定的语码转换意识，但受其年龄、学历等因素的影响，其语用能力及水平并不均衡。一些年纪较大的少数民族群众长期在家务农或做家务，不会讲汉语，和其他少数民族的接触也不多，需要在家人的陪伴和翻译下，才能顺利完成看病就医、购物和乘坐交通工具等活动。而在关累口岸公共服务领域，服务业人员调查对象的语言使用情况受其语用习惯影响较大，当顾客所使用的语言与本人不同时，只要顾客能听懂，他们一般都会倾向于选择普通话或自己熟悉的本地汉语方言进行交际。

五、西双版纳边境地区公众交际语言生态环境

（一）西双版纳边境地区公众交际语言生态环境的特点

西双版纳边境地区的公众交际语言生态环境，主要体现为语用主体在婚丧活动、民族节庆、广场休闲娱乐、民间比赛、寺庙宗教活动等交际领域中所形成的言语行为及具体表现。根据调查数据，其特点主要表现为：一是公众交际的范围越大，本地汉语方言和普通话的使用频率就越高；二是公众交际的范围越小，少数民族语言的使用频率就越高。

如前文表 3-33、表 3-72 所示，景洪市贸易口岸、关累口岸的调查对象在各类交际场景中，多与亲朋好友使用本地汉语方言，即使是面对陌生人时，也会倾向于使用本地汉语方言与之交流；而普通话则基本用于同陌生人的交流。亲朋好友之间在各交际场景中使用少数民族语言的频率，低于本地汉语方言但高于普通话。

---

① 中华人民共和国中央人民政府. 中华人民共和国国家通用语言文字法. http://www.gov.cn/ziliao/flfg/2005-08/31/content_27920.htm. 2005-08-31.

西双版纳边境地区调查对象在各公众交际领域中的文字使用情况，如前文表 3-34 所示，规范汉字是景洪市贸易口岸各交际场景中使用频率最高，同时也是使用最方便的文字，傣文主要用于寺庙宗教活动、民族节庆、民间比赛等交际场景，繁体字和英文使用频率低。值得注意的是，少数调查对象对政府指示牌使用傣文更为方便办事具有一定的需求度。

（二）西双版纳边境地区公众交际语言生态环境成因分析

1. 客观因素剖析

第一，汉语和规范汉字已成为西双版纳边境地区公众交际最主要的交际工具。一方面，景洪市贸易口岸和关累口岸的商务往来、技术交流和人际交往等，都是以汉语和规范汉字为基础的，如关累口岸就有 35.5%的调查对象属于外地人口到关累口岸务工的，这就使汉语和规范汉字自然成了当地的主要交际工具。在社会向工业化、信息化、城镇化和农业现代化迈进的过程中，少数民族语言文字往往因为受到语用范围的限制而较难快速适应时代和社会的发展需求。另一方面，当地一些少数民族在语言、文化、生活等方面逐步与汉族趋同。例如，景洪市贸易口岸有 82.7%的傣族调查对象以傣语为母语；关累口岸有 97.8%的傣族调查对象以傣语为母语，有 87.1%的哈尼族调查对象以哈尼语为母语；少数民族青少年虽然大多以本民族语言为母语，但随着年龄的增长，以及受到学校教育、外族接触等因素的影响，汉语和规范汉字的使用频率呈明显上升趋势。

第二，传统民族文化成为保护少数民族语言文字的天然屏障。调查数据显示，寺庙宗教活动、婚丧活动和民族节庆时，少数民族语言文字的使用频率比较高。本书作者在调查及访谈中也屡次听到当地傣族调查对象描绘傣历新年及其他重要节庆时“大佛爷”在寺院讲经的场景，仪式结束后，很多傣族老人还会拿着贝叶经，给孩子们讲经文故事。可以说，西双版纳边境地区虽然不可避免地受到时代、社会等因素的影响而出现了汉语和规范汉字使用频率上升的现象，但传统的少数民族公众交际范围仍然具有一定的稳定性，这在一定程度上保护了少数民族语言文字的传承性。

2. 主观因素剖析

西双版纳边境地区公众交际语言生态环境的形成，与当地语用主体的语言学习（习得）经历具有一定的关系。

调查数据显示，景洪市贸易口岸16～40岁年龄段的调查对象中，生活在景洪市内的占80%以上，在外省生活的仅占5.6%，其中有一些调查对象是同时生活在云南省内外的。由于该年龄段调查对象已经具备一定的社会交往能力和语用经验，这就使西双版纳边境地区公众交际领域的常用语言集中于本地汉语方言、普通话和语用主体本民族的语言。又如，关累口岸只有关累村为傣族聚居的村寨，在当地政府的支持下，修建了一座寺庙，举行宗教仪式和民族节庆时，僧人会在寺院里用傣语（文）讲经。但随着经济、文化、教育等水平的不断提高，关累村群众与其他民族（尤其是汉族）的接触交往也日渐频繁，很多傣族儿童从小就开始学习和使用汉语，男孩子也很少到寺庙里去学习傣文和经文了，具有傣文读写能力的多为傣族中老年男子。

六、西双版纳边境地区日常交际语言生态环境

（一）西双版纳边境地区日常交际语言生态环境的特点

第一，西双版纳边境地区的汉族生活在多民族语言文字的环境中，对少数民族语言文字有一定的认知，但少数民族语言文字能力不强。以景洪市贸易口岸为例，如前文表3-35～表3-38所示，汉族调查对象的普通话、傣语、哈尼语、英语的听说能力之间的相关性显著，有46.0%的汉族调查对象完全听不懂傣语，有63.7%的汉族调查对象基本不会说傣语；汉族调查对象的规范汉字、繁体字、新傣文、英文的读写能力之间的相关性显著，有90.3%的汉族调查对象完全看不懂新傣文，有95.6%的汉族调查对象完全不会写新傣文。关累口岸的情况与景洪市贸易口岸的情况基本一致（详见前文表3-74～表3-77）。

第二，西双版纳边境地区的少数民族生活在多语多言的环境中，具备一定水平的汉语和汉字能力。以景洪市贸易口岸为例，如前文表3-40～表3-43所示，傣族调查对象的各类语言听说能力之间、文字读写能力之间的相关性显著。除一些年纪较大的调查对象外，大部分傣族调查对象都具备汉语听说能力，有68.8%的傣族调查对象具备中等及以上水平的规范汉字的读写能力，有90.1%、90.8%的傣族调查对象完全看不懂、完全不会写新傣文。关累口岸的情况，如前文表3-79～表3-82所示，傣族、哈尼族调查对象的各类语言听说能力之间、文字读写能力之间的相关性显著。除年纪较大的调查对象外，大部分傣族调查对象都具备汉语听

说能力，规范汉字的读写能力明显高于新傣文。

此外，调查数据还显示：一是不同性别的傣族调查对象的普通话、傣语的听说能力之间的差异性显著，繁体字的读写能力之间差异性显著；除傣文阅读能力外，不同年龄的傣族调查对象的语言听说能力、其他文字的读写能力之间的差异性显著。二是不同性别的哈尼族调查对象的普通话、傣语、本地汉语方言的听说能力之间的差异性显著；除傣文的读写能力外，不同年龄的哈尼族调查对象的语言听说能力、其他文字的读写能力之间的差异性显著。

第三，汉族在日常交际中常出现多言现象，少数民族在日常交际中常出现多语现象，多语多言和谐共存是西双版纳边境地区日常交际的重要特点。

一方面，汉族调查对象在家庭日常交际中主要使用本地汉语方言，在跟非家庭成员交流时兼用普通话，且越是跟陌生人交流时，使用普通话的频率越高。因此，西双版纳边境地区的汉族调查对象在面对不同的交际对象时，往往会出现多言现象，但很少出现多语现象，这与其基本不具备少数民族语言的听说能力有关。

另一方面，如前文表 3-44 所示，景洪市贸易口岸的傣族调查对象在家庭日常交际中以傣语为主，但面对不同的交际对象时，语码的选择具有一定的差异性：一是有血缘关系的家庭成员使用傣语的频率比较高。二是不同年龄段的同辈之间的傣语使用频率比较稳定，所占比例也十分接近。三是爷爷奶奶与孙子之间使用傣语的频率低。四是女婿和岳父母、儿媳和公婆之间使用傣语的频率最低。五是跟非家庭成员交流时，语码选择情况较为复杂：当交际对象为傣族时，傣语使用频率偏高，且多语现象所占比例高于多言、多语多言现象；当交际对象为其他民族时，本地汉语方言的使用频率偏高，且多言现象所占比例高于多语、多语多言现象；当交际对象为州内游客时，本地汉语方言的使用频率高于普通话；当交际对象为非州内游客时，普通话的使用频率高于本地汉语方言；除国外游客外，多言现象的占比要高于多语、多语多言现象。关累口岸的傣族、哈尼族调查对象也有类似的情况及表现（详见前文表 3-83、表 3-88）。

（二）西双版纳边境地区日常交际语言生态环境成因分析

1. 客观因素剖析

西双版纳边境地区少数民族聚居的生活方式，在维系着各少数民族世代社区关系的同时，也对少数民族语言的传承和发展起到了一定的维护作用。以景洪市贸易口岸为例，本书作者在曼阁、曼斗、曼暖龙和曼凹等村寨的调查中发现，傣族人口占村寨人口总数的 92.3%，这就使得傣语成了村寨里重要的交际工具，包括生活在傣族村寨中的汉族、其他少数民族等常住人口，也在不同程度上接受和使用着傣语。

如表 4-3 所示，景洪市贸易口岸各民族调查对象大多认为少数民族语言文字将在一定范围内使用。同时，各民族调查对象对普通话和规范汉字的发展前景持乐观态度，大部分调查对象认为，普通话、规范汉字和汉语拼音的使用者会越来越多。

表 4-3 景洪市贸易口岸群众关于语言文字发展前景的看法（单位：%）

发展前景	傣语及傣文	哈尼语	布朗语	普通话及规范汉字	本地汉语方言	汉语拼音
使用者会越来越多	26.6	12.4	11.9	97.3	43.7	88.3
在一定范围内使用	68.7	74.1	70.0	2.7	55.7	11.7
被其他民族语替代	3.3	6.5	13.6	0	0.6	0
已经消亡但希望恢复	1.4	7.0	4.5	0	0	0

在关累口岸的关累、坝荷、帕沙等少数民族村寨中，关累是以傣族为主体民族的村寨，坝荷、帕沙是以哈尼族为主体民族的村寨，傣语和哈尼语也就自然成了这些少数民族村寨的重要交际工具，生活在少数民族村寨中的汉族和其他少数民族，也在不同程度上接受和使用着傣语和哈尼语。

2. 主观因素剖析

第一，西双版纳边境地区各民族对多语多言现象持开放态度。

以景洪市贸易口岸为例：一是语言情感方面，各民族调查对象中，非常热爱本民族语言文字的占 33.5%，热爱的占 41.7%；最喜欢说本地汉语方言的占 73.8%，最喜欢说普通话的占 12.7%。二是认知态度方面，各民族调查对象中，认为学习（习得）少数民族语言方便与本民族交流的占 81.0%，认为有利于了解本民族文化的占 39.7%，认为有利于升学和找工作的占 29.8%；关于多语多言变单语单言的现象，持“顺其自然”观点的占 41.4%，不希望此现象发生的占 45.9%。三是行为倾向方面，各民族调查对象中，希望本人非常精通本地汉语方言、普通话的分别占 67.3%、65.4%，希望本人非常精通傣语、哈尼语的分别占 31.7%、10.0%，希望本人非常精通英语的占 26.3%。此外，有 69.0%的傣族调查对象表示，自己会继续保持使用傣族的语言文字；有 26.8%的傣族调查对象表示，自己只会保持使用傣语。这说明，傣族目前的语言文字使用状况基本稳定，但发展和传承的态势需要引起关注。

关累口岸的情况及表现与景洪市贸易口岸相似。一是关于本民族语言文字继承保护的态度，各民族调查对象中，持“非常希望”态度的占 55.7%，持“希望”态度的占 40.7%。二是关于自己最喜欢说的语言，各民族调查对象中，本地汉语方言占 52.6%，普通话占 9.5%。三是关于少数民族学习（习得）本民族语言的作用，各民族调查对象中，认为方便与本民族交流的占 93.8%，认为有利于了解本民族文化的占 67.4%，认为有利于升学和找工作的占比较为接近，分别为 39.8%和 31.9%；此外，还有 38.9%的调查对象认为学习（习得）本民族语言文字能够让内心产生满足感，这在一定程度上反映了调查对象对本民族语言（母语）所持有的情感态度。

第二，从语言重要性的排名情况来看，各民族调查对象认为普通话是最重要的语言，其次是本地汉语方言。以景洪市贸易口岸调查对象关于语言重要性排名第一的调查数据为例，普通话的占比为 66.4%，本地汉语方言的占比为 25.0%，傣语的占比为 8.2%，哈尼语的占比为 0.4%。这说明，汉语已经在西双版纳边境地区调查对象中形成了很大的影响，人们对普通话价值的认知，已经不仅仅停留于交际价值，而是彰显出对其经济价值、文化价值乃至情感价值等方面的认知。

第三节　西双版纳边境地区民族语言资源状况及开发

一、西双版纳边境地区民族语言资源的状况

（一）西双版纳边境地区语言资源的类型

“资源”有狭义和广义两种含义。狭义的资源指自然资源，广义的资源包括自然资源和人类社会固有的、社会发展过程中所形成的、能为社会创造财富的非物质形态的资源。语言的本质属性是社会性，能为社会发展、文化传承、信息传播提供服务，其本身也是一种资源。

根据不同的标准，语言资源可以分为不同的类型。从语言特征和语种属性的角度来看，可将语言资源分为稀缺性语言资源和普通语言资源；从语言的内在活力属性角度，可划分出再生性语言资源和非再生性语言资源；从价值功能角度，语言资源可分为文化语言资源、生态语言资源、教育语言资源和信息语言资源等。我国的语言资源从分布和构成看，有国语资源（即国家共通语资源）、少数民族语言资源（即少数民族所专有的语言资源）和方言资源（主要指汉语方言资源）。[①]本书根据语言资源的功能，将西双版纳边境地区民族语言资源分为社会资源、经济资源和文化资源，并对其进行调查和研究。

1. 作为一种社会资源的西双版纳边境地区民族语言

语言是人类社会最重要的交际工具。它承载着人类重要而丰富的社会历史文化信息，能够服务于社会，并由此产生相应的社会效益。就此而言，西双版纳边境地区的民族语言是一种重要的、有价值的社会资源。

首先，语言贯穿于话语交际的编码、发送、传递、接收、解码的全过程，是人们传递信息和交流感情的重要载体之一。在西双版纳边境地区，打洛口岸的跨境傣族、哈尼族、布朗族，磨憨口岸的跨境傣族、哈尼族、苗族和瑶族，景洪市贸易口岸和关累口岸的汉族、傣族、哈尼族，均有自己的民族语言，少数民族在村寨内部各交际场景中基本都是使用本民族语言；当他们面对其他民族的交际对象时，则普遍兼用汉语（包括本地汉语方言和普通话），有的还兼用其他少数民族的语言。例如，磨憨口岸除跨境傣族外，其他跨境少数民族大多具备一定的傣语听说能力，纳红村年纪较大的哈尼族人基本都会讲傣语，部分哈尼族人还会讲克木语和老挝语。通过语码的灵活转换，西双版纳边境地区的各民族来往接触密切，信息交流畅通。不难看出，西双版纳边境地区的民族语言已成为促进当地和谐民族关系、建构安定社会生活的重要资源。

其次，西双版纳边境地区的民族语言，能够通过大众传媒为当地人民群众提供国家归属感和认同感，并构建起中华民族伟大复兴所需的向心力和凝聚力，从而在维护多民族边疆地区的社会稳定、彰显国家软实力、增进同周边国家之间友好往来等方面发挥重要的作用。西双版纳广播电视台民族语译制中心副主任杨洁芬在接受本书作者访谈时，曾就此问题谈道：1981 年 10 月 1 日上午 11:45，西双

① 范俊军，肖自辉. 2008. 语言资源论纲. 语言学研究，（4）：128-132.

版纳人民广播电台哈尼语开播，从此党的路线方针、国家的政治经济政策和科技信息就连续不断地传入哈尼山乡的千家万户，拓宽了少数民族的视野，推动了科学文化的教育及普及，而在此之前居住在边沿一线的哈尼族主要收听的是泰国清迈电台的哈尼语广播。西双版纳人民广播电台哈尼语的开播，在当时电视不那么普及的情况下，在西双版纳傣族自治州的勐海、景洪曾一度出现过哈尼族群众购买收音机的热潮。在广大的哈尼乡村，“串姑娘”的哈尼小伙子怀揣收音机，一路走一路听，成了他们的一种时髦；不仅如此，哈尼语广播还吸引了不少泰国、老挝、缅甸的听众。

最后，西双版纳边境地区跨境少数民族众多，各民族都有悠久的历史文化，但有的可以通过文字（如新傣文、老傣文等）记录保存下来，有的则只能依靠口耳相传。于是，语言便成了各少数民族传承本民族厚重历史文化的重要载体。西双版纳边境地区的少数民族群众通过语言讲述民间故事、历史典故、社会现实等，不仅繁荣了各民族的文化生活，而且还促进了当地民族文化的多样性与和谐发展，形成了相应的社会文化效益。

以打洛口岸为例，关于家长最希望孩子掌握何种语言，除无法回答此问题的调查对象外，跨境傣族调查对象中，认为是傣语的占 49.0%，认为是普通话的占 30.1%，认为是本地汉语方言的占 9.1%，认为是英语的占 2.8%；跨境哈尼族调查对象中，认为是傣语的占 1.1%，认为是哈尼语的占 34.5%，认为是普通话的占 42.5%，认为是本地汉语方言的占 15.9%，认为是英语的占 1.1%；跨境布朗族调查对象中，认为是傣语的占 0.8%，认为是布朗语的占 59.3%，认为是普通话的占 17.1%，认为是本地汉语方言的占 6.5%，认为是英语的占 1.6%。同时，打洛口岸的跨境少数民族为了方便交流和沟通，还兼用其他少数民族的语言。本书作者在打洛口岸曼蚌村调查时，遇到几位缅甸的傣族和布朗族人，他们有的是到打洛找工作，有的是来探亲访友，与当地居民交流主要是通过傣语和布朗语，如交际对象使用的是本地汉语方言，就只能找会说本地汉语方言的熟人或朋友进行翻译，因而在打洛口岸找工作具有一定的难度。而在磨憨口岸，为了解某一民族文化而选择学习该民族语言文字的跨境少数民族调查对象，也占有一定的比例。以各民族选择学习语言文字占比的最高数据为例，有 20.0%的跨境傣族调查对象选择学习英语及英文，有 44.4%、16.6%的跨境哈尼族、苗族调查对象选择学习瑶语，有 25.0%的跨境瑶族调查对象选择学习苗语。

由此可见，西双版纳边境地区各民族语言已成为弘扬和传承民族历史文化的重要载体，其作为一种社会资源的重要性及其附属价值，在此得到了充分体现。

2. 作为一种经济资源的西双版纳边境地区民族语言

语言不仅在人们的交际活动中具有重要的作用，而且还能根据其在社会各领域的使用情况，通过有效的开发和利用，使其得以商品化和产业化，继而直接或间接地产生一定的经济价值。这就是语言作为一种经济资源的体现。

首先，西双版纳边境地区居住着众多的跨境少数民族，如能将其独特的历史文化、民风民俗等制作成语言产品，如歌舞剧、广播剧、影视作品等，那么就能通过市场、营销、消费等环节，发挥其语言文字在传承和弘扬优秀民族文化中的功能和作用。例如，在打洛口岸传唱的少数民族歌曲种类极多，而且不同民族的唱法各具特色，但这些少数民族歌曲大多停留于口头传唱的层面。磨憨口岸跨境少数民族关于本地广播电视节目语言类型的需求，也在一定程度上反映出了少数民族语言产品是具有消费市场的：有 42.5%的傣族调查对象希望能收听（看）傣语节目，有 38.5%的哈尼族调查对象希望能收听（看）哈尼语节目，有 37.8%的苗族调查对象希望能收听（看）苗语节目，有 34.8%的瑶族调查对象希望能收听（看）瑶语节目。可见，少数民族语言的广播电视节目是具有一定的受众的，不可低估其未来的发展潜力。

其次，西双版纳边境地区民族语言资源具有转化为生产力的可能性。西双版纳广播电视台哈尼语部工作人员在接受本书作者访谈时曾提及一个案例：20 世纪 90 年代，西双版纳人民广播电台哈尼语广播响应政府号召，宣传了旱育稀植推广杂交稻的种植，得到了广大哈尼族群众的积极响应。勐海县格朗和乡帕真村委会的一位村民曾经这样说道：“我们从收音机里听到种植推广杂交稻能丰收的消息，试着种了杂交稻，种了一袋谷种，不知道收了多少袋，背都背不完，太好了！”如前文所述，西双版纳边境地区一些少数民族村寨有不少村民自己经营具有民族特色的餐厅，顾客就餐期间能够观赏到丰富多彩的少数民族语言歌舞表演，这不仅能增强少数民族村寨的活力，满足消费市场的需求，而且也是民族语言所具有的经济资源属性的一种体现——能够为当地少数民族群众带来语言红利。

最后，随着西双版纳边境口岸地区的建设和发展，当地外来人口越来越多，为了便于交流和沟通，很多少数民族群众在沿用其本民族语言的基础上，开始学习（习得）和使用汉语，而外来人口也在学习（习得）和使用少数民族语言。因此，编制和研发少数民族语言、普通话等方面的教材、工具书、出版物、音视频、学习软件或网站等，是符合当前语言文字消费市场的需求的。

如前文表 2-43、表 2-44 所示，打洛口岸有超过半数的跨境少数民族调查对象表示，希望自己能掌握良好的普通话、英语听说能力；有超过半数的跨境傣族调查对象表示，希望自己能够具备良好的规范汉字读写能力。表 2-86～表 2-93 也反映出了磨憨口岸的跨境少数民族希望自己能够达到本地汉语方言、普通话和规范汉字的良好水平。表 3-26 体现了景洪市贸易口岸调查对象对普通话和规范汉字的广播电视节目需求量是最大的。表 3-65 呈现出关累口岸调查对象对大众传媒语言文字的喜爱程度，占比最高的是普通话和规范汉字。很多调查对象在访谈中表示，虽然想学习本民族文字和其他民族的语言文字，但没有人教，也不清楚什么地方可以提供此类的学习或培训。

此外，一些跨境少数民族调查对象在调查及访谈中表示，只要自己掌握本民族的语言文字、会说本地汉语方言，就可以去给国内的外来务工者做翻译工作，因为他们基本都听不懂也不会说少数民族语言。因此，如果能够利用当前西双版纳边境口岸贸易发展的契机，开发相应的语言服务产业及相关的语言衍生产品，如建立和创办翻译机构、语言文字培训机构，以及研发少数民族语言翻译软件等，是具有一定的市场消费需求的。

3. 作为一种文化资源的西双版纳边境地区民族语言

语言不仅是民族历史文化的重要载体，而且也是民族历史文化的表现形式，其中渗透着特定民族在长期历史发展过程中所形成的文化习俗、思维方式、生活经验等，如汉语的词汇系统中就保存有丰富的与文化习俗相关的词语，反映了汉民族悠久的历史文化传统及民风民俗。而从另一方面看，特定民族的历史文化也需要通过口头语言、书面语言以及文字的记录，才能得以实现代际传承和保存，这就是语言作为文化资源的体现。

在西双版纳边境地区，每个民族都有自己的神话、歌谣、史诗、民间故事等一些口耳相传或文字记录的文学艺术形式，蕴藏着深厚的民族文化底蕴。以西双版纳傣族的章哈为例，它不仅是指一种传统的傣族歌唱表演艺术，而且也指活跃于傣族民间的唱章哈的歌者们。章哈是傣族民众日常生活中喜闻乐见的文化活动，在泼水节、上新房、上佛寺、结婚等民族节日或民俗活动中，都会有著名的章哈前来演唱，成为傣族各类民俗活动及仪式中的重要文化符号。一方面，章哈唱本中留存有大量的傣族原始的史诗、神话、天文历法、寓言警句、宗教故事、民间歌谣、日常生活知识等内容，是傣族传统文化的重要载体；另一方面，章哈唱本来自不同的时代，在其传播和发展过程中，通过歌者与听者的互动，形成了丰富的话语意义，并对社会产生着一定的引导和规训作用，如傣族婚礼上的章哈演唱往往会涉及夫妻和睦相处、共同奋斗、孝顺老人、关爱孩子等内容，对人们的价值观念具有一定的导向作用。[①]然而，20 世纪对于章哈的收集与整理，更多的是依靠调查组和编辑部的集体力量，如 1956 年云南省民族民间文学西双版纳调查队在勐海收集的《召树屯》《松帕敏与嘎西娜》《葫芦信》等叙事长诗手抄本，西双版纳傣族自治州艺术创作研究室 1981～1993 年编纂的《章哈剧志》，以及西双版纳傣族自治州文化馆 2007 年编写的傣文版《章哈演唱学习手册》《章哈学习演唱传统唱词》教材等。[②]

近年来，西双版纳傣族自治州民族宗教事务局积极开展少数民族传统文化的研究、出版、搜集、保护、培训等工作，翻译、整理并出版《中国贝叶经全集》100 卷，翻译、整理并出版傣族、哈尼族、布朗族、基诺族等民族古籍丛书 12 部、汇编资料 4 部，出版了《傣族文学简史》《傣族历史文化漫谭》《傣汉词典》等。2017 年，由原西双版纳文化局（今西双版纳文化体育广播电视局）组织专家，经三年多时间的编写、采集和整理而成的《哈尼（阿卡）民歌谚语》一书在云南人民出版社正式出版。该书分为谚语、民歌、语词对照三部分，其中谚语 110 条、民歌 14 首、语词 1100 条。2018 年，西双版纳傣族自治州古籍保护中心成立（地点设在西双版纳傣族自治州图书馆），并于 2019 年 5 月加入国家古籍保护协会，截止到 2019 年 8 月收藏有傣文古籍 2739 部、3376 册。[③]这些都是西双版纳边境地区丰富民族语言文化资源的体现。

---

① 陈雯，陈珊. 2021. 西双版纳傣族章哈传播过程中的社会功能研究——基于曼掌村的田野考察. 中国民族博览，（7）：54-56.

② 孔桂英. 2018. 西双版纳傣族民间章哈调查研究. 梧州学院学报，（5）：54-58.

③ 西双版纳傣族自治州人民政府. 州民宗局对政协西双版纳州十二届三次会议第 12 号关于加强少数民族语言保护和传承提案的答复（西民宗字〔2019〕55 号）. https://www.xsbn.gov.cn/245.news.detail.dhtml?news_id=68123. 2019-08-12.

此外，本书作者在打洛口岸调查时得知，老傣文在傣族的宗教文化领域占有重要地位，长期以来都是傣族宗教文化的记录符号，打洛口岸的跨境傣族都有用老傣文文身的习俗。新傣文的创制、推广和改进，则反映出傣文的历史演变轨迹，属于一种隐性的文化资产，值得人们研究和关注。在曼夕下寨，当地有关管理部门就针对布朗族的文化保护和传承修建了一个非物质文化遗产保护点。布朗族能歌善舞，很多宝贵的文化遗产由于不能使用本民族文字记录，便只能借助汉字进行记载和保存。曼夕下寨非物质文化保护遗产保护点的建设和使用，就是保护和开发布朗族语言文化资源的一种有效措施。

（二）西双版纳边境地区语言资源的特点

1. 语言的社会资源及其功能在语言生活中得以实现

西双版纳边境不仅生活有众多的跨境少数民族，而且还有汉族，以及缅甸、老挝等邻国因商贸往来的其他民族。他们所使用的本民族语言都有自己的特点，都在语言生活中发挥着不同的作用。由于西双版纳边境地区的居民基本处于多语多言的环境中，在其民族内部交往中，会首选本民族语言进行交际，在同其他民族的社会交往中，各民族之间会兼用汉语或相互学习对方的民族语言，故西双版纳边境地区的少数民族能够以开放、包容的语言态度，根据交际对象选择便于双方交流的语言，灵活地转换语码，有效消除双方的交流障碍，既实现了沟通和交流，又联络了彼此之间的感情。例如，磨憨口岸纳红村的一些哈尼族会讲傣语和老挝语，与本族人交流就讲哈尼语，与傣族人交流就讲傣语，与其他民族人员交流就讲本地汉语方言，与老挝人交流就讲老挝语；有些具备一定普通话听说能力的调查对象在与外地人交流时还会使用普通话。如表 4-4 所示，磨憨口岸跨境少数民族为了能够与特定民族交往，愿意学习（习得）该民族的语言，以相互传递信息、增进感情。

表 4-4　磨憨口岸跨境少数民族为与特定民族交往而学习（习得）语言的情况【多选】（单位：%）

民族	傣语	哈尼语	苗语	瑶语	普通话	本地汉语方言	英语
傣族	89.1	100.0	100.0	100.0	40.9	70.9	52.5
哈尼族	92.6	24.2	0	0	32.2	77.7	43.2
苗族	46.5	25.0	24.0	16.7	43.0	74.4	31.2
瑶族	43.6	25.0	25.0	16.3	25.8	69.4	17.7

此外，在西双版纳边境地区的很多地方都可以看到同时使用规范汉字和傣文的路标、广告，以及商店和机关单位的挂牌，以方便各民族群众出行和办事，减少边疆多民族聚居地区社会交际过程中的语言文字障碍。西双版纳广播电视台定时推出的傣语、哈尼语节目，也在一定程度上为当地少数民族提供了及时获取新闻信息的机会和途径，促进了国家、地方新闻信息的有效传播，彰显了当地的民族语言资源作为一种社会资源的功能和价值。

另外，打洛口岸的跨境傣族、哈尼族、布朗族和缅甸的傣族、哈尼族、布朗族，磨憨口岸的跨境傣族、哈尼族、苗族、瑶族与老挝的傣族、哈尼族、苗族、瑶族，语言相通，文化习俗相近。西双版纳边境地区的少数民族语言作为邻国相同族群沟通的重要桥梁，不仅服务于西双版纳边境地区跨境少数民族的社会交际，而且还在构建中缅、中老双边睦邻友好关系方面发挥了重要作用，促进了中缅、中老边境贸易的发展，实现了其在语言生活中的功能和价值。

2. 语言的经济资源利用尚有较大的开发空间

尽管西双版纳边境地区语言种类繁多，语言资源丰富，且在社会、经济和文化等方面具有特殊的功能和价值，但就目前情况来看，当地的语言资源，尤其是语言的经济资源，还处于一种自然发展的状态中。

一方面，反映西双版纳边境地区跨境少数民族历史文化的语言产品数量有限。本书作者在调查过程中了解到，虽然西双版纳广播电视台有自己创作、演播、录制的傣语广播剧《岩贺娥》《波包》《槟榔树下》等和哈尼语广播剧《山寨风波》《流泪的山风》《凤凰花开了》等，有傣语、哈尼语的综艺益智类电视节目《欢乐傣乡行》《咚吧嚓》，有傣语、哈尼语的广播文艺节目《文艺广场》《赞哈故事》等，而且也通过微信公众号“西双版纳手机台”、抖音号“西双版纳广播电视台”等新媒体进行推送，但充分利用当地少数民族历史文化、风俗习惯、民族语言等制成的语言产品，以及少数民族语言学习类教材、工具书、出版物等，还有音视频电子产品、电子词典、手机 APP 等的数量仍然比较有限。西双版纳广播电视台哈尼语部工作人员在访谈中表示：因人力、物力等方面的原因，哈尼语广播文艺节目《文艺广场》自采的哈尼古歌的收集、整理工作进展缓慢且难度较大；这些蕴含在哈尼古歌中的口述文献，如不能及时记录和整理，就会随着歌唱者因年事已高而无法继续传唱，那么这些宝贵的语言文化资源也将随之消失。傣语部工作人员也表示，傣语综艺益智类电视节目《欢乐傣乡行》也因各种原因而停播了。

另一方面，虽然西双版纳边境地区跨境少数民族的母语使用频率较高，年轻一代使用本地汉语方言和普通话的能力也比较强，部分人员还具备一定的英语和邻国语言的听说能力，但是，在当地还没有出现相应的、体制完备的语言翻译机构或培训机构等。例如，本书在磨憨口岸调查时了解到，很多跨境少数民族想要学习本民族和其他民族的语言文字，但苦于没有人教，也没有地方可以学，更没有相关的学习工具，从而失去了由少数民族语言文字及其衍生产品可能带来的经济效益。因此，西双版纳边境地区发展语言服务产业，是具有一定的发展潜力和消费市场的。

3. 语言的文化资源的地位和作用逐步引起关注

西双版纳边境地区跨境少数民族语言及其所形成的文化资源，特色鲜明，种类繁多，构成了当地良好的语言生活格局。但本书在调查过程中发现，当地有关这些民族文化艺术表现形式的宣传较少，大众传媒也主要涉及傣语（文）、哈尼语（文）及其文化的传播，而当地受众却对大众传媒使用少数民族语言文字传播具有一定的需求。以磨憨口岸为例，报刊方面：有3.9%、5.6%的跨境傣族调查对象分别希望看到老傣文、新傣文的报刊，有5.6%的跨境傣族调查对象希望能够同时看到新傣文、老傣文的报刊；有3.8%的跨境哈尼族调查对象希望有哈尼文的报刊；有11.1%的跨境苗族调查对象希望有苗文的报刊，有1.1%的跨境苗族调查对象选择阅读新傣文的报刊；有 10.9%的跨境瑶族调查对象希望制作瑶文的报刊。广播电视节目方面：有 42.5%的跨境傣族调查对象希望制作傣语节目，有 38.5%的跨境哈尼族调查对象希望制作哈尼语节目，有 37.8%的跨境苗族调查对象希望制作苗语节目，34.8%的跨境瑶族调查对象希望制作瑶语节目。与此同时，如前文表2-74～表2-76所示，磨憨口岸的跨境少数民族在学习（习得）语言时，有部分调查对象的目的是了解其他民族文化。

近年来，西双版纳广播电视台积极投身媒体融合发展，大力发展新媒体业务，建立了“版纳手机台”“西双版纳广播电视网”，注册推广微信公众号“西双版纳手机台”、抖音号“西双版纳广播电视台”；西双版纳报社形成了传统纸媒、微信公众号和手机读报等媒介融合发展态势；景洪市融媒体中心推出了“景洪发布”微信公众号、“雨林景洪”APP、“傣乡零距离”新浪微博、“雨林景洪”抖音号、“景洪市融媒体中心”今日头条号等新媒体业务；勐腊县融媒体中心也依托勐腊电视台、“勐腊发布”微信公众号、“纯翠勐腊”APP、“勐腊发布”抖音号等形成了崭新的全媒体矩阵。这些新媒体在西双版纳边境地区的关注量不断上升，形成了多民族语言文字并行的语言传播态势，在一定程度上促进了当地少数民族语言文字作为一种重要的民族文化资源功能的实现，同时也助推了当地加快发展民族特色旅游经济文化的步伐。

二、西双版纳边境地区民族语言资源的开发

语言资源的开发利用，是指通过一定的方式，使语言资源充分发挥其社会资源、经济资源、文化资源等方面的功能和作用，并产生相应的社会、经济、文化等效益的过程。语言资源的开发和利用，对维护社会和谐稳定、促进社会经济发展、保留文化多样性具有重要而深远的意义。因此，制定切实可行的语言资源开发对策，是开发和利用西双版纳边境地区语言资源的当务之急。

（一）语言作为社会资源的开发建议

语言资源属于一种隐性的资源，它不像自然资源——显性的资源，很容易就被人们所发现和察觉。为了更好地让人们了解、开发和利用西双版纳边境地区语言的社会资源，以及由此所产生的功能和价值，可以从以下方面入手。

1. 树立语言资源观念

开发和利用语言的社会资源及其功能和价值，首先需要政府及有关管理部门引导人们认知语言资源的存在，通过观察、分析语言资源，发现其价值，继而开发和利用语言资源，最终使得语言资源能够充分发挥其作为一种社会语言的功能和价值，实现语言资源的转化，进而产生各方面的效益。

第一，当地政府及有关部门要树立语言资源观念，如通过举办科普讲座、发放宣传材料，或通过大众传媒宣传与推广语言资源及相关知识，使群众对语言资源的属性及价值特点形成全面的认知。群众只有把语言当作一种资源来理解和阐释，才会主动地去观察、关注和分析现实生活中的语言资源，发现其附属的社会、文化、经济等方面的价值，并通过各种途径开发和利用现有的语言资源。因此，语言资源观的树立，能为语言资源的开发和利用提供思想上的保

证和支持。

第二，当地教育部门和相关教学研究机构要适时开展语言国情调查及研究，提高人们对语言资源属性及其价值特点的认知水平，为人们正确树立语言资源观以及开发和利用语言资源提供充分的理论依据和实践指导。

如前文所述，西双版纳打洛口岸语言资源丰富，但由于受到人力、物力、财力等因素的制约，当地的语言资源大多处于一种自然发展的状态，与此相关的语言资源发展规划还比较缺乏，当地的语言治理也主要是基于响应国家、地方政策的宏观层面。由此所导致的丰富民族语言资源的流失，也就在所难免了。本书作者在打洛口岸的田野调查中，曾听到一位布朗族老人用布朗语歌曲表达中华人民共和国成立初期布朗族的生活场景，以及民族团结、共同奋斗的故事情节，但他的孩子就唱得很不熟练，孙子几乎就不会唱。西双版纳的其他口岸地区也有类似现象的存在。这些处于一种自然状态下生存和发展的语言资源，既没有得到人们足够的重视，也没有得到充分的挖掘，以至于未能很好地发挥其作为社会资源、经济资源和文化资源等方面的功能和价值。因此，树立语言资源观是西双版纳边境地区开发和利用语言资源的当务之急，唯有如此，才能为语言资源的开发和利用提供思想保证和理论依据。

2. 拓宽语言资源的宣传渠道

语言资源观的树立，前提是语言的资源属性及其价值特征能够为人们所认知，这就需要政府或有关部门、科研机构等通过各种宣传渠道加大对语言资源的宣传力度。

第一，通过大众传媒的各种传播载体进行语言资源的宣传。大众传媒通过报纸、广播、电视等信息传播的载体，能够跨越时空的局限，以最大的传播范围、最快的传播速度，将信息有效地传递给受众。所以，西双版纳边境地区语言资源的宣传，可以充分运用大众传媒在当地的普适性来进行。

调查数据显示，打洛口岸跨境少数民族调查对象中，除无法做出选择判断的调查对象外：有 8.3%、7.6%的傣族调查对象分别喜欢收听傣语、普通话的广播节目，有 7.6%、11.9%的傣族调查对象分别喜欢观看傣语、普通话的电视节目；有 3.2%、44.7%、3.2%的布朗族调查对象分别喜欢收听傣语、普通话、布朗语的广播节目，有 2.4%、59.3%、1.6%的布朗族调查对象分别喜欢观看傣语、普通话、布朗语的电视节目。但是，打洛口岸跨境少数民族调查对象阅读少数民族语言文字报刊书籍的人数及频率都不高，即使是具备少数民族语言文字读写能力的调查对象，也很少会主动阅读；相对而言，他们更喜欢阅读规范汉字的报刊。跨境布朗族调查对象中，仅有 1 人会阅读英文的报刊。

磨憨口岸跨境少数民族调查对象的情况也有类似表现：有 21.8%、31.8%的傣族调查对象分别喜欢收听傣语、普通话的广播节目，有 23.5%、62.6%的傣族调查对象分别喜欢观看傣语、普通话的电视节目；有 29.5%、36.8%的哈尼族调查对象分别喜欢收听哈尼语、普通话广播节目，有 22.2%、68.4%的哈尼族调查对象分别喜欢观看哈尼语、普通话的电视节目；有 67.8%的苗族调查对象喜欢收听普通话广播节目，有 86.7%的苗族调查对象喜欢观看普通话电视节目；有 71.7%的瑶族调查对象喜欢收听普通话广播节目，有 69.6%的瑶族调查对象喜欢观看普通话电视节目。

此外，关累口岸受众对大众传媒语言文字的喜爱程度也能说明相关的问题。如前文表 3-65 所示，对傣语、新傣文、老傣文持“喜欢”“非常喜欢”态度的合计占比分别为 23.0%、22.6%、21.8%；对哈尼语持“喜欢”“非常喜欢”态度的合计占比为 30.4%；对普通话、规范汉字持“喜欢”“非常喜欢”态度的合计占比为 88.0%、88.3%。

由此可见，借助大众传媒的传播影响力，以少数民族语言文字作为语言资源的传播载体，在西双版纳边境地区的受众中是具有一定的接受度的。

第二，通过网络信息平台和新媒体进行语言资源的宣传。随着科学技术的不断进步，新媒体在信息传播和沟通中的普及性和快捷性，也使其在西双版纳边境地区越来越受到人们的欢迎，并日益融入人们的语言生活中。因此，通过新媒体宣传和推广语言资源，不仅是西双版纳边境地区进行语言资源宣传的有效途径，而且也是当地面向全省、全国乃至世界，传播和推广民族语言资源的有效途径之一。本书作者在调查中了解到，西双版纳边境地区群众的手机普及率很高，很多年轻人都会通过手机阅读国内外新闻、收看热播的影视剧。一些村民家中还配有计算机，人们会通过计算机去获取和掌握相关的信息。目前，西双版纳当地的网站、手机 APP、微信公众号、微博、抖音等新媒体正在逐步发展和完善的过程中，传播内容也以旅游、民俗、美食、文化等居多，与语言资源相关的传播内容尚有拓展的空间。

第三，通过户外广告进行语言资源的宣传。户外广告因其具有强烈的视觉效果、投放地点灵活等特点而易于进入公众的视野，如能赋予其鲜明的民族特色、地方风采，则可成为当地提升语言资源传播影响力的良好渠道。西双版纳与老挝、缅甸接壤，毗邻泰国，全州区域内国境线长 966.3 公里，已建立了连接国内和周边国家的陆、水、空立体交通网络，特别是泛亚铁路中线——“中老铁路”（即中国昆明—老挝万象）项目自 2016 年开工建设并于 2021 年 12 月建成通车后，中老两国的关系也将由此取得实质性的进展。如能在西双版纳边境地区的交通要道合理设置与语言资源相关的户外广告，将会对科学维护、有效开发和利用当地的民族语言资源发挥良好的传播作用。

第四，重视学前教育、基础教育领域的语言规划工作。少数民族语言文字是西双版纳边境地区少数民族进行交流和沟通的重要交际工具之一，在少数民族的日常生活、劳动生产、科学文化等方面具有举足轻重的地位和作用。这是当地少数民族语言文字作为社会资源的功能及价值的具体体现。当前，西双版纳全州经济运行总体平稳，发展水平持续迈上新台阶，当地少数民族群众的对外开放程度不断提升，人口的流动性越来越强，人们对国家通用语言、规范汉字的语用需求也在不断提升，毗邻国家的语言文字、英语和英文的语用需求也日益突显。因此，科学规划西双版纳边境地区学前教育、基础教育领域的课程语言、教学媒介语言、校园语言、行政语言等的使用，以国家通用语言文字的理解和表达能力为基础，引导学龄前儿童和义务教育阶段学生通过认知渗透于其中的文化价值，继而外化为符合主流意识形态、核心价值观的言语行为，从而发挥国家通用语言文字在建设中华民族共有精神家园中的语言安全功能，具有十分重要的现实价值和功能意义。本书通过实地调查得知，西双版纳边境地区的幼儿园、中小学基本都是使用普通话进行教学，偶尔也会出现本地汉语方言辅助教学的现象；大多数学生家长也表示，希望自己的孩子能够在学校多学习并掌握一些语言文字，以便将来获取更多、更好的就业机会。

（二）语言作为经济资源的开发建议

语言作为人类经济活动不可缺少的工具，也具有与其他资源一样的经济特性。由此，语言及其“衍生产品”构成了语言产业的核心，并表现为一种“以语言为内容、材料，或是以语言为加工、处理对象，生产出各种语言产品或提供各种语言信息服务的产业形态”[①]，“大体可以包括语言推广（语言传播）、语言教育培训、语言翻译、语言康复（听障）、品牌命名、计算机语言以及对于以上语言服务支撑的技术产业（如语言文字的信息化处理技术）”[②]。西双版纳边境地区语言资源丰富，可通过集成化、规模化、产业化的方式培植语言教材出版、语言翻译、语言培训（教学）、语言文字作品展、语言文字信息处理、语言文字能力测评、语言创意（艺术）、语言康复（服务）、语言工程等相关产业，并由此生成相应的语言产品圈，那么就不仅能保持当地少数民族语言文字的活力，使其更好地为当地社会交际服务，而且还能在传承和保护少数民族文化的同时，将语言产业内化为少数民族地区经济发展的重要推手，对西双版纳边境地区的经济发展和现代化建设起到促进作用。

第一，充分彰显语言产业的经济效益。从语言的经济价值来看，个人语言能力的提升是语言产业发展的基础。因为语言能力作为个人综合能力的基础、个体劳动力发展的前提，对社会劳动分工的发展具有一定的影响。所以，在维护当地语言生态环境的前提下，聚合社会、政府、学校（教师）、家庭（家长）、社区等方面的资源优势，从个体的语言应用能力及传播能力的提升，导向个体及其相关群体语言综合能力的提升，并由此通过语言资源（产品）及其服务所形成的集群合力和规模效应，开发少数民族语言文化产业及人文旅游产品，充分彰显个体在获取教育资源、稳定工作、经济收入、社会地位等过程中所得到的各种“语言红利”[③]，才能推动西双版纳边境地区语言经济资源的可持续价值转换，并最终实现当地语言产业的发展。例如：本书作者在西双版纳边境地区进行调研时，就有一些调查对象认为自己同时具备少数民族语言和汉语的能力，可以为境外人员提供翻译服务；还有一些调查对象希望学习其他民族的语言文字，尤其是普通话和规范汉字，但苦于找不到培训机构。这说明，当地的少数民族群众已经对个人的语言能力及由此产生的“语言红利”有了基本认知，而这正是当地语言经济资源得以开发和利用的重要平台。

第二，不断提升语言产业的发展水平。一是要有语言产业意识，充分认识到语言资源潜在的市场价值以及语言资源的商品化和产品化所带来的经济效益。这

① 贺宏志. 2013. 语言产业引论. 北京：语文出版社：50.

② 黄少安，苏剑，张卫国. 2012. 语言产业的涵义与我国产业语言发展战略. 经济纵横，（5）：24-28.

③ 李宇明. 认识语言的经济学属性. 语言文字应用，2012，（3）：2-8.

就需要当地政府及有关部门加大对语言资源的社会效益、经济效益、文化效益等方面的宣传力度，让更多的少数民族群众对发展和建设语言产业的意义和价值形成正确的认知。二是应遵循当地市场发展的经济规律，以充分的市场调研为基础，以科学的理论为指导，结合当地经济发展实际，积极推动语言产业的发展，如开发少数民族语言、普通话和规范汉字的学习（培训）教材、工具书、出版物，以及相关的音视频产品（如有声读物等）、手机 APP（如语言文字类的字词典、学习软件、测试平台等）等语言商品，建立语言培训和翻译机构等。三是政府及有关部门要适时对语言资源开发和利用的市场进行宏观调控，确保其向健康、规范的方向发展，提高资源的利用效率，使其产生更大的效益，并为其发展提供政策及法规方面的保障和服务。

（三）语言作为文化资源的开发建议

调查数据显示，西双版纳边境地区有一定数量的少数民族调查对象会收听（看）少数民族语言的广播电视节目。以打洛口岸、磨憨口岸的跨境傣族调查对象为例，除无法对调查选项做出判断的调查对象外，经常收听、有时收听、偶尔收听少数民族语言广播节目的占比平均值分别为 26.0%、4.8%、10.6%，经常收看、有时收看、偶尔收看少数民族语言电视节目的占比平均值分别为 36.8%、4.0%、16.7%。磨憨口岸跨境少数民族阅读本地少数民族语言文字报刊书籍的情况如表 4-5 所示。

表 4-5　磨憨口岸跨境少数民族阅读本地少数民族语言文字报刊书籍的情况（单位：%）

民族及年龄段		经常阅读	有时阅读	偶尔阅读	基本不读	从不阅读
6～19 岁	傣族	0	7.2	0	10.7	82.1
	哈尼族	0	0	3.4	0	96.6
	苗族	0	6.2	0	6.2	87.6
	瑶族	0	0	25.0	0	75.0
20～39 岁	傣族	0	3.3	3.3	6.6	86.8
	哈尼族	0	0	0	0	100.0
	苗族	0	0	8.7	17.4	73.9
	瑶族	0	7.7	0	0	92.3

续表

民族及年龄段		经常阅读	有时阅读	偶尔阅读	基本不读	从不阅读
40～59 岁	傣族	2.5	2.5	7.3	7.3	80.4
	哈尼族	0	0	0	0	100.0
	苗族	0	7.7	0	0	92.3
	瑶族	0	0	0	30.0	70.0
60 岁及以上	傣族	14.3	9.5	0	23.8	52.4
	哈尼族	0	0	0	0	100.0
	苗族	0	0	0	0	100.0
	瑶族	0	0	0	0	100.0

关累口岸受众接触各类语言文字新闻语言的频率也与此类似。如前文表 3-98 所示，70.0%的调查对象经常接触普通话及规范汉字的新闻语言，有 50%左右的调查对象表示自己从不接触少数民族语言文字的新闻语言，84. 4%的调查对象表示从不接触英语及英文的新闻语言。

由此不难看出，对于西双版纳边境地区的少数民族来说，本民族语言文字更多的是作为一种社会交际工具而存在，民族语言资源也主要体现为一种社会资源，但其中所蕴含的文化资源尚未得以充分挖掘出来并加以开发和利用。因此，西双版纳边境地区语言文化资源的保护、开发和利用需要引起人们的关注和重视。据此，合理规划并启动少数民族语言文字博物馆的建设，是可以为当地丰富多彩的民族语言文化资源提供一个集中收集、整理、保存的场所的。具体思路如下。

一是以互联网为平台，建立网上少数民族语言文字博物馆。通常，语言资源可分为静态语言资源和动态语言资源：静态语言资源是指固有的、恒定不变的语言素材；动态语言资源是指处于不断发展变化中的语言素材。这就需要采用现代化的高科技手段和相关媒体技术，通过少数民族语言文字博物馆相关网站，在集中收集、整理、保护和展示静态语言资源的基础上，结合语言生活实态，适时更新语言资源，以满足更多受众的需求。网上少数民族语言文字博物馆，由于传播速度快，传播范围广，可以使西双版纳边境地区的语言文化资源，如与少数民族语言文字有关的民间艺术、传统文化、学习（培训）用的教材或字词典、研究用的语料库等，在更广的范围内、更大的程度上，得以迅速、及时、有效地开发和利用。这样，就不仅能较好地传承和弘扬西双版纳边境地区少数民族丰富的语言文化，而且还能通过开发和利用语言文化资源，使其发挥巨大的社会功能和文化效益。

二是建立实地少数民族语言文字博物馆。西双版纳边境地区有西双版纳机场、景洪港、磨憨口岸、打洛口岸四个国家级口岸，已形成连接国内和周边国家的陆、水、空立体交通网络。在当地建立少数民族语言文字博物馆，可以在弘扬和传承少数民族语言文字历史文化资源的同时，充分彰显地域特色鲜明的少数民族文化，体现人文旅游资源的价值。就老傣文而言，它在跨境傣族的宗教文化领域中占有重要的地位和作用，是该民族宗教文化领域的重要书写工具。贝叶经就是傣族宗教文化领域中的一个瑰宝，里面涉及傣族的历法、医学、农事等珍贵的文化财富。但由于掌握老傣文的傣族群众并不是很多，这就使整理、挖掘和研究贝叶经及其蕴含的民族文化资源的工作显得比较困难。如果能将贝叶经收集、整理后存放到当地的少数民族语言文字博物馆，那么既有利于引导当地人民群众树立科学的语言资源观，也能引导他们主动参与到民族语言资源的开发和利用当中。实地少数民族语言文字博物馆的建立，不仅提供了保护、传承和弘扬当地少数民族非物质文化遗产的场所，增强了民族凝聚力，而且还能面向大众提供精神性消费产品，并以此促进当地旅游业的发展，发挥其作为旅游文化资源的实际功效。

综上所述，西双版纳边境地区地理位置优越，语言资源丰富，针对该地区语言资源的特点，对其进行有效的开发和利用，不仅对该地区的社会和谐、民族团结、经济发展等具有重要意义，而且还能为发展语言服务产业、繁荣文化事业提供参考。

参考文献

薄守生. 2008. 语言规划的经济学分析. 制度经济学研究，（2）：58-81.
薄守生，赖慧玲. 2009. 当代中国语言规划研究——侧重于区域学的视角. 北京：中国社会科学出版社.
陈丽湘. 2020. 略论建立语言扶贫的长效机制. 语言文字应用，（4）：60-70.
陈松岑. 1999. 新加坡华人的语言态度及其对语言能力和语言使用的影响. 语言教学与研究，（1）：81-95.
陈雯，陈珊. 2021. 西双版纳傣族章哈传播过程中的社会功能研究——基于曼掌村的田野考察. 中国民族博览，（7）：54-56.
陈章太. 2005. 语言规划研究. 北京：商务印书馆.
陈章太. 2007. 语言国情调查研究的重大成果. 语言文字应用，（1）：20-23.
陈章太，戴昭铭，佟乐泉，等. 1999. 世纪之交的中国应用语言学研究. 北京：华语教学出版社.
崔东红. 2011. 新加坡的社会语言研究. 北京：北京出版社.
戴庆厦. 2007. 基诺族语言使用现状及其演变. 北京：商务印书馆.
戴庆厦. 2008. 阿昌族语言使用现状及其演变. 北京：商务印书馆.
戴庆厦. 2008. 云南蒙古族喀卓人语言使用现状及其演变. 北京：商务印书馆.
戴庆厦. 2009. 泰国万伟乡阿卡族及其语言使用现状. 北京：中国社会科学出版社.
刀世勋. 1980. 西双版纳傣文. 民族语文，（1）：70-75.
范俊军. 2005. 生态语言学研究述评. 外语教学与研究（外国语文双月刊），（2）：110-115.
范俊军. 2007. 语言多样性问题与大众传媒. 现代传播（中国传媒大学学报），（2）：71-73.
范俊军. 2009. 关于《瑶文方案》（草案）的思考. 广东技术师范学院学报，（6）：11.
范俊军，肖自辉. 2008. 语言资源论纲. 语言学研究，（4）：128-132.
方小兵. 2019. 海外语言与贫困研究的进展与反思. 语言战略研究，（1）：22-33.
郭龙生. 2008. 中国当代语言规划的理论与实践. 广州：广东教育出版社.
郭龙生. 2010. 广播电视与民族共同语关系刍议. 现代传播（中国传媒大学学报），（2）：56-60.
郭熙. 2005. 近 20 年来中国的语言文字规范化工作. 修辞学习，（5）：14-20.
郭熙，李春风. 2016. 东南亚华人的语言使用特征及其发展趋势. 双语教育研究，（2）：1-10.
郭熙，祝晓宏. 2007. 海外华语传播与《中国语言生活状况报告》. 语言文字应用，（1）：44-48.

哈斯额尔敦. 2012. 科尔沁左翼中旗蒙古族语言使用现状及其演变. 北京：商务印书馆.
贺宏志. 2013. 语言产业引论. 北京：语文出版社.
胡起望. 1994. 跨境民族探讨. 中南民族学院学报（哲学社会科学版），（4）：49-53.
黄少安，苏剑，张卫国. 2012. 语言产业的涵义与我国产业语言发展战略. 经济纵横，（5）：24-28.
贾冠杰. 2000. 应用语言学研究的几个问题. 河南师范大学学报（哲学社会科学版），（3）：103-108.
教育部语用所社会语言学与媒体语言研究室. 2006. 语言规划的理论与实践. 北京：语文出版社.
金星华. 2005. 中国民族语文工作. 北京：民族出版社.
孔桂英. 2018. 西双版纳傣族民间章哈调查研究. 梧州学院学报，（5）：54-58.
李道勇，聂锡珍，邱鄂锋. 1986. 布朗语简志. 北京：民族出版社.
李如龙. 1997. 略论东南亚华人语言的研究. 学术研究，（9）：93-96.
李如龙. 2000. 东南亚华人语言研究. 北京：北京语言文化大学出版社.
李如龙. 2008. 汉语方言资源及其开发利用. 郑州大学学报（哲学社会科学版），（1）：8-12.
李永燧，王尔松. 1986. 哈尼语简志. 北京：民族出版社.
李宇明. 2008. 当今人类三大语言话题. 云南师范大学学报（哲学社会科学版），（4）：21-26.
李宇明. 2008. 语言功能规划刍议. 语言文字应用，（1）：2-8.
李宇明. 2010. 中国语言规划论. 北京：商务印书馆.
李宇明. 2010. 中国语言规划续论. 北京：商务印书馆.
李宇明. 2011. 中国少数民族语言文字规范化信息化报告. 北京：民族出版社.
李宇明. 2012. 论语言生活的层级. 语言教学与研究，（5）：1-10.
李宇明. 2012. 认识语言的经济学属性. 语言文字应用，（3）：2-8.
罗明东，崔梅，周芸. 2007. 云南语言生活现状调查研究. 昆明：云南大学出版社.
吕冀平. 2000. 当前我国语言文字的规范化问题. 上海：上海教育出版社.
马宏程. 2012. 语言政策比较背景下的双语教育研究. 浙江外国语学院学报，（5）：6-9，19.
毛力群. 2009. 语言资源的价值——以浙江义乌的语言生活为例. 云南师范大学学报（哲学社会科学版），（4）：15-21.
毛宗武，蒙朝吉，郑宗泽. 1982. 瑶族语言简志. 北京：民族出版社.
普忠良. 2001. 从全球的濒危语言现象看我国民族语言文化生态的保护和利用问题. 贵州民族研究，（4）：127-134.
邱质朴. 1981. 试论语言资源的开发——兼论汉语面向世界问题. 语言教学与研究，（3）：111-123.
斯波斯基. 2011. 语言政策——社会语言学中的重要论题. 张治国译. 北京：商务印书馆.
王辅世. 1985. 苗语简志. 北京：民族出版社.

王立. 2009. 城市语言生活与语言变异研究. 北京：中国社会科学出版社.
王玲，陈新仁. 2020. 语言治理观及其实践范式. 陕西师范大学学报（哲学社会科学版），(5)：82-90.
王世凯. 2010. 略论我国语言资源的开发与利用. 云南师范大学学报（哲学社会科学版），(5)：1-6.
王铁琨. 2008. 语言使用实态考察研究与语言规划——发布年度语言生活状况报告的思考. 语言文字应用，（1）：15-24.
王远新. 2007. 语言田野调查实录. 北京：中央民族大学出版社.
武小军. 2013. 流动人口的语言接触与语言认同. 语言教学与研究，（6）：104-109.
向德平，张坤. 2020. 语言扶贫的理论逻辑与治理效用. 语言战略研究，（6）：42-49.
谢俊英. 2011. 城市化进程中的农民工语言问题. 云南师范大学学报（哲学社会科学版），(3)：39-43.
许小颖. 2007. 语言政策和社群语言——新加坡福建社群社会语言学研究. 北京：中华书局.
薛才德. 2009. 上海市民语言生活状况调查. 语言文字应用，（2）：74-83.
姚喜双，张艳霜. 2010. 媒体语言发展刍议. 语言文字应用，（1）：2-10.
姚亚平. 2006. 中国语言规划研究. 北京：商务印书馆.
游汝杰，邹嘉彦. 2004. 社会语言学教程. 上海：复旦大学出版社.
喻翠容，罗美珍. 1980. 傣语简志. 北京：民族出版社.
袁焱，赵云生. 2005. 多民族杂居区语言使用情况探究——新平漠沙个案调查. 云南师范大学学报，（3）：77-82.
云南大学贝叶文化研究中心，西双版纳州贝叶文化研究中心. 2007. 贝叶文化与民族社会发展. 昆明：云南大学出版社.
云南省地方志编纂委员会. 1998. 云南省志 卷五十九 少数民族语言文字志. 昆明：云南人民出版社.
云南省勐腊县志编纂委员会. 1994. 勐腊县志. 昆明：云南人民出版社.
云南省少数民族语文指导工作委员会. 2001. 云南民族语言文字现状调查研究. 昆明：云南民族出版社.
张普，王铁琨. 2009. 中国语言资源论丛（一）. 北京：商务印书馆.
张廷国，郝树壮. 2008. 社会语言学研究方法的理论与实践. 北京：北京大学出版社.
张兴权. 2012. 接触语言学. 北京：商务印书馆.
赵凤珠. 2010. 景洪市嘎洒镇傣族语言文字使用现状及其演变. 北京：商务印书馆.
赵蓉晖. 2003. 社会语言学的历史与现状. 外语研究，（1）：13-19，26.
中共西双版纳州委党史研究室. 2020. 西双版纳年鉴（2020）. 昆明：云南科技出版社.
中国社会科学院民族研究所，国家民族事务委员会文化宣传司. 1993. 中国少数民族语言文字使用和发展问题. 北京：中国藏学出版社.
中国社会科学院民族研究所，“少数民族语言政策比较研究”课题组，国家语言文字工作委员会政策法规室. 2003. 国家、民族与语言——语言政策国别研究. 北京：语文出版社.
“中国语言生活状况报告”课题组. 2006. 中国语言生活状况报告（2005）. 北京：商务印书馆.
中国语言文字使用情况调查领导小组办公室. 2006. 中国语言文字使用情况调查资料. 北京：语文出版社.
周庆生. 2005. 国外语言规划理论流派和思想. 世界民族，（4）：53-63.
周庆生. 2007. 语言生活与生活语言——《中国语言生活状况报告（2005）》（上编）编后. 语言文字应用，（1）：38-43.
周庆生. 2010. 市场经济条件下少数民族文字图书出版状况报告. 民族学刊，（1）：88-94.
周庆生. 2010. 语言规划发展及微观语言规划. 北华大学学报（社会科学版），（6）：20-27.
周庆生. 2010. 中国社会语言学研究述略. 语言文字应用，（4）：10-21.
周有光. 1998. 三个国际语言问题（上）. 群言，（1）：16-17.
周有光. 1998. 三个国际语言问题（中）. 群言，（2）：18-19.
周有光. 1998. 三个国际语言问题（下）. 群言，（3）：31-32.
周芸，崔梅. 2015. 语言传播概论. 北京：北京大学出版社.
周芸，杨钧寓，李金春. 2020-10-21. 提高国家通用语教学水平 提升义务教育质量——以云南少数民族贫困地区为例. 语言文字报，2.
周芸，杨怡玲，陈永波. 2013-07-22. 西双版纳景洪市口岸地区大众传媒语言状况. 中国社会科学报，A08.

后　　记

本书为教育部人文社会科学研究项目“云南省西双版纳边境地区民族语言生活调查”（12YJA740120）的研究成果，由云南师范大学学术精品文库资助出版。

从项目立项到书稿成形，其间不仅经历了专家开题论证、研讨和确立研究框架、制订田野调查方案、奔赴实地开展调研、核查调查数据、撰写及完善书稿等常规研究阶段，而且还经历了因2020年新冠肺炎疫情而导致迟迟不能重返实地核查数据、座谈调研的焦虑与等待。然而，这一切都是必需的；否则，我们无以回报在此过程中始终给予我们指导、关心、信任的各界人士：中央民族大学戴庆厦教授，不辞辛劳远赴云南昆明，多次指导我们修正项目研究的技术路线；西双版纳职业技术学院李春花副教授总是在第一时间为我们顺利对接调查点的时间及人员安排，并在我们因交通堵塞而错过最后一趟进入调查点的城乡公交车时，亲自开车把我们送达大山深处的村寨；中国银行保险监督管理委员会西双版纳监管分局的杨忠同志，总是在我们找不到调查点准确位置的时候，“突然”出现在疲惫不堪的我们的面前；西双版纳傣族自治州勐海县打洛镇打洛中学的甲四老师，总是带着他的学生一次又一次地陪同我们行走在乡间小道上，并在家里为我们熬好了一大锅香喷喷的爱尼鸡肉稀饭；西双版纳广播电视台的领导及台办、总编室、新闻部、新媒体部、傣语部、哈尼语部的负责人，景洪市融媒体中心的凌颖主播、西双版纳职业技术学院的依坚丙副教授，在繁忙的工作间隙，指导我们落实书稿的文字表述；难以用语言表达感激之情的西双版纳傣族自治州教育体育局、西双版纳傣族自治州少数民族语文工作指导委员会、西双版纳傣族自治州少数民族研究所，景洪市允景洪街道、景洪市嘎洒街道办事处、勐海县打洛镇人民政府、勐腊县磨憨镇人民政府、勐腊县关累镇人民政府，西双版纳报社、勐腊县融媒体中心等单位相关部门负责人及工作人员，在调查期间给予我们温暖的相助；还有给予本书出版资助的云南师范大学科研处的领导及评审专家、工作人员，指导本书作者完成出版前修改和完善的科学出版社的领导、责编及相关工作人员……在此，我们一并表达内心深处最诚挚的感激之情。

本书作者分工具体如下：周芸负责全书体例的撰写、研究思路的确定、调查方案的确定，全书内容及文字的统稿、修改和完善，以及调查点回访工作；赴实地开展的所有田野调查，均以本书作者为主，并在课题组相关成员的协助下，共同完成；杨怡玲负责景洪市贸易口岸领域语言生活状况的调查数据分析及文字描述；陈永波负责打洛口岸跨境少数民族语言生活状况的调查数据分析及文字描述；李增芳负责磨憨口岸跨境少数民族语言生活状况的调查数据分析及文字描述；李云杰负责关累口岸领域语言生活状况的调查数据分析及文字描述；吕丹负责边境地区新闻语言传播个案的调查数据分析及文字描述；杨怡玲、陈永波、李增芳同时协助周芸完成了各调查点数据的初步整合及文字的描述、核对工作。

本书作者

2021 年于昆明